本书得河南科技大学学术专著出版基金资助

城镇化过程中社会融合问题研究

王凤科 温芳芳 著

科学出版社
北京

内 容 简 介

本书通过对中国城镇化的发展历程、发展现状等进行了详细的归纳和整理，分析了城镇化过程中出现的各种社会排斥现象，引出城镇化过程中"农民工""失地农民""城中村居民""水利工程移民""扶贫搬迁移民"五个群体的社会融合问题，并进行了相关的实证研究。本书的撰写主要采用了文献研究法和实证研究法。采用归纳方法收集相关资料，对我国城镇化发展的进程和现状进行梳理和分析；采用问卷调查法和实地访谈法对多种人群的社会融合现状进行调研，获取第一手资料。研究过程重点关注"人的发展"视角下中国城镇化问题。

本书可供管理类专业高校师生研究和参考之用，也可以为各级政府管理部门从事管理和决策活动提供参考信息和决策依据。读者群体覆盖所有从事公共管理和软科学研究的人员以及对城镇化、社会融合等问题感兴趣的社会各界人士。

图书在版编目（CIP）数据

城镇化过程中社会融合问题研究／王凤科，温芳芳著 .—北京：
科学出版社，2015.12
 ISBN 978-7-03-047522-0

Ⅰ.①城… Ⅱ.①王…②温… Ⅲ.①城市化−社会问题−研究−中国 Ⅳ.①F299.21

中国版本图书馆 CIP 数据核字（2015）第 044321 号

责任编辑：李 敏 杨逢渤／责任校对：邹慧卿
责任印制：徐晓晨／封面设计：无极书装

科 学 出 版 社 出版
北京东黄城根北街 16 号
邮政编码：100717
http://www.sciencep.com

北京厚诚则铭印刷科技有限公司 印刷
科学出版社发行　各地新华书店经销

*

2015 年 12 月第 一 版　开本：720×1000 B5
2017 年 2 月第二次印刷　印张：14 1/2
字数：300 000
定价：88.00 元
（如有印装质量问题，我社负责调换）

前　言

改革开放以来，中国城镇化的进程不断加快。截至2014年年底，中国城镇化率已达54.77%。按目前增长速度，预计到2020年常住人口城镇化率将达到60%左右，户籍人口城镇化率将达到45%左右。随着我国城镇化步伐的不断加快，农村转移人口市民化仍然是一个不可回避的社会问题，城镇化进程中将继续产生"农民工""失地农民""工程移民""城中村居民""扶贫搬迁移民"等介于农民和市民之间的特殊群体。这些特殊群体已经逐渐开始告别城乡之间漂泊的状态而定居下来，并逐渐步入了城市融合的阶段，追求社会公平，期望社会融合，渴望和城市居民享受同等的国民生活待遇。新生代的流动人口对于城市的社会生活具有更加强烈的融入愿望。

以农村转移人口为代表的特殊群体在推动社会经济快速发展方面做出了杰出的贡献。然而，在我们现实生活中，绝大多数的农村转移人口只是在城市的建设与发展中扮演着参与角色，而未能充分地分享城市化带来的成果，相对较多的人被边缘化在城市主流社会之外，生活在相对较低的社会底层，从事着艰辛的劳动和工作，缺少相对稳定的收入、相对全面的社会保障以及利益诉求的渠道。所以，农村转移人口能否真正融入到城市社会，转变身份成为真正的城市人口，对于每一个城市的经济发展与社会和谐稳定以及推动城乡一体化建设的进程，具有十分重要的意义。但是，目前各级政府部门并不是根据农村转移人口处于不同阶段的变化状态，而及时作出相应的政策调整，更没有为农村转移人口融入城镇生活提供更加系统、合理的配套政策和服务体系，大多都是为了解决某项政府举措实施了一些政策，如扶贫移民搬迁、水利移民搬迁可能会有不同的政策扶持，从而达到各自不同的目的或结果。同时，由于农村转移人口自身的生活能力水平和综合素质，普遍面临文化教育水平偏低、职业技能缺乏、语言和生活习惯等诸多方面与城镇生活需求或现状存在着隔阂等问题。特殊群体在城市社会生活中，由于外在环境的制度障碍、观念障碍以及自身素质水平、观念等影响因素，目前仍然处于诸多的排斥和歧视中。

根据世界城镇化的发展规律和表现形式来看，未来10年中国城镇化仍然会处于快速发展轨道上，出现的问题也将随着进一步发展得到解决。2014年，《国家新型城镇化规划（2014—2020年）》正式发布，规划提出：未来我国将推进以人为核心的城镇化，并提出到2020年，常住人口城镇化率达到60%左右、城镇化格局更加优化、城市发展模式科学合理等具体目标。这为我们指明了新型城镇化道路的发展方向，确立了更加人性化的城镇化发展理念，在以人为本思想的指引下，更加注重城镇化过程中人的发展与作用，把人的发展作为城镇化的最终目的，把人的发展水平作为评判城镇化进程的重要指标。

以人为本的城镇化发展观念，快速城镇化进程中出现的特殊群体，如"农民工""失地农民""水利工程移民""扶贫搬迁移民"等，应该受到更多的关注。如何改变这些特殊群体在城市中的尴尬生存状况，使其真正融入城市，从而实现以"社会融合"为特点的城镇化，已经成为当前中国城镇化快速发展中必须面对的重大现实问题。"人的发展"必将是新型城镇化的终极目标，未来城镇化建设一定是一个以人的自由全面发展为主题，以土地城镇化适应人口城镇化发展的新型发展模式。

特殊群体的市民化，不仅仅是政策问题，更是一个较为深远的经济、行为、心理和身份认同等社会融合问题。即使这些特殊群体取得了"市民"资格，若不能较好地融入城市，则原有矛盾会保留、新矛盾仍会产生，从而影响社会的良性运行与健康协调发展。在城镇地区实现"社会融合"的必要条件，不仅是进城农民作为流入者在经济社会地位和心理感知上的纵向"提升"过程，而且是这两大群体之间的横向"靠拢"过程；只有"相对距离"的缩小，才能实现真正融合。

中国城镇化进程不断加快，新的问题也不断出现，尤其是城镇化进程中的社会融合问题，涉及政治、历史、文化、教育、经济等多个方面的原因，该领域的研究命题也多具有显著的综合性和复杂性特征。目前，关于城镇化及社会融合问题的研究尚未形成较为成熟的理论体系，缺少具有针对性和可行性的解决方案，尚不能满足中国城镇化实践的现实需要。

前　言

本书将城镇化过程中形成的农村转移人口分为"农民工"（主要指进城务工的农村人口）、"失地农民"（主要指土地流转过程中失去土地的农村人口）、"城中村居民"（主要指城镇扩建过程中失去土地的农村人口）、"水利工程移民"和"扶贫搬迁移民"五个群体，分别对其开展了较大规模的实证调研，考察其生存状况和社会融合状况，并探索促使其实现真正社会融合的对策建议。研究成果具有一定的理论价值和现实意义。

全书共由10章组成，各章主要研究内容如下：

第1章为理论基础。介绍了城镇化过程中社会融合问题产生的时代背景及研究意义，系统地梳理了城镇化与社会融合的国内外研究现状，界定了城镇化、城市化、市民化、社会融合等基本概念，并分析了社会融合的理论视角和基本因素。

第2章为中国城镇化发展历程。对我国城镇化的起源和发展历程进行追溯和梳理，依次展示了不同历史阶段我国城镇化的主要特征、典型模式及关键节点。

第3章为中国城镇化进程中的人口城镇化。梳理了我国人口城镇化的起源及发展，分析了我国人口城镇化的主要特征及矛盾，着重阐述了人口城镇化过程中流动人口的产生、现状及其当前面临的主要问题。

第4章为中国城镇化发展现状。总结了改革开放以来我国城镇化所取得的一系列成就，揭示了当前我国城镇化过程中暴露出的矛盾和问题，并指出了当前及未来我国城镇化呈现出的新趋势——新型城镇化。

第5章为从社会排斥到社会融合。介绍了社会融合概念的提出及理论演变，分析了社会排斥与社会融合的二元关系，分析了社会融合的影响因素以及社会融合效果的呈现形式，针对我国城镇化发展现状，构建了社会融合的评价体系。

第6章为城镇化进程中农民工的社会融合。介绍了我国城镇化过程中农民工社会融合问题产生的时代背景，揭示了农民工的生存现状，特别对新生代农民工进行了分析和展示，提出了促进农民工社会融合的建议。

第7章为城镇化进程中失地农民的社会融合。介绍了我国城镇化过程中失地农民的社会融合现状，分析了影响失地农民社会融合的障碍因素，提出了推动失地农民社会融合的对策建议。以诸葛镇福民一号安置小区居民为对象，对洛阳市伊滨区拆迁居民"大社区"安置后的社会融合开展实证调研。

第 8 章为城镇化进程中城中村的社会融合。介绍了我国城镇化过程中城中村的形成及现状，分析了城中村的社会融合问题，提出了加快城中村社会融合的对策建议。

第 9 章为城镇化进程中水利工程移民的社会融合。分析了我国工程水利移民的现状、特点及当前面临的主要矛盾和问题，揭示了水利工程移民社会融合的主要影响因素，提出了促进水利工程移民社会融合的对策建议。以新郑市梨河镇南水北调移民为例开展了社会融合实证调研。

第 10 章为城镇化进程中扶贫移民的社会融合。介绍了我国城镇化进程中对于贫困地区农民实施的扶贫搬迁工程以及在此过程中形成的扶贫搬迁移民。针对洛阳市汝阳县扶贫搬迁移民的社会融合问题开展了实证调研。

本书由河南科技大学管理学院王凤科和温芳芳共同撰写完成，白歌、陈耀贞、王丹三位研究生参与了文献资料的收集、实证调研、文字校对等工作，为本书做出了积极的贡献。本书是在河南省科技厅软科学课题《公共管理视阈下快速城镇化过程中社会融合促进机制研究——以河南为例》（编号 142400410378）的研究成果基础上进行总结与提炼，在撰写过程中参考和借鉴了大量的中外文资料，由于篇幅所限或工作疏忽，个别文献及作者未能一一列出，在此一并表示感谢。在本书的写作和出版过程中得到了一些同行专家学者的指导和帮助，在此向所有对本书付出辛勤劳动的单位和个人表示诚挚的谢意！

社会融合是我国城镇化过程中面临的重大现实问题之一，涉及面十分广泛，内容纷繁复杂，且研究内容和研究视角处于快速的发展变化当中，加之作者的学识和水平有限，对于部分问题的研究还不够深入，书中也不免存在不妥之处，恳请广大读者批评指正，以便在后续研究或再版时予以纠正和完善。

王凤科
2015 年 12 月于河南洛阳

目 录

前言

第 1 章 理论基础 ·········· 1
  1.1 城镇化过程中社会融合背景 ·········· 1
  1.2 城镇化过程中社会融合研究意义 ·········· 3
  1.3 城镇化过程中社会融合研究进展 ·········· 4
  1.4 城镇化过程中社会融合的基本概念 ·········· 10
  1.5 城镇化过程中社会融合的基础理论 ·········· 15

第 2 章 中国城镇化发展历程 ·········· 18
  2.1 中国城镇化发展的两个阶段 ·········· 18
  2.2 中国城镇化发展的三种模式 ·········· 21
  2.3 中国城镇化发展的关键节点 ·········· 26

第 3 章 中国城镇化进程中的人口城镇化 ·········· 30
  3.1 现行管理体制下的人口划分 ·········· 30
  3.2 中国人口城镇化的起源及发展 ·········· 32
  3.3 中国人口城镇化发展现状 ·········· 35
  3.4 中国人口城镇化的发展趋势 ·········· 37

第 4 章 中国城镇化发展现状 ·········· 42
  4.1 中国城镇化的主要成就 ·········· 42
  4.2 中国城镇化的主要问题 ·········· 47
  4.3 中国城镇化的主要矛盾 ·········· 50

4.4 中国特色的新型城镇化 … 56

第5章 从社会排斥到社会融合 … 59
5.1 城镇化过程中的社会排斥 … 59
5.2 社会融合的影响因素 … 63
5.3 社会融合的维度 … 67
5.4 社会融合的评价体系 … 70

第6章 城镇化过程中农民工社会融合 … 73
6.1 农民工社会融合问题产生的背景 … 73
6.2 农民工社会融合现状 … 77
6.3 农民工社会融合的制约制度 … 82
6.4 促进农民工社会融合的对策建议 … 87

第7章 城镇化过程中失地农民社会融合 … 94
7.1 我国失地农民问题产生的背景 … 94
7.2 我国失地农民社会融合状况 … 95
7.3 我国失地农民社会融合存在的问题 … 99
7.4 提高失地农民社会融合度的对策建议 … 107
7.5 河南省洛阳市伊滨区失地农民实证研究 … 112

第8章 城镇化进程中城中村的社会融合 … 126
8.1 城中村的形成与发展 … 126
8.2 城中村社会融合的现状 … 135
8.3 城中村社会融合的影响因素 … 139
8.4 促进城中村社会融合的对策建议 … 145

第9章 城镇化过程中水利工程移民的社会融合 … 150
9.1 水利工程移民概况 … 150
9.2 水利工程移民社会融合的现状 … 156
9.3 水利工程移民社会融合的影响因素 … 166
9.4 促进水利工程移民社会融合的对策建议 … 170

目　录

9.5　新郑市梨河镇新蛮子营村南水北调移民社会融合实证研究 ………… 176

第10章　城镇化过程中扶贫移民社会融合 …………………………… 184

10.1　我国扶贫开发移民政策的演变及发展 …………………………… 184
10.2　我国扶贫开发移民的融合现状 …………………………………… 189
10.3　我国扶贫开发移民融合存在的问题 ……………………………… 192
10.4　促进扶贫开发移民社会融合的对策建议 ………………………… 197
10.5　城镇化进程中扶贫开发移民社会融合实证研究 ………………… 202

参考文献 …………………………………………………………………… **211**
附件1　汝阳县扶贫搬迁移民社会融合问题调查问卷——移民视角 …… 216
附件2　汝阳县扶贫搬迁移民社会融合问题调查问卷——政府视角 …… 219
后记 ………………………………………………………………………… 221

第1章 理 论 基 础

1.1 城镇化过程中社会融合背景

人类社会经历了从农业时代向工业时代的变迁,越来越多的人从农村走向城市,全球掀起了城镇化浪潮。中国也不例外,在几千年的历史长河中,城镇从无到有、从小到大,历史上也出现过如长安、洛阳等人口达百万的城市。改革开放以后,具有我国现代意义的城镇化建设才真正地起步。中国的城镇化建设迅速推进,在短短三十多年的时间内,城镇化率已经从原来落后于非洲的平均水平(17.92%),迅速提升至如今超过世界的平均水平(54.77%)[1],城镇化速度远超欧美国家。

城镇化实现过程是人类经济社会发展的必然阶段和必然结果,也是中国社会主义现代化建设的必然选择。我国在推进城镇化建设的过程中取得了一系列的发展和进步:一是城镇化促进了社会经济的快速发展,为经济增长提供了动力;二是城镇化使得优质资源在城市聚集,提升了城市承担的政治、经济、文化中心的重大功能;三是城镇化优化了经济结构和就业结构,第二和第三产业获得了更快的发展,第二和第三产业就业人数不断增长;四是城镇化为农村剩余劳动力提供了就业机会,转移了大量的农村剩余劳动力,改变了长期以来农民仅能依靠农业为生的被动局面,不少农民在城镇化进程当中获得新生。

截至2014年,中国城镇化率已经达到54.77%。快速城镇化的背后,我们也越来越清醒地看到,我国城镇化进程当中存在着一系列的矛盾和问题:一是不全面(重速度轻质量、重经济轻生态、重物质轻精神等);二是不协调(城乡失衡、人地失衡、空间分割等);三是不可持续(资源枯竭、环境污染、交通堵塞等);四是不以人为本("土地城镇化"而非"人的城镇化")[2]。在中国快速城镇化的过程当中,速度与质量并不同步发展,相关的社会经济问题不断暴露:一方面,城镇化结构失衡,大城市"营养过剩",中小城市和小城镇"营养不良"[1];另一方面,城乡二元结构突出,医疗卫生、就业、社保方面的不平等待遇让城镇化进程中的部分群体(如农民工、失地农民、城中村居民等)生活质量降低。

改革开放以来,随着我国城镇化步伐不断加快,以农民工为代表的农村转移人口在推动社会经济发展方面做出了杰出的贡献。城镇化进程中,大批农村人口流入城市,农村转移人口的市民化是一个重大的社会问题,也是我国城镇化必须要面对的客观现实。农村人口进入城市之后,早期的目标主要为实现就业和增加收入。当基本的温饱需求得到满足之后,其需求将随之发生变化,他们希望能够被城市接纳和认可,能够真正融入城市,而不仅仅是一名城市的"过客"。农村转移人口希望获得和城市居民同等的待遇,追求教育、医疗、就业等各方面的社会公平,新生代的流动人口往往具有更为强烈的融入愿望。但是当前的现实情况是大量农村转移人口在城市中面临着尴尬的处境,虽然为城市建设付出了艰辛的努力,但却无权分享所在城市的城市化成果,大多数人被边缘化于城市主流社会之外,在城镇的底层干着艰辛的工作,缺少相对稳定的收入与较好的社会保障以及公平的利益诉求渠道[3]。

农村转移人口能否实现社会融合,不仅影响着城市的和谐稳定,而且在一定程度上决定了城镇化建设的成效。但在以往的城市化进程当中,政府管理部门未能充分重视农村转移人口的社会融合问题,无法为城市流动人口提供必要的政策支持和社会服务。此外,城市流动人口自身能力和素质限制,导致大多数人普遍面临着教育层次偏低、谋生的职业技能不足、沟通交流的语言障碍、生活不习惯等诸多问题[3]。与此同时,受传统的城乡二元思维影响,原有的城市居民对于农村人存在着误解和偏见,农村转移人口在城市当中面临着诸多的排斥和歧视。

中国城镇化潜力无穷,未来十年我国的城镇化建设仍然会保持快速和稳定的发展态势,城镇化进程中所面临的矛盾和问题也必须在进一步发展中予以化解。2014年3月,国务院全文印发了《国家新型城镇化规划(2014—2020年)》,规划明确指出"未来我国将推进以人为核心的城镇化",并提出"到2020年,常住人口城镇化率达到60%左右、城镇化格局更加优化、城市发展模式科学合理等"具体目标。"以人为核心的城镇化"的发展理念,为我国未来城镇化建设指明了方向,即更加人性化的城镇化。在"以人为本"理念的引导下,城镇化建设将更加关注人的发展问题,真正将人的发展视为城镇化的建设目标,将人的发展水平视为城镇化建设成效的评价标准。

| 第 1 章 | 理论基础

基于以人为本的城镇化发展观念，城镇化进程中出现的农村转移人口，如农民工、失地农民、城中村居民、水利工程移民、扶贫搬迁移民等，应该受到更多的关注。如何扭转这些人群在城市中的尴尬生存状况，使其真正融入城市，从而实现以"社会融合"为特点的城镇化，成为当前中国城镇化必须面对的重大现实问题。伟大的时代需要伟大的理论，我国政府提出的新型城镇化更加关注居民的城镇化，是更加倡导以人为本的理念，"人的发展"成为新型城镇化的终极目标。因此，我国城镇化建设是以人的自由全面发展为主题，以社会融合发展为理想，以土地城镇化去适应人口城镇化发展的新型发展模式[1]。

1.2 城镇化过程中社会融合研究意义

当前我国城镇化建设进入关键时期，党和国家一直以来都非常重视城镇化问题。2012年底中央经济工作会议重点强调"城镇化质量"，将其列为城镇化建设的一项重要任务。展望未来中国城镇化建设，将摒弃以往"单纯强调城镇化速度"的错误理念，转而关注城镇化发展质量以及以人为本的城镇化。高度重视城镇化过程中的社会融合，防止和化解快速城镇化所导致的社会风险与冲突。新型城镇化发展建设的核心是人的城镇化，是实现区域产业发展和城镇建设相融合，让失地农民、搬迁移民等特殊群体逐步融入城镇，真正享有城镇化带来的福祉。

本书重点关注"人的发展"视角下中国城镇化问题，将城镇化进程中产生的农村转移人口分为五种类型——农民工、失地农民、城中村居民、水利工程移民、扶贫搬迁移民，分别对其开展较大规模的实证调研，提出将农村转移人口的满意度和社会融合度作为城镇化建设成效的评价指标，这一理念颠覆了以往仅以土地和户籍转变衡量城镇化水平的做法，是对传统城镇化评价标准的重大改革和创新，对于重新认识和理解城镇化具有重要的影响。本文基于大规模实证调研，提出的政策建议具有较强的针对性和现实性，对于打破长期以来城镇化过度关注"圈地运动"和"造城运动"的思维定势，建立以人为本的城镇化新思维，具有更广范围的参考价值和实践指导意义[2]。

对于中国的城镇化建设而言，未来将更关注质量而非速度，更重视人的城镇化而非土地的城镇化。硬件设施的完善是城镇化的开始而不是结束，社会群体间的融合效果将是衡量城镇化成败的关键，因此，本书具有重大的现实意义和理论价值：①构建促进社会融合的政策体系，消弭城镇化带来的社会风险。在城镇化的过程中,农民身份转化为城镇居民,生活方式将发生较大的改变,心理适应(是否会引起心理、行为特征的变化?群体心理和行为的变化是否可以预期?心理行为特征的变化,对社会的影响是正能量,还是负面效应?)、文化共生(新型社区文化是延续传统农耕文化,还是要形成新的文化形态,是否可以引导?)、群体融合(新的生活方式对社会资源的再分配是否会形成新的社会矛盾?这种矛盾可能存在的形式有哪些?是否存在合适的模型对此种矛盾进行预期,并给出应对的方法?)等问题的深度研究,有利于构建具有我国特色的,有利于社区群体融合良性发展的合理模式,从源头上把控好社会管理存在风险,为政府社会管理工作提供决策参考。②完善社会融合概念和指标体系,构建社会融合促进机制。社会融合涵盖融入个体的心理适应、群体文化冲突以及社会资源有效分配等诸多问题,需对之进行有效界定;社会融合是个动态过程,有各种社会表现和阶段特征,了解不同群体之间的融合机理,建立完善的衡量和测度社会融合水平的指标体系,并以此为基础,可以建立社会风险预警和社会融合促进机制;研究立足国情,构建中国二元社会融合的理论框架,完善社会融合的测度指标,为政府的政策制定提供理论依据。

1.3 城镇化过程中社会融合研究进展

1.3.1 国外研究进展

(1) 城镇化

近现代意义上的城镇化始于18世纪60年代的英国工业革命。200多年来,来自于经济学、社会学、管理学等不同学科领域的学者都将城镇化发展现象作为热门的研究主题,取得了一系列较为丰硕的研究成果,总结出了系列实践经验。由于国外城镇化进程相对我国起步较早,国外学者取得的城镇化发展问题研究成果也相对较早[2]。马克思和恩格斯可以视为城镇化研究的先驱。早在《〈政治经济学批判〉(草稿)(1857—1858年)》中,马克思率先使用了"城市化"一词,尽管没有针对城市化问题开展专门的系统研究,但是马克思和恩格斯在其著作当中对于城市的形成、功能、聚集效应以及城乡关系等方面的论述，对于中国目前所开展的城镇化建设仍然具有重要的参考价值和指导意义。马克思与恩格斯认为城市化对人的全面发展起着重要的推动作用，与此同时，两人以辩证的思想看待城市化问题，认为城市化对人的发展既有积极的作用，也能够产生负面作用。例如，英国城市化过程中就产生了城市过于集中、空气污染严重、人际关系冷漠、疾病快速传播、贫富差距拉大等问题。除此以外，马克思和恩格斯关于城乡关系的探讨，对于城镇化以及伴随城镇化而产生的社会融合问题，具有重要的启示和借鉴意义。继马克思和恩格斯之后，国外许多学者针对城镇化开展了研究，形成了一些比较有代表性的理论观点。

1）城镇化阶段性发展规律论。美国学者诺瑟姆[4]提出"以城市化率大小为依据，城市化的进程呈现出'S'形曲线规律，城市化率低于30%是初级缓慢发展阶段，城市化率达到30%～70%时进入中期快速发展阶段，城市化率高于70%时进入稳定发展阶段"。

2）基于人口迁移的城镇化理论。一般来说，城镇化过程中会出现大批农村人口流入城市，伴随着城镇化过程的农村人口迁移是最显著的特征，也是城镇化研究的主要议题。美国城市地理学家刘易斯[5]指出"当工业部门的工资水平高于农业部门30%～50%时，农村劳动力就会向工业部门转移，城镇化的过程实际上就是农村剩余劳动力向工业部门转移的过程"。马卜贡杰[6]指出"农村人口迁移同时受到城市的拉力和农村的推力两种力量的影响"。

3）城镇化与人的关系理论。刘易斯[5]认为"城市是由于人类的社会需求而产生和发展的，城市的出现又极大地满足了人类社会发展的需求。城市是人类文明发展到一定阶段的产物，在一定程度上表征着人类文明的发展水平。城市中包含了人类社会关系的总和"。英国学者大卫·哈维认为"只有当以剥削为基础的城市化，转化为适宜人类生存和发展的城市化，才是真正意义上的城市化"[7]。

（2）社会融合

法国社会学家杜尔克姆最早提出社会融合概念，在1897年出版的《自杀论》一书中，杜尔克姆指出"现代工业文明带来了一些负面影响，自杀率显著增长，社会融合能够对自杀率产生重要影响"。杜尔克姆虽然提出了社会融合概念，但是并没有给出社会融合的明确定义。19世纪末20世纪初，美国掀起了移民潮，大量人口从农村流入城市，对社会秩序带来了严重的挑战。美国社会学家罗伯特·帕克，将"社会融合"概念引入美国移民研究中，他认为"新移民进入一个陌生的城市之后，所面临的首要问题就是如何能够融入城市，不同群体之间需要进行充分的交流和渗透，融合的过程实际上就是不同群体、不同文化之间同质化的过程，最终实现的目标是不同群体融入到共同的文化生活当中"。

20世纪后期，全世界范围内掀起了移民热潮，跨国移民人数急剧增长，许多移民进入新的国家之后通常面临着一些排斥和歧视而沦为弱势群体，沦为贫困人口的风险较大。在此社会背景之下，社会融合不再仅仅是一个理论概念，而成为一个社会包容性的发展目标，社会融合越来越多地被应用于政策文件当中。80年代，欧盟着手制定反贫困计划，政策研究者们发现，贫困人口不仅在经济方面处于劣势，也面临着其他方面的不平等待遇。因此，欧盟的反贫困计划提出"应该消除社会排斥，构建所有群体及成员平等、共建、共享的具有强大凝聚力的城市社区"。这一思想与"社会融合"的理念恰好一致，因而社会融合引起了政府和学界的共同关注，并逐渐发展成一个可被操作化的概念。

国外学者认为：①社会融合是一个"准概念"。与政策相关的混合心理架构，总是为了及时地达成某种现实意义上的可能共识，或者塑造这种认识。这个准概念是基于数据分析形成的，并且对不同情况的适应性不明确。②社会融合是"基于群体间的信任、希望和互惠，开发一个具有共同价值、共同挑战、机会平等的社区的持续过程"。③社会融合是一种处于社会成员间垂直和水平交流的状态，表现为一系列的态度和准则，包括信任、归属感、参与意愿、帮助以及行为表现。

1.3.2 国内研究进展

改革开放以来，随着我国城镇化热潮的兴起，国内众多学者对城镇化进行了多方位、多视角的探索，取得了一些颇具影响力的研究成果。早在1983年，我国著名社会学家费孝通的《小城镇 大问题》一文曾在社会上引起巨大反响，对于推动20世纪的小城镇和乡镇企业的发展起到巨大作用。目前，关于中国城镇化的研究主要集中于以下几个方面[2]：

(1) 关于城市规模和速度的讨论

我国城镇化发展初期，关于城镇化的战略选择问题，曾经存在着较大的争议。城市发展规模的大小一直都是讨论的中心,由此形成了"小城镇论""大城市论""中等城市论""大中小城市全面发展论"。

小城镇论:1983年,我国著名社会学家和人类学家费孝通先生发表了《小城镇 大问题》一文,提出"小城镇建设是发展农村经济、解决人口出路的一个大问题"的论断,引发了巨大反响,小城镇论成为20世纪80年代我国理论界和决策层的主流思想,在较长一段时期内我国城镇化建设都是以"小城镇论"作为指导思想。

大城市论:大城市论认为小城镇模式并不适合中国国情,而大城市模式则是被国内外实践证实的更为有效的发展模式。

中等城市论:中等城市具有明显的规模经济效益且产生的城市问题更少,中等城市比小城镇和大城市更具优势,认为中国的城镇化建设应该以中等城市为主。

大中小城市全面发展论:大城市、中等城市、小城镇各具特色,认为我国城镇化建设应该取其所长,以大中型城市为主导、择优适度发展小城镇、大中小城市全面发展。

(2) 关于城镇化动力机制的研究

简新华教授[8]认为"中国城镇化的动力来自于政府、市场、民间等多个方面"。刘家强[9]教授认为"中国城镇化的基本动力包括城市拉力和农村推力两种,而目前两种力量紊乱的状况已经成为农村人口转移的障碍因素,并将阻碍我国城镇化的深入推进"。国内更多的学者认为产业发展才是城镇化的根本动力。顾朝林教授[10]认为"城镇化的发展动力来自于产业结构转换和产业空间集聚"。南开大学蔡孝箴教授[11]认为"城镇化率与工业水平之间存在着明显的正相关关系"。

(3) 关于中国城镇化道路特色的研究

进入21世纪以后,中国特色的城镇化获得了广泛的认可,我国学者围绕"特色"两个字开展了一系列的讨论,旨在揭示我国城镇化的特色所在。黄锟[12]认为"中国城镇化面临着国际和国内两个方面的约束条件,其中,国际约束条件包括经济全球化、知识化、信息化等时代特征以及环境污染、物质资源短缺等世界性问题;国内约束条件包括人口资源状况、经济改革、社会制度、发展阶段等基本国情。中国的城镇化应该考虑目前所面临的国内外约束条件，坚持走中国特色的城镇化道路"。

何干强教授[13]认为"新农村建设、集体经济、特色农业等元素，体现出中国城镇化发展道路的国情特色和社会主义特色"。仇保兴[14]认为"中国城镇化不能简单模仿西方国家，而应该建立自己特有的模式，即立足于提高民众的生活质量与促进社会和谐。该模式更加符合科学发展观的要求，体现出了中国新型城镇化所持有的'以人为本'的基本理念。"

(4) 关于城镇化中的以人为本问题研究

随着快速城镇化过程中社会矛盾和问题的出现，人的城镇化引起了学者们越来越多的关注，对城镇化的研究重点也从"土地城镇化"转向"人的城镇化"。向春玲教授[15]指出"城市化的本质是人，是人的城市化或者人的现代化"。潘允康[16]认为"人是城市发展的目标和归宿，城市建设和发展必须坚持以人为本，实现城市的全面、协调、可持续发展"。郭先登[17]认为"城市化应当坚持以人为本的基本主题，用人本主义理念经营和管理城市"。钱振明教授[18]认为"中国的城市化增益应该惠及所有人"。姜建成[19]认为"中国城镇化进程中最突出的问题是精神慰藉的离别和人文关怀的缺失，应该更多地关注人的价值和尊严"。

(5) 社会融合实证研究

目前，我国城镇化进程中流动人口的社会融合程度较低，主要表现为：认同感和归属感缺乏，二元社区现象普遍，社会冲突和矛盾加剧。学者们从社会层面、经济层面、文化层面、心理层面等多个角度开展了针对社会融合问题的研究，认为社会融合的影响因素很多，除了政策体制等外部因素以外，流动人口自身的参与和认同也很重要。目前普遍存在的二元社区如果长期得不到改善，将会形成不同的族群，如果仅靠外部强制力维持本地人的优势，而对外来人口进行排斥和打压，必然会产生族群冲突。新生代农民工的参与程度较高，更有利于实现社会融合。从农村进入城市的移民，其社会融合将依次经历"二元社区""敦睦他者""同质认同"三个阶段，学者们呼吁剥离附加在城市户口上的利益，最终实现二元合一。

1.3.3 国内外研究述评

欧美国家也经历了农村人口转移所带来的社会排斥与社会融合问题，但是欧美国家并不存在土地制度和户籍制度的限制，这一点与中国的情况大不相同。尽管如此，国外学者关于人口流动、人口迁移、社会融合等问题的思想和论述，对于认识和把握中国目前所面临的城镇化过程中的社会融合问题，具有重要的启示和借鉴意义。

国外学者曾围绕中国的城镇化开展研究，主要关注中国城镇化制约因素的分析。例如，美国学者劳伦斯[20]就提出了反城市主义学说，他认为中国改革开放以前形成的反城市主义意识形态制约了城镇化发展进程；英国学者柯克比和坎农[21,22]提出了工业战略说，他们认为中国将大量资金等资源集中于重工业建设，相对分散的工业布局阻碍了中国城镇化建设；美籍华裔学者陈金永提出了工业化与城市偏爱说，他认为中国通过工农业剪刀差和比较严格的户籍管理制度降低了工业化成本，但是在很大程度上限制了城市发展的乘数效应[2]。

美国经济学家斯蒂格利茨于2000年指出：中国城市化与美国高科技比肩，成为21世纪影响人类社会发展的两大时代主题。美国学者约翰·弗里德曼系统分析了中国的城市化问题，认为当前中国城市化过程中存在一些问题，如狭隘的地方主义得到了鼓动和膨胀、物质价值被置于一切考虑因素之上、农业转移人口在城市中总体地位低下等。

随着我国城镇化建设进程的加快以及城镇化问题的凸显，社会融合问题引起了越来越广泛的关注，国内学者对这一问题也展开了一系列的研究和探索，相关研究领域也得到了不断加深与拓宽，研究成果日益丰富。新型城镇化发展理念的提出，国内学者开始将目光转向社会融合问题，从而引发了中国城镇化领域一场新的研究热潮。近年来，国内学者围绕新型城镇化、中国特色城镇化、以人为本城镇化、人口城镇化等问题展开讨论。目前国内已有的关于社会融合的研究成果主要包含以下几类思想：

1）两种学说：一种强调社会融合是一种基于个人和群体行为的特征，使社会生活能够处于相互容忍、相互信任，并且融入集体活动之中；另一种强调社会群体和社会组织的相关性，重点研究社会融合中的社会制度建设，包括区域机构配制、社会意识形态和社会经济条件。

2）两个层面分析维度：不平等维度和社会资本维度。不平等维度力求降低不公平现象、打击社会排斥现象、提升机会公平；社会资本维度关注加强社会关系、社会交流和社会纽带。

3）三种要素构成的社会融合模型：即参与、信任和整合。参与和信任可以衡量社会资本，加入整合概念，可以衡量社会融合。

目前国内外已有的研究成果为中国实施城镇化战略以及为解决城镇化进程中的社会融合问题，提供了宝贵的理论基础和现实指导，但也存在一些不足之处。国外学者针对中国城镇化的研究成果相对较少，容易沿用欧美国家的城市化经验作为标准来评价和衡量中国城镇化的成效，其中有些研究成果可能带有对中国的主观偏见和政治立场。另外，国外学者对于中国特殊国情的认识也不够深刻，未能将城镇化及其社会融合问题放置于中国特有的社会背景之下进行客观分析和综合考量，很多情况下未能触及真正的原因，也没有提出具体可行的解决措施和应对方案。

国内学者对于城镇化及社会融合问题的研究，则表现为"百花齐放、百家争鸣"。各种理论派别和思想观点层出不穷，甚至就一些基础问题上尚存在较大争议。中国城镇化进程不断加快，新的问题也不断出现，尤其是城镇化进程中的社会融合问题，涉及政治、历史、文化、教育、经济等多个方面的原因，该领域的研究命题也多具有显著的系统性、综合性和复杂性特征。目前，关于城镇化及社会融合问题的研究尚未形成较为成熟的理论体系，缺少具有针对性和可行性的解决措施，尚不能满足中国城镇化实践的现实需要。另外，在目前已有的研究成果当中，缺少大规模的实证调研和量化分析，相关研究成果常常表现为"理论有余而实证不足"。

1.4 城镇化过程中社会融合的基本概念

1.4.1 城镇化

对于城镇化概念，学者们分别从不同的学科视角出发对其进行解释和界定，但迄今为止尚未形成统一且权威的定义。

1）部分学者认为城镇化就是人口集中的过程，伴随着人口的集中城市获得发展，当人口不再向城市流动时，城市发展也将停滞。《大英百科全书》指出，城镇化即为人口向城镇或城市的集中，主要表现为城镇个数增加和城市人口数量增加。

2）有些学者从人的价值观念和生活方式角度对城镇化予以解释和界定。例如，2000年在柏林举办的世界城市大会上提出"城镇化是农村人口集中向城市流动或迁移的过程，不仅表现为农业转移人口在地理位置上的迁移，在职业类型上的改变，也包括随之而来的农村人口生产和生活方式、价值观念等的改变"。国内学者许学强认为"人口集中和产业变迁并非城镇化的全部，而只是有形的、物化的城镇化，而价值观念和生活方式的现代化才是完整意义上的城镇化"。欧阳彪[23]认为"城镇化是农业劳动力向非农产业转移、农村人口向城市流动和集中的过程，其本质是人的生产和生活方式的转变"。

3）有些学者在理解城镇化定义时，更加关注城乡之间的联系和互动。例如，美国人类学家顾定国[24]曾经指出"城镇化并非是让更多的人居住在城市，而是让城市和非城市之间联系和互动的过程"。胡必亮[25]认为"城镇化是一个城乡区域协调发展的问题，而非单纯的人口在城市聚集"。周干峙认为"农业的发展和农村收入增加是城镇化的重要内容"。贾高建[26]认为"城镇化是城市和农村两个系统升级、分化和重组的过程，是城乡关系的整体演变"。黄学贤[27]认为"城镇化是农村和城市之间生活习惯、价值观念、思维方式等相互影响和扩散的过程，是一个城乡之间双向的多层面的转换过程"。

有些学者特别强调城镇化内涵的丰富性。盛广耀[28]认为："城镇化的内涵非常丰富，同时包含人口、经济、社会、文化等的转换和转型。城镇化表现为四个方面：农村人口转为城市人口、农业活动转化为非农活动、农村地区转化为城市地区、传统的农村社会转化为现代城市社会。"

国内外已有的研究成果表明，城镇化确实是一个有着丰富内涵的概念。综合现有观点和理论，我们认为城镇化的内涵可以从以下几个方面解释：一是人口结构变化，农村人口向城市转移和聚集，导致人口结构中农村人口比重下降而城市人口比重增加；二是从业结构变化，农业部门劳动力向非农业部门转移，导致农业从业者数量减少，而非农产业从业者数量增加；三是生活方式的改变，越来越多的农村人口进入城市并逐渐接受和认同城市生活方式；四是文化变迁，城市文化居于主导地位，而农村文化的影响力越来越小；五是思想观念变化，农村人口进入城市以后，被城市生活同化，思想观念得到更新和改变。

综上所述，城镇化既包含户籍、地理位置、生产方式等方面的有形变化，也包括文化、思想观念等方面的无形变化。城镇化既要实现户籍、居住地等的改变，也要注重生活质量的提升。归根结底，城镇化的成效应该体现为农村转移人口收入增加、生活条件改善和文明素养提升。

1.4.2 城市化

城市是人类社会经济、政治和文化生活的中心。农业社会已经产生城市，但是城市规模较小，直到工业社会以后，城市的数量及规模才开始出现快速的扩张。城市化是人类社会发展的必经阶段和必然趋势，城市化的发展水平反映了人类文明进步和经济发展的水平。目前全世界范围内城市化率平均值已经超过50%，越来越多的人口聚集在城市。

城市化的定义具有多元性。国内外学者对于城市化概念的理解和界定主要包含四个方面：一是产业结构变化，城市化是以农业生产为主的生产方式向非农产业为主的生产方式的转化过程；二是职业结构，城市化是农业就业人口向非农职业转换的过程；三是文明形态，城市化是农业文明向现代城市文明转换的过程；四是城市化是对居民从生活方式、行为方式、价值观念、思维方式、文化素质等改善和提高的过程[29]。

城市化概念源于国外，由于许多国家根本没有镇的建制，也就没有了城镇的说法。所以，国外往往将人口非农化的过程简称为城市化。有学者认为："城市化是指以集中型模式实现农村人口向大城市转移和集中的过程，而城镇化则是以分散型模式实现农村人口向大、中、小城市以及小城镇迁移的过程。前者以大城市发展为主，后者则以小城镇建设为主"。

事实上，城市化与城镇化在概念上并无本质差别，从内涵上两者基本趋同，都被认为是实现人口非农化，改乡村文明为城市文明[29]。城市化和城镇化的目标是一致的，都是为了拉动经济增长并缩小城乡差距，两者的内涵也存在着许多相同之处：一是产业结构变化由农业为主转变为以非农为主；二是空间结构由分散走向集中；三是人口从农村向城市转移；四是农村与城市的差距进一步缩小。然而，城市化与城镇化也存在着相异之处。"城市化"和"城镇化"两个概念，虽然仅一字之差，却反映出政策取向和路径选择的差别。

20世纪70年代末，城市化概念由国外引入我国并获得广泛应用，但在较长一段时期内，城市化概念的影响力不及城镇化。80年代，费孝通[30]提出的"小城镇论"成为学术界和政府部门的主流思想，城镇化概念被认为更加符合我国现实情况。在这一时代背景下，城镇化概念更能体现出我国积极发展中小城市和县域重点镇的政策导向。

虽然城镇化概念体现出一段时期内我国重点发展小城镇的政策导向，但是这一概念并不排斥大城市发展。就实践经验来看，大城市和小城镇各有利弊，二者应该实现有效的互补，建立大、中、小城市布局合理的城镇体系。有专家说，也许若干年以后"城市化"又将替代"城镇化"概念，但现阶段使用"城镇化"概念更具现实意义。虽然学者们对于"城镇化"和"城市化"两个概念的理解和解释不尽相同，但是两者内涵和目标的一致性，使其常常被混用而不会引起歧义和误解。

1.4.3 市民化

市民化出现在城镇化发展过程的后期阶段，也就是城镇化进程中的关键阶段。所谓市民化是指农村人口迁居城市之后，逐渐接受和适应城市生活，实现由农民向市民转变的过程。市民化是中国城镇化的特有现象，狭义"市民化"指农村人口向城市转移之后，获得城市居民的身份及权利的过程，包括选举权、受教育权、社会福利保障等。也就是说，农村转移人口成为城市户籍居民，共同使用城市的基础设施，享受与城市户籍居民均等的社会发展、社会福利待遇、社会保障。我国的市民化首先与户籍制度紧密相关，诸多的社会保障和社会权益均与户籍直接挂钩，因此，狭义的"市民化"是指政府从户籍制度方面实施的市民化过程。广义"市民化"不仅表现为身份和户籍方面的市民化，还包括农村转移人口在生活方式、行为方式、社会权利以及社会地位等各方面向城市市民转化，由传统的乡村文明逐渐转化为城市现代文明的社会变迁过程[29]。

市民化程度是指即农村转移人口向城市居民转变的程度或与城市户籍居民的同质化程度。市民化程度需要从人口转移情况和人口同质化程度两个维度进行考量，市民化程度与城镇化发展具有密不可分的关系。市民化程度反映了城镇化水平，特别是人口城镇化水平最为直接也是最为重要的指标。

1.4.4 社会融合

以前的学者把社会融合看作为一种社会整合力量[31]。学者杜尔克姆最早提出了社会融合概念，认为工业文明浪潮下社会融合是影响自杀率的重要因素，但是并未给出社会融合的明确定义。随后，帕克将社会融合概念应用于美国移民的研究，认为融合是不同群体之间相互渗透的过程，是外来人口在新的环境中被同化并获得认同的过程。帕克在《社会科学百科全书》中将社会融合定义为"来自不同种族和不同文化背景的人群共同生活在同一个国家或地区，他们之间进行文化整合和同化的过程"。

欧盟将社会融合定义为"随着人口流动，那些在流入地面临被排斥的人群能够获得必要的社会资源和机会，参与并享受流入地正常的经济、社会、文化生活，这一过程即为社会融合"。欧盟一直致力于社会融合的研究和推进活动，除了对社会融合的定义加以诠释外，欧盟还特别制定了社会融合的测量指标体系，即欧盟社会融合指标[31]。

融合是一个动态的、多维度的概念，随着时间变化其内涵不断丰富和完善。社会融合概念从国外引入国内以后，我国学者也分别对其进行解释和界定。任远、邬民乐[32]认为"社会融合是本地居民和外来人口之间相互作用和影响的过程，也是不同群体之间相互配合和适应的过程，在此过程当中逐渐减少社会排斥"。杨菊华[33]认为"社会融合包含经济融合、文化接纳、行为适应和身份认同"。魏万青认为"社会融合是经济适应、社会层面、文化层面依次递进的过程"。王志敏[34]认为"社会融合是流动人口逐渐适应城市生活，是过程与结果的动态统一"。

综合国内外学者的主要观点和思想，我们认为社会融合概念应该从以下几个方面认识和把握[31]：第一，社会融合是一种社会包容性发展目标，也必将是一个动态的发展过程；第二，社会融合的对象通常是弱势的一方，也就是那些面临着贫困或被排斥风险的弱势群体，如扶贫搬迁移民；第三，社会融合是内涵丰富的概念，同时涉及经济、政治、文化、社会等多个方面。

1.5 城镇化过程中社会融合的基础理论

1.5.1 社会融合的理论视角

我国长期存在着城乡二元结构，由于土地制度和户籍制度的限制，我国农村人口向城市流动时面临着一系列的障碍因素，农村人口转变为非农人口需要经历三个步骤——职业转变、居住地转变和身份转变，这三种转变并非同步实现，三个步骤的分离导致了城市流动人口"流动而不定居，定居但不融合"的现象。这是我国城镇化进程中出现的特殊现象，长期的城乡二元结构也使得农村人口流入城市之后面临的歧视和排斥更为严峻，城镇化进程中暴露出诸多的社会问题。对于我国城镇化进程中的社会融合问题的研究更具现实性和紧迫性，国内外学者曾经开展过一系列相关的研究，为后续研究奠定了一定的理论基础。

(1) 同化论

迁移人口到达流入地之后，面临着完全不同于原居住地的新环境，流入地的社会制度、生活习惯、价值观念等均不同于原居住地，因此，迁移人口必须要经历一个逐渐接受和适应的过程。人口迁移通常需要经历三个阶段：定居、适应和同化，这三个阶段呈现出依次递进的关系。第一阶段迁移人口面临的最大问题是如何生存以实现定居的目标；第二阶段定居之后逐渐适应新的生活环境；第三阶段当迁移人口在流入地居住时间足够长之后，在文化、观念、习惯等方面被流入地同化，从而实现最终的融合，这需要一个较为漫长的过程。

(2) 多元文化论

该理论认为来自不同地方的流动人口具备不同的文化背景、社会经历、生活习惯和价值观念，他们将来自不同地域的文化带到流入地，并与流入地的生活、文化和价值观念进行补充和融合，从而构建新的具备多元文化特征的社会和经济秩序。多元文化论认为不同群体的文化是平等而兼容的，不同群体之间应该彼此尊重、相互包容，从而实现社会融合。

(3) 推拉理论

不同区域之间的经济发展不平衡，如果社会制度允许人口自由迁徙，人类可以到其他地方寻找资源和机会以改善自身的生存状况，由此导致人口迁移。如果迁出地资源贫瘠、经济落后、环境恶劣，就会产生促使人产生离开的"推力"；如果迁入地资源丰富、经济发达、环境优越，就会产生吸引人口的"拉力"。这种外在性的"推力"和"拉力"共同作用，为不同区域之间人口的流动提供了原始动力。在破除户籍、土地等制度障碍之后，就能形成自由的人口迁移。长期以来，我国存在的城乡二元结构使得城市和农村之间形成巨大的反差。一方面，农村的生存条件则相对较差，单纯依靠农业生产能够创造的财富极为有限，这种状况将农村人口尤其是农村剩余劳动力推出农村；另一方面，优质资源在城市中聚集，教育、医疗、就业、生活等各方面条件均优于农村，城市经济的快速发展也需要大量的劳动力，这些对于农村人口又产生了强大的吸引力。因此，大量的农村人口流入城市，形成了大规模的人口迁移。

1.5.2 社会融合的相关问题

(1) 城市化与社会融合

农村转移人口与城市社区原有居民之间从最初的相互隔离、对立和排斥走向兼容与合作，需要一个漫长的融合过程。农村转移人口的社会融合大致经历"二元社区""敦睦他者""同质认同"三个不同的发展阶段[29]。社会融合是城市化的高级阶段，也是城市化的必经阶段。社会融合的程度和效果可以用社会融合度指标进行衡量，城市中流动人口在就业、教育、社会保障、社会服务等方面是否享有平等待遇，在生活方式、价值观念等方面与城市居民的接近程度，均可作为社会融合度的评价指标。

(2) 户籍制度与社会融合

回顾我国城镇化发展历程，可以发现，户籍制度曾是制约我国农村人口向城市转移的主要因素，也是导致农村转移无法融入城市生活的重要原因。长期以来，就业、教育、医疗、社会保障等均与户籍直接挂钩，农村人口来到城市之后，虽然居住地在城市，但户籍仍在农村，所以无法享有城市居民的社会待遇。城市获得了农村转移人口创造的财富和价值，却没有向其提供相应的社会服务和配套政策。近年来，破除城乡户籍制度藩篱的呼声高涨，要求政策制度上进行改变，剥离附着在城市户籍上的政策红利，取消人口流动的障碍因素，为农村转移人口创造更为适宜的生存环境和生活条件，使其尽快融入城市生活。

（3）流动机制和社会融合

国内曾有学者借鉴国外的"推拉理论"来解释和分析我国城镇化过程中的人口流动现象，把农村转移人口视为是农村推力和城市拉力二者共同作用的结果。该理论阐释了我国城乡人口迁移的动力机制，但是无法解释伴随城乡人口迁移而产生的社会排斥和社会融合问题。与推拉理论相比，人力资本和社会资本理论更适合用来分析社会融合现象，也为社会融合问题提供了一种新的研究视角。

（4）社会排斥和社会融合

20世纪90年代社会排斥理论在欧洲学界获得广泛的传播。之后这一概念引入我国，用于对弱势群体进行分析。正是由于社会排斥问题的存在，使得我们必须正视城镇化过程中存在的一系列矛盾，并且试图从社会融合的角度去解决社会排斥问题，从而更好地推动我国城镇化的进程。

（5）社会认同和社会融合

农村转移人口在城市定居、适应和同化的过程，其本质是一个再社会化的过程。农村转移人口进入城市之后，其社会融合同时包含多个维度的融合，通常包含经济、社会、心理、文化等多个方面，既包含有形的融合，又包含无形的融合。

第 2 章 中国城镇化发展历程

2.1 中国城镇化发展的两个阶段

新中国成立以来,我国城镇化经历了半个多世纪的发展历程,以改革开放为分界线,我国的城镇化进程分为两个阶段,分别是改革开放前的缓慢发展阶段和改革开放后的快速推进阶段。

2.1.1 改革开放以前的缓慢发展阶段

自新中国成立至改革开放,长达几十年的历史时期内,中国的城市化水平一直偏低,长期保持在20%以下。主要原因是通过严格的城乡户籍隔离制度,市民生活在城市,农民被要求生活在自己居住的土地上。人口的自由迁移受到严格限制和束缚,再加上大批的城市青年下放到农村,在一段时期内甚至出现了"反城市化"。因此,1949~1978年我国城镇化总体处于缓慢发展的阶段。

(1) 起步期(1949~1957年)

新中国成立之前,由于多年战乱频繁,社会动荡不安,人口受到破坏。建国以后用于出现补偿性生育,加上当时人口处于自发无计划状态,人口数量迅速攀升,人口年增长率在建国初期曾一度达到29.1‰。经济增长、环境改善、城市化水平稳步提高。那些曾在战争中受到重创的城市恢复、扩张和更新,新的城市不断建立。城镇化进程开始起步,城市化率由建国之初的10.6%增长至1957年的15.4%。在此期间,城镇化进程较快速地改变了城市人口的数量和结构,也使得国民经济发展得到恢复和加强[35]。

(2) 波动期（1958~1965年）

1958年，国家做出了优先、快速发展工业的决定，随之启动了一大批工业项目，大量农村人口流入城市投身于工业化建设。1958~1960年，我国新增城市人口2352万，平均每年新增城市8个，城市化率迅速上升到19.75%。在此之后，我国经济发展进入了三年困难时期，出现了大批工业项目停工或推迟，部分城市人口开始向农村回流，三年间全国城市数量减少25个，城市化水平降至16.84%[35]。1964~1965年，经济形势略有好转，城市人口回流农村的现象不再发生，城市人口缓慢增长，截至1965年年底，城市化水平为17.89%，虽然不及1960年的水平，但是已经高于三年困难时期的城市化水平。

(3) 停滞期（1966~1977年）

历时十年的"文化大革命"使得国民经济遭受重创，也再次破坏了刚刚走出困难时期的城镇化建设，在此期间，我国的城镇化发展几乎停滞。主要是在"上山下乡""扎根边疆"等革命口号的号召下，全国范围内3000万城市人口下乡工作或安家，这批下乡大军主要由青年学生、干部、知识青年组成。同时期开展的"三线"建设也吸收了大量城市人口，对于城镇化建设产生了负面的影响。1966~1978年，我国城市数量仅增加了21个，城镇化水平仅从17.86%略增至17.92%。

2.1.2 改革开放后的快速推进阶段

改革开放以后，我国城镇化进程加快，城市化进程中也出现了一些新的特点。这一阶段可以细分为三个时期。

(1) 复苏期（1978~1992年）

该时期我国的政策导向是，限制大中型城市发展，主张通过乡镇企业吸纳农村剩余劳动力。一方面，农村改革的蓬勃发展，农业部门的劳动生产率水平不断提高，农业部门剩余劳动力正在增加，需要从农业部门转移到其他部门或行业；另一方面，乡镇企业繁荣和城市工业的快速发展，需要吸纳更多的劳动力。十一届三中全会以后，我国先后颁布和实施了一系列促进城镇化发展的政策[35]。第一,明确了镇的设置标准和要求,降低了市的设置标准和要求,陆续建设了一批城市和城镇;第二,明确取消了城乡集贸市场的禁令,并鼓励农村建立第三产业,城市和城镇涌现出了一大批临时人员;第三,随着经济的发展,乡镇企业大量涌现,加快了城镇化进程,东部沿海地区出现了中小企业聚集的"工业区",带动了小城镇的建立和快速发展。我国的城镇化建设在经历了"文化大革命"带来的十年停滞之后,终于开始进入了正常的发展轨道,并呈现出良好的发展势头。

(2) 稳步增长期(1993~2002年)

随着市场改革的深入,我国产业结构发生了显著变化,农业生产总值在国民经济中所占比重不断下降,而非农产业增加值占国内生产总值比重则呈现上升态势。随着产业结构变化,我国就业结构也发生了巨大的变化,农业从业人员占社会从业人员总数的比重持续下降。这一时期我国城镇化步伐正在加快,主要特征是开发区的大量出现和快速发展,我国城镇化进入了以大城市建设为主的新阶段。改革开放程度进一步加大,城乡之间、区域之间以及国内外之间的互动和交流日趋频繁,引发了新一轮的中国经济增长。城镇人口由1993年33351万增加到2002年的50212万,城镇人口的增速远超过全国总人口的增速,城市化水平由27.99%提高到39.09%。城市数量迅速增长,建制镇的数量从1993年的12948个镇,增加到2002年的20601个镇。

(3) 高速发展期(2003年至今)

进入21世纪以后,我国城镇化进入高速发展时期。城市数量、城市规模和城市人口迅速增长。截至2014年年末,中国城镇化率达到54.77%,城镇常住人口74916万人,比上年末增加1805万人,乡村常住人口61866万人,比上年末减少1095万人,城镇人口占总人口比重为54.77%。就当前我国城镇化现状及未来发展趋势来看,快速城镇化的状况将持续较长时间。城镇化的高速发展,也伴随着社会矛盾的积累和升级,快速城镇化过程中引发的贫富分化、社会分层、群体冲突、社会排斥、"城市病"等问题应该得到更多的关注。当前,我国城镇化建设的重点已经从一味强调速度转变为更加重视质量。

2.2 中国城镇化发展的三种模式

2.2.1 小城镇为主导的农村城镇化

党的十一届三中全会决定把工作中心转向经济建设，并开始实施改革开放，促使城镇化进程加快。家庭联产承包责任制的落实，使农业生产效率获得大幅度提升。一方面为城市建设提供了充足的农产品，另一方面释放出大量的农村剩余劳动力。根据1985年农业部对农村开展的调查显示，我国农村剩余劳动力占农村劳动力总量的比重约为30%~50%，农村剩余劳动力绝对规模超过1亿人[36]。除此以外，农民的收入不断增加，为非农产业发展提供了必要的资金支持。

由此可见，改革开放以后农村正在发生的一系列重大变化，恰好成为推动我国城镇化发展的重要力量。同时，国家颁布一系列政策，鼓励乡办、村办、联户办和户办等多样化的乡镇企业。随着乡镇企业大量涌现，农村工业化得到快速发展，消化了大批农村剩余劳动力。农村剩余劳动力从农业部门转向工业部门，就业结构的改变也伴随着地理位置的变化，但从农田到乡镇企业迁移的空间范围毕竟有限。随着以农村剩余劳动力短距离迁移为特征的小城镇大量出现，这种"自下而上"的城镇化模式，成为改革开放之后相当长一段时期内我国城镇化发展的主要模式。

农村剩余资金和剩余劳动力，在国家政策的鼓励之下，投入到农村工业生产当中，农村工业呈现出蓬勃发展之势。这一时期城市尚未对农村全面开放，城乡之间仍然保持着清晰的界线，在农村发展非农产业成为吸纳农村剩余劳动力的主要渠道。与此同时，在珠江三角洲等地，凭借着优越的地理位置和交通条件，在国家政策的大力支持和引导下，通过"三来一补"等不同形式，港澳外商也参与到工农业的建设当中，进一步拓展了工农业的资金来源和市场空间，甚至出现了民间企业聚集的大片工业区[36]。

据统计，20世纪80年代农村工业年增长率保持在20%以上，1984年以后农村工业年增长率达到30%。截至1991年年底，全国乡镇企业数量超过2000个，已经形成了"三分天下"的国民经济格局，并产生了许多典型的发展模式。例如，以集体经济为主导的苏南模式、以家庭工业和专业市场为主导的温州模式、以外向型经济为主导的珠江模式以及许多其他农村工业化模式[36]。

农村工业的快速发展加快了城镇化的进程。乡镇企业创造了大量的就业岗位，吸纳了大批农村剩余劳动力。与此同时，国家降低了建制镇的设置标准，为短距离迁移到乡镇企业就业的农村剩余劳动力提供了新的生存空间。此时城市并未向农民敞开大门，在农村和城市之间的镇迅速崛起，承载了大量的农村转移人口。该阶段的城镇化发展，形成了农村剩余劳动力"离土不离乡、进厂不进城"的农村人口转移模式。人口转移以短距离为主，长距离的迁移比较少见，跨省迁移的比率不足1%。县城和小城镇已经成为农村劳动力迁移的主要目的地，我国建制镇的数量迅速增加，其增速远超城市。以广东省为例，1982~1987年，镇、城市、县城三类主体分别承接了农村转移人口的41%、33%、26%。

20世纪80年代，小城镇理论在学术界备受推崇，国家的政策导向也倾向于小城镇。由于城市规模受到严格控制，小城镇被视为农村人口转移的理想归宿，城镇承担着吸纳农村剩余劳动力、承载农村工业建设、协调城乡关系、实现农村现代化等一系列的职能。尽管如此，在基础设施、社会服务、生态环境、生活质量、社会秩序等方面，小城镇显然无法与大城市相提并论。随着小城镇的快速发展，许多问题逐渐显现，工业水平低、产业分散、耕地流失、环境污染、生态恶化等问题，暴露出小城镇建设的弊端，也引发了政府和学界对于城镇化发展模式的反思。

改革开放早期，乡镇企业凭借着资金和技术门槛较低、经营灵活等优点获得了快速的发展，并且吸纳了大量的农村剩余劳动力和剩余资金。但是后期乡镇企业对于工业部门过度投入，资本劳动比率不断增加，由1980年的0.15万元/人增加至1.32万元/人。资本密集度的增加，影响了乡镇企业对于农村剩余劳动力的吸纳能力。与此同时，乡镇企业之间的竞争加剧，进一步加大了乡镇企业的生存和发展的压力。进入20世纪90年代以后，乡镇企业昔日的辉煌和优势逐渐褪去，农村人口越来越多的流入城市寻找机会，远距离的人口迁移逐渐取代短距离的人口迁移，"民工潮"现象开始出现。

2.2.2 大城市为主导的快速城镇化

自20世纪90年代中期以来，全球化浪潮对于中国经济的影响不断增强，沿海地区凭借区位优势、交通条件和外商资本获得了较快的发展，经济发展水平处于全国领先位置。经济的繁荣使得这些地区对于劳动力的吸引力增强,外来人口大量涌入沿海城市,内陆省份的剩余劳动力越来越多地向沿海地区远距离迁移。"民工潮"是我国90年代一种普遍的社会现象,也标志着我国城镇化开始呈现出以大城市为主导的特征。

沿海城市吸引外商直接投资在这一过程中发挥着越来越重要的作用。在二次产业转移的大背景下,外资大规模进入中国,无论是投资规模还是投资领域,显然不同于20世纪80年代港澳商人对于沿海乡镇企业的投资。后者大多为零星的小规模投资,且比较偏爱农村工业中的轻消费品行业;而前者投资数额更大,且投资的重点在制造产业,如电子、汽车行业,在选址更加青睐大城市。例如,1998年国内人口超过百万人的大城市,取得了外商在华投资总额52%的份额,明显高于其他地方[36]。

这一时期,城市土地的使用由无偿转为有偿,地方政府以招标或拍卖方式让渡土地使用权,城市中开始兴建产业开发区,并成为吸引外资的主要载体。此时,乡镇企业的吸纳能力正在下降,农村剩余劳动力开始瞄准就业机会更多的城市,其中,经济活跃的沿海城市成为国内劳动力的主要趋向。因此,20世纪90年代以后,人口流动显示出农村人口向大中型城市流动、内地人口向沿海城市流动的趋势,大城市主导的城镇化模式逐渐取代小城镇主导的城镇化模式。统计资料显示,1982、1990和2005年国内最大的10个城市吸收外来人口在全国流动人口总数中所占的比重,分别为11.86%、17.04%和23.65%。

以大城市为主的人口流动模式逐渐代表了我国城市化进程模式。1998~2008年,我国人口规模在200万以上的城市数量增长了一倍以上,人口规模在100万~200万之间的城市数量也增长了30%~40%,而人口规模低于50万的城市数量明显减少。特别是中西部欠发达地区的中小型城市,在城镇化进程中,城市数量和规模不仅没有增长,反而呈现出萎缩态势[36]。

我国人口众多,农村人口比重大,资源禀赋结构的典型特征是劳动力资源丰富,廉价的劳动力成本是外国来华投资的重要原因之一。改革开放以来,我国农村释放出大量的剩余劳动力,吸引了大量的劳动密集型企业来华投资。流动人口大量涌入,明显增加了城市的劳动力供给,有力地促进了城市经济的繁荣发展。农村转移人口从事着高风险、高强度的工作,弥补了城市劳动力的短缺,为城市建设做出了巨大的贡献。除此以外,农村转移人口以青壮年劳动力为主,改善了城市的人口结构,延缓了城市的老龄化进程,降低了城市人口的抚养比例。

在以大城市为主导的城镇化进程当中,社会排斥和社会融合问题得到广泛关注。虽然城市吸纳了大量的农村剩余劳动力,这些农村转移人口也在经济发展和城市建设中发挥着重要的功能,但是由于户籍制度的限制,农村人口转移到了城市,但却无法享受到同等的市民待遇。例如,城市当中数量庞大的农民工群体,虽然工作和居住都在城市,但在城市不能实现"安居乐业"的梦想。由于户籍的限制,其身份仍然是农民而非市民,在城市当中不能享受相应的社会福利和公共服务,生活方式和消费观念也无法与城市融合。目前,户籍的限制,农村转移人口在教育、医疗、住房等方面仍然面临着较多的障碍,再加上来自于城市人群的歧视和排斥,农村转移人口难以真正融入城市,也无法成为真正意义上的"市民"。

2.2.3 中国特色的新型城镇化

城市化是一个世界性的难题,加之我国长期存在的城乡二元结构以及区域发展的不均衡性,推行城镇化的难度更大。过去几十年间,我国城镇化快速发展,随之而来的社会矛盾和问题也对未来城镇化工作产生了一定的制约。目前,我国仍然处于社会主义初级阶段,我国的城镇化是在人口较多、生态环境比较脆弱、资源相对短缺、城乡区域发展不平衡等情况下推进的,这就意味着我国的城镇化建设必须坚持从社会主义初级阶段出发,走出一条"以人为本、四化同步、优化布局、生态文明、文化传承"的中国特色新型城镇化道路。[37]

因此,我国政府明确提出了"中国特色新型城镇化道路"的发展构想,用于化解以往城镇化过程中存在的矛盾和问题,并为以后的城镇化工作指明方向。展望未来,我国城镇化发展的内外部环境都在经历一系列重大变化,城镇化转型的要求更为紧迫。全球金融危机和能源危机、国际范围内产业结构调整、市场竞争加剧,传统的高投入、高能耗、高污染的粗放型工业模式难以为继。国内人口老龄化,农村剩余劳动力减少,城镇化面临着来自于劳动力、土地、资源、环境等多个方面的压力与制约,城市当中群体间的矛盾与冲突进一步加剧,城市规模迅速扩张,但基础设施和公共服务无法满足需要。综上所述,我国城镇化发展的模式必将面临着重大改革,城镇化发展也将由速度型向质量型转型。

目前,我国已经开始着手城镇化发展模式的规划与设计,党的十八大报告提

第 2 章　中国城镇化发展历程

出"坚持走中国特色新型工业化、信息化、城镇化、农业现代化道路"。"新型城镇化"随之成为一个热点词汇。党的十八届三中全会明确要求"坚持走中国特色新型城镇化道路"。党的十八大以来,"中国特色新型城镇化道路"的内涵不断丰富和完善,主要包含了以下几个重要理念[37]。

1) 中国特色新型城镇化是以人为本的城镇化。"以人为本"是中国特色新型城镇化的第一要义。过去我国城镇化过程中更多地关注物化成效以及速度,忽视了人的现实需求、生活质量等问题,这在一定程度上偏离了城镇化的真正目的,也导致了一些社会矛盾。城镇化不等同于工业化,不能用单纯的经济指标进行衡量。城镇化也不完全等同于土地城镇化或者户籍城镇化,不能用简单的城市土地和人口的规模数据进行衡量。城镇化同时包含了人口结构、产业结构、就业形式、居住环境、教育水平、文化整合、公共服务、社会保障等一系列的内容。其中,最为核心的问题是人的城镇化。城镇化的最终目标是提高人口素质、促进人的全面发展、提高人民生活水平、构建稳定和谐公平正义的人类社会。以人为本的城镇化要围绕人的需求开展工作,让城镇化成果惠及更广泛的人群,无论是原有城市居民还是农村转移人口,都应该平等地享有城镇化创造的福利和成果。

2) 中国特色新型城镇化是工业化、信息化、城镇化、农业现代化等四化同步的城镇化,是新时期中国城镇化的时代特色。工业化为城镇化提供了发展动力,城市化提供了城镇化的发展平台,农业现代化提供了城镇化的根本性保障。四化之间相互促进、协调发展,四化同步有助于化解以往城镇化进程中存在的工业化与城镇化不匹配、工业与农业之间冲突、城乡发展不平衡等问题,使得人口转移、产业调整、城市建设等因素实现有效融合,共同发展。

3) 中国特色新型城镇化是进一步优化布局的城镇化。优化布局是我国城镇化的内在要求。过去一段时期,我国在快速城镇化过程中城市布局不尽合理,加大了城市所面临的资源和环境压力,也影响了城镇化的可持续发展能力。我国人口数量大且区域分布不均衡,人均耕地面积只是世界平均水平的40%,适宜居住的地区仅占国土面积的19%,资源和环境压力较大,这些情况对于城市空间布局提出了更高的要求。以往城镇化过程中出现的"城市病",大多与城市布局不合理有关。中国特色的新型城镇化要求综合考虑区位、交通、资源、环境、土地、人口等多个方面的因素,优化城市的区域布局和城市内部的空间布局,充分考虑城市及其资源和环境的承载能力,打造科学、合理、有序、宜居的城市生存空间。

4）中国特色新型城镇化是生态文明的城镇化。随着生活水平的提高，生态文明已经成为中国城镇化的必然选择。生态文明、绿色经济都关系着城镇化的可持续发展能力，引起了世界各国对生态文明的极高关注。以往我国城镇化过程中过度强调经济增长和工业发展，而忽视了环境保护，加剧了人与环境之间的矛盾，人类正在承担水污染、土壤污染、空气污染所酿成的恶果，近年来频发的雾霾天气就是有力的证明。未来的城镇化应该是建立在生态文明基础上的城镇化，中国特色的新型城镇化必须坚持节能、绿色、低碳、环保的基本原则，重在生态环境的保护、维护和恢复，建立人与自然和谐相处的城市生态圈。

5）中国特色新型城镇化仍然是文化传承的城镇化。在中国，文化传承是中国城镇化的应有之义。城镇化过程中伴随着城市与农村之间、不同群体之间的文化交流与融合，文化的冲突是社会排斥的重要原因，文化的融合也是社会融合的基本前提。我国经历长时期的农业社会，农业文明和农耕文化是我国几千年传统文化的重要组成部分。随着农村人口流入城市，农业文明和农耕文化将何去何从，是永久的消失，还是在城市中获得新生，这是城镇化不可回避的一个现实问题。以往城镇化的过程中，城市文化成为主流，农村文化受到一定的歧视和排斥，甚至面临着消亡的局面。事实上，城镇化应该是一个文化大融合的过程，而不应该由一种文化去兼并或消融其余的文化。文化无论来自城市或者乡村，都是一个国家或地区宝贵的文化遗产，中国特色的新型城镇化提倡文化的多样性，防止千城一面和互相模仿，重点鼓励和保护具有历史记忆、地域风貌、文化脉络、民族特点的美丽城镇，打造成为新型城镇化的名片。同时，倡导各具特色、多元文化的城市化发展模式。

2.3 中国城镇化发展的关键节点

我国城镇化的过程就是农民向城市流动的30多年，也是我国改革开放的30多年。在这30年中，从农村经营体制改革到城市经济体制改革，各项改革可以说是推动城镇化的最大动力。

2.3.1 农村改革开启城镇化大门

改革开放是从农村的联产承包责任制发起的，改革开放以后城镇化由停滞走向复苏也是从农村开始起步的。家庭联产承包制的实施极大地提高了农业劳动生产率，带来了大量的农村剩余劳动力和剩余资金，为后期农村工业的快速发展提供了原始的人力和资金支持。乡镇企业的蓬勃发展吸引了大批的农村剩余劳动力从离开农田进入乡镇企业，城市和农村之间涌现出大量的镇，农村人口通过短距离迁移以镇的形式聚集，成为20世纪80年代典型的城镇化发展模式，小城镇模式成为这一时期城镇化建设的基本战略。

农村经营体制改革的同时，1980年批准实施《广东省经济特区条例》，开始建立深圳、珠海、汕头和厦门四个经济特区。特区的建设成为改革开放后经济发展和城市建设的排头兵。这些地区对于劳动力的需求异常旺盛，提供了大量的就业岗位，对于内陆欠发达地区的农村剩余劳动力产生了巨大的吸引力，由此开始了由内陆走向沿海的远距离人口迁徙。进入20世纪90年代以后，这种向东南沿海城市的农村迁移人口数量越来越大，演变成为声势浩大、持续相当长时间的民工潮。

改革开放初期，农村改革开启了城镇化大门，但是这一时期开放程度有限，城乡之间仍然界线清晰，户籍制度、粮油供应制度、就业制度、社会福利制度等一系列制度影响，对城镇化发展产生着直接而显著的制约作用。20世纪80年代，以短距离迁移为主的小城镇发展模式，使得小城镇成为农村转移人口的主要聚集区。90年代，兴起的从内陆走向沿海的民工潮，虽然伴随着远距离的人口迁移，但是农村劳动力在城市中只是作为流动人口而存在，其身份仍然是农民，城市并未向农村人口真正敞开大门。

2.3.2　经济体制改革推动城镇化

1992年，邓小平南方谈话对于社会主义的本质和判断标准、计划和市场的关系等重大问题做了改革开放以来最全面明确的阐述，进一步明确了改革开放以及社会主义市场经济体制改革的思路。中国经济进入持续高速发展的黄金时期，经济活力增强，城市对于劳动力的需求更加旺盛，农民工的数量急剧增长，每年新增农民工约2000万人。廉价的中国劳动力吸引了大批外商来华投资建厂，使得我国在较长一段时期内充当世界加工厂的角色，数以亿计的农村转移人口是"中国制造"的主力承担者。改革开放以来我国经济的持续快速增长，在很大程度上受益于农村剩余劳动力形成的"人口红利"。

在这一时间段，我国城镇化建设进入了快速发展阶段，城镇化、工业化和现代化三种力量相辅相成，合力发展，推动我国城镇化率由1990年的26.41%上升至2000年的36.22%。20世纪90年代成为中国经济的十年黄金时期，也是中国城镇化加速发展的黄金时期。经济体制的改革推动了城镇化进程，城镇化的发展反过来也促进了经济体制改革的实施以及经济的迅速增长。东南沿海城市既是我国经济体制改革和经济高速增长的缩影，也是我国快速城镇化的一个范本。

虽然农民工用自己的辛勤劳动创造了巨大的社会财富，也为城市建设做出了积极的贡献，但是农民工在城市当中的身份却十分尴尬。20世纪90年代后期，不少城市甚至开始出台限制性政策，向那些从农村转移到城市的人口征收各种费用，名目繁多，如流动人口管理费、增容费、暂住费、计划生育管理费、外地务工经商人员管理服务费等等，这些费用一直到2001年才被取消[38]。事实上，这些针对农村转移人口的限制性政策成为我国城镇化发展的障碍，不仅不利于城镇化推进及社会融合，反而进一步加剧了社会排斥。

2.3.3 改革新节点城镇化再出发

改革开放之后我国城镇化在经历了早期的快速发展之后，"重物轻人"的城镇化理念使得快速城镇化进程中社会矛盾不断积累，其弊端逐渐暴露，无法实现可持续发展，也对中国经济的发展形成了一定程度的困扰。城镇化进入瓶颈期，必须寻找新的突破。在此时代背景之下，我国政府提出"有中国特色的新型城镇化"的发展思路，旨在打破中国城镇化所面临的发展困境。李克强总理提出"希望把城镇化的最大潜力和改革的最大红利结合起来，形成叠加效应，推动中国经济长久持续发展"。未来十年是中国经济转型的关键时期，也是中国城镇化发展的关键时期。借助于新型城镇化建设，以人口城镇化为支撑，实现城镇化的公平发展和可持续发展，将是中国未来经济增长的新动力。

事实上，城镇化的本质是人口城镇化，实现以人的城镇化为核心的新型城镇化，必将蕴含着一系列的改革与创新：户籍制度改革、土地制度改革、财税体制改革、行政体制改革等。其中，户籍制度改革和土地制度改革的呼声最为迫切也最为直接[37]。通过这两项制度改革，将取消束缚城乡人口自由流动和迁移的制度障碍，打破横亘在农村和城市之间、农民和市民之间的藩篱。这正是新型城镇化建设"以人为本"理念的集中体现，也是人口城镇化所面临的关键任务。

第 2 章　中国城镇化发展历程

城镇化就是乡村人口转变为城镇人口的过程,依据我国的历史经验来看,这种转变有迁移转变和就地转变两种形式。迁移转变的动力存在于城乡收入差距,就地转变的机制则是新农村建设、小城镇建设和原有城市的发展对周围乡村的吸纳融合。结合中国的实际情况,"城镇化"既是经济结构调整和经济增长方式转变的重要抓手,同时也是解决三农问题、建设小城镇、建设社会主义新农村的有效途径。这里面既包括物理和实体方面的变化过程,也包含文化、生活方式、价值观念等精神层面上的变化。

第3章 中国城镇化进程中的人口城镇化

3.1 现行管理体制下的人口划分

我国现行人口管理体制框架下,城乡人口呈现出"二元""四类人"的特征。所谓"二元"特征,即指我国公安部门所建立的户籍登记体系,以农业户口和非农业户口对人员进行分类管理;国家统计部门所建立的人口信息管理体系,以城镇人口和乡村人口对人员进行分类管理。上述两种分类方法,排列组合,衍生出所谓"四类人"的特征。可见,现行的人口管理体制下,我国城乡人口的统计、管理体系较为复杂。

3.1.1 城乡人口划分

我国的人口信息统计工作中,对城、乡人口的划分也经历了发展演变的过程,1952~1980年,城乡人口根据行政建制进行区分,1982年至今,则是根据常住人口进行区分。之所以采用两种不同的区分办法,其原因就是为了满足不同的经济社会发展阶段下,开展人口管理服务工作的实际需要。改革开放前的城乡人口划分依据的是行政建制,城镇人口包括市管辖区域内的全部人口(含市辖镇,不含市辖区县)以及县辖镇的全部镇人口(不含市辖镇),乡村人口则包括县辖乡的全部人口。改革开放后,城乡人口的划分依据逐渐演变成依常住人口进行划分,城镇人口指设区的市所辖的市区人口和不设区的市所辖的街道人口(即市人口)以及不设区的市和县所辖镇的居民委员会人口;乡村人口是指除上述人口以外的其他全部人口[29]。

3.1.2 农业及非农业人口划分

在农业及非农业人口的划分统计口径上也存在诸多问题,给我国人口城镇化水平的准确判断带来很多困难。公安部门在户籍管理工作中,将居民户口性质划分为农业户口人口和非农业户口人口,这与以从事社会劳动性质划分的农业就业人口和非农业就业人口,既明显不同又极易混淆。例如,农业户口人口进城务工或者从事非农业产业工作,在公安系统中被显示为农业户口人口;乡村医生、民办教师等在乡村从事非农业生产的人口,在公安系统中被显示为农业户口人口。

农业就业人口和非农业就业人口的区分和判定,是以劳动性质为依据的。简单来讲,从事农业生产活动的人口划分为农业就业人口,从事非农产业生产活动的人口划分为非农业就业人口。事实上,对于农业户口的人群,如果其从事非农业生产活动,其归属仍将被统计在非农就业人口。诸如此类,城镇人口中存在少数从事农业生产活动的农业户口人口,乡村人口中也存在一定数量的从事非农业生产活动的非农业户口人口等。可见,不同类型人口的界定相互有交叉和重叠,多统计口径下的人口居民身份统计易导致人口城镇化水平判断混乱。

3.1.3 流动人口

我国实际的人口管理工作中,除了前文所述"四类人"之外,还存在"第五类人"——流动人口。通过对比,我们对流动人口的认识可能会更为准确。国外有"迁移人口"的概念,而没有"流动人口"的概念,他们是通过对时间、空间、定居目的等三个因素的综合考量,来界定"迁移人口"的。中国由于有户籍制度的存在,人口的迁移实质上是指户口的迁移,而对于不涉及户口迁移的,我们称为人口的流动。可见,在我国迁移和流动具有不同的内涵,是两个不同的概念。《中华人民共和国户口登记条例》第十条规定"公民迁出本户口管辖区,需办理户口迁出手续,注销户口之后,再到迁入地注册登记落户"。据此,迁移人口伴随着户籍的迁移,符合政府规定的法定程序,这个群体才能享受到迁入地居民的各项权利和福利待遇,而流动人口由于居住地和户籍所在地不一致,则无法享受到相应的待遇。这种情况下,不同户口状况的移民在教育、就业、社会福利保障等方面所享受到的待遇迥然不同。

根据现行制度，流动人口根据在居住地居住时间长短分为暂住人口和常住人口，依流动人口户籍特征分为乡—城流动人口、城—城流动人口及城—乡流动人口。其中，暂住人口是指在居住地居住不满半年，常住户口在外乡、镇、街道，且离开户口登记地不满半年的人（不含因出差、探亲访友、旅游等原因临时在当地居住的人）[29]。常住人口是指在居住地居住半年及以上，常住户口在外乡、镇、街道，且离开户口登记地半年及以上的人（不含因出差、探亲访友、旅游等原因临时在当地居住的人）。乡—城流动人口是指人与户口分离，由农村前往城镇从事生产活动的农业户籍人口，狭义上通常指农民工。城—城流动人口是指市辖区内人与户口分离的非农业户籍人口。城—乡流动人口是指人与户口分离，由城镇前往农村从事生产活动的非农业户籍人口。

3.1.4　户籍人口和常住人口

按照《中华人民共和国户口登记条例》，户籍人口是指在其经常居住地公安户籍管理机关登记常住户口的人，户籍人口以户籍注册地为统计依据，与其是否外出无关。按照我国第六次人口普查手册规定，常住人口包含现有居住人口加户籍外出人口，即在普查时点居住在本户的人口，加上普查时点未居住在本户但户口在本户的人口。也就是说，常住人口是以户籍、实际居住地和居住时间为统计口径的，从1982年人口普查以来，历次人口普查中均把人和户口分离半年及以上的流动人口统计为本地的常住人口[29]。

3.2　中国人口城镇化的起源及发展

3.2.1　城镇化进程中流动人口的产生

众所周知，能够促使城镇人口的增长和城镇化水平的提升有三个方面的因素，即人口从农村向城镇的直接转移带来了相对数量变化、农村转变为城镇的行政区划调整带来的相对变化、城镇人口的自然增长带来的绝对变化。有学者专门研究了1950~1970年，16个发展中国家的城镇人口增长问题，结论是人口从农村向城镇的转移对城镇化的贡献率在33%~76%，平均贡献率为58%。可见，

第3章 中国城镇化进程中的人口城镇化

对于发展中的经济体而言，城镇化水平提升的主要推动力是人口从农村向城镇的转移。就中国改革开放以来的实践看，这个结论同样适用，1978~1999年，中国城乡移民占城镇人口增长总量的比重达到75%，截至2014年年底，全国流动人口总量达到2.52亿，占人口总量的比重超过1/6，其中绝大部分是农业转移人口。

从理论上讲，任何时期的工业化持续发展和经济增长必然带来人口的流动。在城乡二元结构下，欠发达的地区会产生落后的农业部门和较为强势的工业部门。资本的持续集聚加上城镇工业的不断扩张，有利于农村剩余劳动力向收入水平更高的城镇转移，使得区域城镇化的发展顺理成章。从这个意义上讲，人口流动直观反映了区域经济的发展状况，且对城镇化的发展影响显著。我国和其他国家的流动人口在区位的选择上有所不同。其他国家的农村剩余劳动力往往向城市迁移，而在我国，由于乡镇企业的快速发展和农村工业化的较快推进，促使农村剩余劳动力直接迁往城市居住，还有相当一部分选择经济较为发达的农村地区生活、工作，这在客观上推动了农村城镇化的发展，也增加了我国城镇发展的多样性和复杂性，势必将对中国发展城镇化的进程与模式产生深刻影响。

3.2.2 城镇化进程中人口流动的客观必然性

城乡二元结构是制约城乡一体化发展的结构性因素，导致了农村人口多、资源少、城乡差距大、发展不平衡。二元结构表明了我国城镇化的发展蕴藏着巨大的潜力，预示着发展中将会面临着巨大的困难和调整，揭示了发展城镇化的重要性和迫切性。三农问题的现状是，大量农业劳动力被束缚在紧缺的耕地资源上，造成农业生产规模小、资源散，既无力支撑农村发展和农民增收，又容易引发农村社会矛盾和问题。实践证明，三农问题要想得到解决，就必须将农业和农村的发展，与工业化和城镇化的发展，有机地融合在一起进行通盘的谋划。数据测算显示，将城镇化率每提高一个百分点，就意味着每年会有1000多万农民到城镇从事生产劳动。可见，推动工业化和城镇化持续发展，把农民从土地中解放出来，从农村中转移出来，才是有效促进农民就业、农民增收，实现农业的规模化和集约化生产的根本举措。反过来，工业化和城镇化的发展，也将有效拉动对农副产品的市场需求，提高对农产品品质的要求，这些对农业产业结构的转型升级将产生巨大的拉动效应。再进一步来讲，工业化和城镇化的发展又为农村提供了生产生活资料、科学技术、商贸流动等生产要素的支撑，农村的发展基础更加坚实。

在国外尤其是西方，不存在类似于我国的城乡户籍制度，自然也就没有流动人口和迁移人口之分。在我国改革开放初期，城市中的流动人口大多为农业户口居民，经济社会发展至现阶段，流动人口呈现出多样性和多元性，特征不再那么明显。需要强调的是，在本书中，凡是提到流动人口，主要包括农民工以及在城镇化发展过程中出现的，如失地农民、工程移民、城中村居民等的特殊人群，上述人员的身份往往介于市民和农民之间，其户籍地、生活地和就业地往往不完全一致并且不断变换。

3.2.3 人口城镇化进程中流动人口的社会融合

人口城镇化是指城镇人口比重不断上升的过程，其一般通过人口向城镇集中或者将农村变为城镇的途径实现。人口城镇化将使城镇人口的比重逐渐接近饱和，城市生活方式得到全面的认同和普及。

我国所倡导的新型城镇化的发展理念是以人为本，将城镇化视为人、地、钱、房和生态环境等诸多重点领域的体制机制改革，其实归根结底还是人的城镇化。因此，户籍制度在加快改革的同时，应建立健全基本公共服务和社会保障机制，更加关注人的城镇化问题，更加关注人口城镇化过程中的社会融合问题。

改革开放后，中国的城镇化进程不断推进，到 2014 年年底，城镇化率已达 54.77%，按现在的增长速度，估计到 2020 年将超过 60%。人口不断向城镇集聚和城市范围的不断扩张，能够促进城镇地区产业结构的转型升级，带动城乡一体化发展，但粗放式发展也带来了问题。这样的情况必然导致城镇内部户籍居民与流动人口新的二元分割的出现。在一项研究中，学者提出了"半融入"、"半城市化"概念，是指那些未能通过"同步市民化"真正融入城市社会的进城农民，特别是农民工。即使有些农民通过努力取得了"市民"资格，但如果不能较好地融入城市，新矛盾仍然会产生，社会的良性运行与健康协调发展也会受到影响。必须看到农村转移人口的市民化，不仅仅是成本问题，更是经济、行为、心理和身份认同等社会问题。

由于城镇化是农村人进入城市并与城市人发生双向互动的过程，所以在城镇地区实现"社会融合"时，不仅要使进城农民作为流入者在经济社会地位和心理感知上的纵向"提升",而且需要这两大群体之间的横向"靠拢",只有缩小了"相对距离",融合才能成为现实。中国的城镇化进程中,城市内部在户籍、社会保险和就业等方面的制度分割始终没有完全打破,进城农民与城里人之间很难公平分享城镇化带来的发展红利,甚至还会使两者之间差距扩大,从而阻碍社会融合的进行。

3.3 中国人口城镇化发展现状

3.3.1 人口城镇化的非同步性

发达国家的人口城镇化实现了经济、社会、产业、生态、环境的协调同步推进,相比之下,我国的城镇化发展,却出现了经济、社会、政治及制度与人口城镇化脱节的现象。

(1) 产业结构的调整速度滞后于人口城镇化

通常情况下,非农就业人口比重(即第二、第三产业就业人数占总就业人数的比重)已经成为衡量产业结构的重要指标。纵观1979~2010年三十年间,非农就业人口比重一直高于城镇人口比重,平均高13.85个百分点。而从速度指标的对比来看,城镇化平均速度为3.21%,而非农业结构调整速度仅为2.44%,非农就业结构调整速度明显滞后于人口城镇化速度0.77个百分点[29]。

(2) 社会服务水平滞后于人口城镇化

发达国家城镇化的发展经验告诉我们城镇化需要基本社会公共服务同步发展。要实现人的全面发展,需要政府及社会为每个人都提供基本就业、基本生活、基本养老、基本的健康保障、基本的教育和文化服务等方面的保障[29]。而这些基本公共服务又能够维持经济社会的稳定、基本的社会正义和凝聚力,有利于保护个人最基本的生存权和发展权。实际上,中国的城镇化发展超前于社会发展。

城镇化的快速推进和城镇人口规模的急剧膨胀,使得政府提供的社会公共服务保障和社会管理严重不足,致使大量流动人口处于公共服务的边缘。本来在流动人口为城市的发展做出来巨大贡献后,应该得到同等对待的,然而现实是其应享有的公共服务和应享有的教育、医疗、社会保障等都被排斥在城市社会体制之外,其生存状态也是长期被边缘化。很明显,不完善的基本公共服务和社会保障制度是现阶段制约城镇化健康发展的重要因素。

(3) 制度改革滞后于人口城镇化

改革开放以来,随着户籍制度逐步放松,农民由农村逐渐转移到城镇。然而,农民市民化并没有同步进行,大部分在城镇居住半年以上被称为城市人口的农村转移人口的生活方式、消费观念以及作为常住地城镇居民身份应享有的基本福利和社会待遇等等仍未发生转变,仅仅是常住居住地和职业转换了而已。因此,制度改革的滞后,特别是户籍制度是制约人口城镇化发展进程的首要因素。

3.3.2 城市人口膨胀引发的"城市病"

中国用了30年的时间就实现了西方发达国家用近百年时间才实现的城镇化发展水平,城镇化率由20%提高到了50%以上。然而,在快速的城镇化发展背景下,由于城市基础设施建设的滞后,导致出现了一系列的所谓"城市病",如交通拥堵、环境污染、秩序混乱和就业困难等。一方面,经济社会发展水平的较大差异,驱动流动人口大规模向北、上、广、深等城市集聚,形成了特大城市,这也给特大城市的社会管理带来巨大挑战。另一方面,迅速推进的城镇化和急剧膨胀的大城市人口,使得城市各方面资源的供需矛盾突出,城市生产环境持续恶化,市民生活质量明显下降。与此同时,经济社会发展的"过度倾斜"现象更为严重,一边是大城市和优势地区集中了大量优质的人力、物力、财力,有力地支撑了它们的发展和繁荣,一边是边缘城镇和乡村发展的停滞和落后。从发达国家的发展经验看,处在工业化和城镇化快速发展阶段,"城市病"无法避免,但随着城镇化的持续向纵深发展以及相关政策措施的出台和落实,"城市病"带来的弊病完全可以被逐渐消减,甚至被主动克服。

3.3.3 特殊体制下的"半城镇化"

半城镇化是中国特殊人口管理体制下,城镇化发展不彻底的产物,在以户口管制为核心的城乡二元体制下，农民被排斥在城市体制之外。具体来讲，半城镇化是指农民从农村转移到了城市，实现了向非农业的转换，但身份没有得到同步的转变。因此，无法实现与城市在社会、文化等各方面的衔接和融合。从这个意义上讲，半城镇化的社会根源就是城乡户籍管理的双重体制，半城镇化的直接体现就是非农化水平滞后于居住地人口的城镇化水平。

我国现行的城镇人口统计口径主要有三个切入点，一是有城市户籍的在册人口，基本等同于以往所说的"非农业人口"，二是没有户籍的"城乡流动人口"，此部分人口实际上已经在城市居住、劳动和生活，三是没有户籍但从事非农产业生产活动，且享有市民待遇的城市流动人口。非农化水平的含义是具有城市户籍的在册人口占总人口的比重，一般来讲，人口非农化水平总体低于居住地城镇化水平，尤其是改革开放以来，人口城镇化和人口非农化未能实现同步进行，导致衡量城镇化水平的两个指标的差距不断被拉大。

我国现行二元户籍管理体制下，人口主要被分为政策性城市人口和非政策性城市人口，其中政策性城市人口的一个基本构成部分是非农业人口，这部分人口可以在正规劳动力市场谋生，可以充分享受政府提供的各项社会福利和服务。然而，对于农民工来说，尽管从职业和居住场所的角度他们被认定为城市人口，但从户籍角度他们被认定为农业人口，属于非政策性城市人口的范畴。据此，他们往往被视为纯粹经济意思上的劳动力，且被局限在次级劳动力市场和非正规劳动力市场，不能享受到政府提供的社会保障和服务，成为典型的"半城镇化"人口。综上可知，解决半城镇化的核心问题，是要从体制、机制和制度上赋予流动人口应有的权益和保障，实现农民工人向市民身份的转变[29]。

3.4 中国人口城镇化的发展趋势

3.4.1 以人为本的和谐城镇化

城市化是人类社会发展的必经阶段，是社会进步的标志。一方面，城市化带来诸多好处，如生产要素集中、社会分工明确、资源利用效率提高等。另一方面，城市化也有很多的不利之处，以往城镇化过于关注土地城镇化，而忽视了人口城镇化，过度关注城镇化的速度和规模而忽视了城镇化的质量，由此产生了一系列的社会问题。城市化在本质上还是受利益的驱使。从社会和谐、人民生活舒适的角度看，资本导向、资源过度集中给城市人的感觉是生活水平下降了，尤其是当流动人口急剧涌入，但无法真正融入城市时，许多人便会对城镇化产生质疑，欧洲一些国家甚至已经出现了"逆城市化"现象。

然而，城镇化进程中出现的问题是可以采取适当的措施来予以妥善解决的。党的十八大报告中指出，"工业化与城镇化的良性互动、城镇化与农业现代化相互协调"。短短一句话给出了解决问题的办法和钥匙——和谐发展。我国已经提出新城镇化的发展理念，其核心就是和谐发展，强调在城镇化的过程中做到生态文明建设与经济建设、政治建设、文化建设、社会建设的高度统一和有机融合。新型城镇化的重要内涵之一是人的城镇化，而不再是像以往城镇化那样仅仅强调土地城镇化。新型城镇化通过扩大城镇就业的方式吸引劳动力流向城镇，在这个过程中，这部分城镇工作者的人居环境和生活方式逐步得到改善，这部分人群享受城镇公共服务的权利逐步得到落实。总之，新型城镇化更加强调居住与就业的关联、就业与经济发展的关联、经济发展与区域条件的关联，通过构建与各种地理环境条件相匹配的城乡聚落格局，实现人居环境、城镇建设、经济发展与地理环境之间的相互协调。

(1) 土地城镇化与人口城镇化相协调

新型城镇化强调土地城镇化与人口城镇化的同步协调推进，强调城镇化与工业化的良性互动。在新型城镇化的过程中，讲求城乡土地要素的平等交换，城镇建设用地的增加与人口的有效转移应该是协调的，城市建设用地的增加与农村建设用地的减少应该是保持动态平衡的。与新型城镇化相比，在我国以往的城镇化建设实践中，我们是走过弯路的。例如，20 世纪 90 年代以来，尤其是 2000 年之后，全国各地都跟风大张旗鼓开展开发区、工业区和新城区建设，形成了一股"热潮"，造成城市用地迅速大规模扩张。由于没有产业和人口支撑，部分地区的建设"热潮"仅仅带来了土地或者景观上的城市化，少数地区建设的所谓新区甚至成为"空城"和"鬼城"。究其原因，就是因为在城市建设用地大幅增加的情况下，农村建设用地并没有相应减少，部分地区农村建设用地甚至还有所增加，土地的城镇化未带来等效的农村人口有效转移。

(2) 居住城镇化与公共服务城镇化相协调

新型城镇化讲求公共服务均等化，公共资源均衡化，强调居住城市化同公共服务城市化之间的协调。现行人口管理工作中，城市人口包括农村进城务工人员等城市常住人口。但实际情况是，他们由于户籍的限制，无法享受到和城市户籍人口一样的教育、医疗、就业、社会保障等公共服务。因此，严格来讲，这部分人的城镇化并非真正意义上的城镇化。目前中国城市化率将近55%，除去那部分人后中国城市化率只有35%~36%，可见扩大城镇公共服务的范围也是提高城镇化的必要措施之一。

（3）有型的城镇化与无形的城镇文化相协调

新型城镇化的重要内涵包括无形的文化与习惯的养成和改变，包括人们行为方式与城市文明要求之间的协调。文化和习惯的形成需要经历漫长的过程。与农民居住城镇化、就业城镇化、公共服务城镇化的形成相比，城市文明中包含的引领现代城市发展的文化和隐含在现代城市中的居民习惯的形成，可能更加缓慢和漫长。

3.4.2 新生代农民工成为流动人口主体

随着经济社会的不断发展，新生代农民工群体开始出现，并且规模持续扩大。目前，他们已经成为城镇化过程中流动人口的主体。新生代农民工不同于第一代农民工，他们已经不再是一个高度同质的群体，而是内部分化的特征显著。新生代农民工在受教育程度、务农经历、就业分布、发展取向、迁移动机等方面与第一代农民工存在显著差异。从迁移动机来看，第一代农民工进城务工的主要目的是为了赚钱养家，属"生存型"迁移；新生代农民工则是为了开阔眼界，实现知识和技能的积累及更新，属"发展型"迁移[36]。从就业分布来看，第一代农民工主要从事建筑、批发零售等行业，对其知识技能要求较低，收入水平较低；新生代农民工则更多分布在制造业领域等对文化程度要求较高的领域。

与第一代农民工相比，新生代农民工具有强烈的权利意识和市民化意愿，他们比前辈更渴望融入城市，真正成为城市的一员，享受同等的国民待遇。新生代农民工的平等观念和维权意识更强，渴望享受到与其他市民相同的受教育权、就业权和社会保障权，而一旦他们的预期和愿望未得到实现和满足，他们会考虑"用脚投票"，来表示抗议和不满。因此，充分调动并合理满足新生代农民工的城镇化需求，将有助于推动中国城镇化的快速健康发展。

面对城镇化过程中城市发展所面临的种种现实困境，新生代农民工会有所思考并有所选择。他们中的一部分会选择回乡发展，从事家乡的非农产业。然而无论选择留在城市，还是选择回乡发展，他们都是中国城镇化进程的重要参与者和建设者，并必将对中国城镇化的发展产生重要影响。

3.4.3 沿海地区产业加快向欠发达地区转移

随着改革开放的不断深入和经济社会的不断发展，我国经济发展的水平、质量和效率得到不断提升，综合国力得到显著提高。然而，伴随着快速发展，土地和劳动力成本上升、原材料价格上涨、人民币贬值等问题先后出现，这些问题交织在一起，使我国东部沿海发达地区的企业和产业无法生存，只能加快向我国中西部地区转移，这种情况从客观上加速了相对欠发达地区的城镇化和工业化的快速发展。以广东省为例，2005年通过设立产业转移园的方式，鼓励珠三角企业向东西翼和粤北山区转移；2008年开始实行"双转移"战略，进一步加快珠三角地区的产业转移步伐；截至2011年上半年，广东省共建立省级产业转移园区35个，落园项目2988个，总投资额7029.7亿元，吸纳56.7万劳动人口。从这个意义上讲，招商引资、承接产业转移已经成为欠发达地区推动区域城镇化发展和实现经济快速发展的重要抓手[36]。

在产业转移实践中，欠发达地区承接的产业往往布局在县城，其目的就是要形成以县城为中心的县域城镇化格局。例如，地处广东省西部山区的云浮市，全市5个县（市、区）已设立的4个产业转移园都位于各个县城（市、区）。产业转移园区作为承接产业转移的重要载体，承接了区域内绝大多数的外来企业，如位于新兴县城的新成工业园和位于云安县城的循环经济工业园所吸引的招商引资项目等，均占全县项目总额的80%以上。实践表明，县城已经成为县域经济的主要增长极，相比之下，县域其他地区的工业化进程则较为缓慢[36]。

3.4.4 农村外出劳动力回流步伐加快

改革开放以来，城乡人口流动呈现出动态变化的特征。当前，人口流动的新变化值得引起大家的关注，部分农村外出劳动力开始回流家乡。调查显示，这部分回流劳动力往往积累了一定的资金、知识和技能，具有更开阔的发展视野，他们回乡往往伴随自身的职业转化,大部分从事非农产业,这在客观上为县域小城镇的发展注入了新的动力。相比刚刚进入大城市的年轻劳动力,回流劳动力往往均已成家立业、生育儿女。他们回流至县域城镇,会大大拉动对县域住房、医疗、教育等公共服务的需求,客观上为小城镇的基础设施建设和相关产业的规模化经营提供了市场空间和发展动力。可以预见,产业转移和劳动力回流必将促进县域经济的发展和县域人口的增加,进而扭转长期以来我国中小城镇发展乏力的局面,同时,也必将对区域城镇体系格局的形成产生重要的影响[36]。

第4章 中国城镇化发展现状

4.1 中国城镇化的主要成就

新中国成立以来，我国的城镇化建设经历了从建国初期的正常发展到大跃进时期的经济脱离和生产条件的飞速发展，又从"文化大革命"时期的逆城镇化到开放以来的城镇化持续发展阶段[39]。在中国共产党带领下，坚持统筹城乡、合理布局、节约土地和功能完善的原则，经过50多年的不断探索和反复实践，终于开辟了一条符合中国国情、具有中国特色的城镇化建设道路，大中小城市和小城镇得以协调发展，我国的城镇化建设取得了举目的成就，并成功完成了由"农村型"国家向"城市型"大国的过渡。

4.1.1 城镇化理论认知提升

随着市场经济改革的日益深化以及对外开放全方位的推进和提升，工业化、城镇化建设陆续在全国范围内展开。邓小平1992年的南方谈话和同年10月中共十四大的召开，标志着我国正式迈进了社会主义市场经济体制的改革之路。从此，市场化改革成为我国城镇化发展的最大动力[40]。

中共十五大报告提出要"继续发展乡镇企业，形成合理的产业结构""搞好小城镇规划建设"。由此可见，城镇化进程已引起党中的高度关注，并把"发展乡镇企业促进城镇化发展"作为解决"三农"问题的重要途径。中共中央《关于制定国民经济和社会发展第十个五年计划的建议》首次提出，"城镇化可以为经济发展提供广阔的市场和持久的动力，是优化城乡经济结构，促进国民经济良性循环和社会协调发展的重大措施"和"要不失时机地实施城镇化战略"。在这里，我国已经将城镇化建设提升到战略的高度并充分认识到城镇化对经济发展、经济结构等的促进、优化作用。

第4章　中国城镇化发展现状

中共十六大报告进一步提出"全面繁荣农村经济,加快城镇化进程"和"坚持大中小城市和小城镇协调发展,走中国特色的城镇化道路",从此小城镇建设被提上议程。为避免城镇化建设过程中出现类似西方国家的"大城市病",我国根据现有国情实施了具有中国特色的"小城镇,大战略"的发展模式,试图通过小城镇和中小城市分担大城市的部分功能,在一定程度上抑制了"大城市病"现象。中共中央《关于制定国民经济和社会发展第十一个五年规划的建议》指出,"坚持把解决好'三农'问题作为全党工作的重中之重,实行工业反哺农业、城市支持农村,推进社会主义新农村建设,促进城镇化健康发展"。到2006年年底,中央政府先后实施了减免农业税、普及农村义务教育、推进社会主义新农村建设等一系列"工业反哺农业、城市支持农村"的具体措施。

中共十七大报告为城镇化建设指明了发展原则和方向,主张"按照统筹城乡、布局合理、节约土地、功能完善、以大带小的原则"来协调城市与城镇的发展。要以城市与农村的经济、人口、社会和资源环境的科学、全面协调可持续发展作为我们下一步城镇化的重点发展方向[38]。自此,城镇化建设开始由数量的扩张转向对品质的提升。

党中共十八大报告则把城镇化同工业化、信息化和农业现代化一起视为新时期的"新四化",并提出了"新四化"协调发展的原则。目前,城镇化已经成为我国扩大内需的最大潜力,也是解决经济增长和"三农"问题的战略支点。

2013年,中国首次召开城镇化工作会议,会议分析了现阶段我国城镇化的发展形势,对现阶段城镇化工作重点进行了论证,并提出了进一步推进我国城镇化建设的指导思想、主要目标、基本原则和重点任务。

2014年3月,中国又推出了《国家新型城镇化规划(2014—2020年)》,对新型城镇化的布局以及实施进行了全方位的规划和布置,是指导全国城镇化健康发展的宏观性、战略性、基础性规划。可以预见,中国城镇化这辆高速行驶的列车又将踏上一个新的征程。

4.1.2　速度与规模举世瞩目

科学的城镇化理念决定了我国城镇化是否能快速健康的发展。我国经济发展不平衡的特殊国情以及城镇化发展特点,决定了我国城镇化之路不能照抄照搬其他发展中国家或西方发达国家的城镇化发展模式,只能走具有中国特色的新型城镇化道路，形成一套具有中国特色的科学城镇化理念。

城镇化水平是衡量一个国家城市化进程的重要指标，同时也反映了一个国家经济社会的发展情况[38]。中国的城镇化建设虽然起步较晚，但是发展速度举世瞩目。2011年末，中国共有657个设市城市，各级城市总的行政辖区面积约占中国国土面积的一半，建制镇增加至19683个，中国的城镇人口首次超过农村人口，达到6.9亿人，是中国社会结构的一个历史性变化。中国的城镇化率保持了一个较高的发展速度。

1949年，全国总人口为5.4167亿人，其中，城镇人口为5765万人，城镇化率仅为10.64%。受计划经济体制下形成的城乡二元分割社会结构的影响，到1976年"文化大革命"结束时，也仅有29.37%的城镇化率。改革开放以后，我国城镇化进程呈现平稳增长趋势。2010年，中国人口总量达13.37亿人，城镇人口达到了6.6557亿人，城镇化率提高到49.68%，中国的城镇化水平与世界城镇化水平的差距也由1950年的17.22%缩小到了2010年的0.32%[38]。2014年，中国城镇化率已达54.8%，与1978年的17.92%相比，年均提高了1个百分点，城镇化水平已远远高于同期世界城镇化的平均水平；中国的城镇人口也由1978年的1.72亿，增长到了2014年的7.49亿，年均增长1647万人。

1978年，我国实行改革开放，经济得到了大幅增长，非公有制经济如雨后春笋般涌现，为城镇提供了大量就业机会。与此同时，户籍政策的放松也推动了农村人口向城镇迁移的力度。1984年10月，国务院颁布的《关于农民进入集镇落户问题的通知》中规定：农民及其家属在城镇有固定住所、能够自食其力或者在城镇企事业单位长期务工的，可以在城镇落户，自备口粮。自此中国掀起了一股农村人口向城市转移的热潮。同年，我国新制定的建制镇标准，使全国城镇的数量迅速增加。

"城镇化"一词第一次出现在中国官方文件是在2000年发表的《关于制定国民经济和社会发展的第十个五年计划的建议》中。《建议》指出，"随着农业生产力水平的提高和工业化进程的加快，我国推进城镇化条件已渐成熟，要不失时机地实施城镇化战略"。中国的城镇化率在1999年为30.89%，2000年达到36.22%，发展速度快，一年内便增加了5.33个百分点。2002年，党的十六大报告也明确提出，"全面繁荣农村经济，加快城镇化进程"、"走中国特色的城镇化道路"。中国特色城镇化就是要繁荣农村经济，缩小城乡差距，解决"三农"问题。政府的主导、提倡并引进的大批资金和配套设施，加速了中国城镇化的进程。此后，中国的城镇化建设以较为平稳的速度不断推进。

4.1.3 城市群主体形态形成

经济社会发展所特有的不平衡性，决定了我国城镇化呈现多元化模式。改革开放 30 多年以来，城市群逐渐成为我国城镇化建设过程中的主体形态。

城市群是在城镇化过程中，在一定的区域范围内，以某一个或两个大城市作为核心，以中心大城市带动周边中小城市共同发展，充分发挥核心城市的经济辐射功能和带动功能，进而使这个区域形成一个资源共享、功能互补、等级有序而又便捷高效的城市发展群。目前，我国总体城镇化率虽高，但是中部和西部地区的城镇化仍处于相对落后水平，农村大量的农业闲散人员，已成为社会安定问题的隐患。从平衡城乡发展、消除两极分化、解决"三农"问题的角度考虑，各个地区推进以城市群为主要形态的城镇化建设、以周边城市群提供合适岗位来消化吸收农村滞留劳动力，是当前我国经济社会发展的必然选择。

（1）日趋完善的城市群规模和布局

扩大城市群战略可以有效加强中心城市对周边农村的辐射带动作用，同时促进城市群内部城市自身的发展，从而实现在更大范围内的资源优化配置。发展过程中，要注意因地制宜地控制城市群的规模和布局，不能搞"一刀切"，而是需要根据各地的地理环境和经济情况制定相应的方案与策略。党的十八大报告指出，"科学规划城市群规模和布局，增强中小城市和小城镇产业发展、公共服务、吸纳就业、人口集聚功能"。中小型城市群已成为我国城镇群质量发展的重要组成部分。

目前，我国的城市群主要划分为三种类型。一类是以北上广等特大城市为核心的大型城市群，它们作为我国最大的产业集聚区和人口集聚区，有力地推动了我国社会经济的发展。二是围绕省会城市分布的中型城市群，如郑州城市群、西安城市群、武汉城市群等，这一类城市群规划明确，发展动力充足，加快了各省社会经济与工业化和城镇化进程。三是以具有某种特色商品的县城或乡镇为核心城市群，如浙江义乌的小商品市场、安徽亳州的"药都"、河北辛集的皮革城等。这类城市群主要根据各自地方特色，发展特色产品，并围绕其特色产品进行开发与销售，从而带动周边城镇的经济发展，加快当地县乡镇的城镇化进程。

(2) 产业集聚推动城市群演变

中共十七大报告提出"在城镇化进程中重点加强辐射效果明显的城市群的建设工作"。统筹发展特大城市进而形成强辐射城市群，带动并培育新的经济增长极，进而增强综合承载能力。报告产业集聚是城市群经济增长的主要动力和竞争优势，而城市群是产业集聚得以发展的主要空间载体形式，二者在经济发展中是相辅相成、相互促进的。

城市群的形成和发展要求对群内经济、科技、生态进行统筹规划和协调，城市群这一主体形态的形成突破了各个城市行政区之间的限制，群内资源及生产要素可以自由流动，资源也得到了有效的配置。资源配置率的提高增加了城市群的产出，进而吸引更多生产要素的进入，这也就意味着城市群的企业规模与产业链得到了进一步扩大。产业链的延展，产业规模的扩大，吸引产业进一步集聚，促进了产业集群化的进程，从而加快了城市群经济的发展速度。

4.1.4 第三产业 GDP 比重提高

城镇化是第三产业发展的载体和依托，没有城镇化就不会有第三产业的快速发展，城镇化的推进和经济结构的调整促进了第三产业的发展。同样，第三产业的发展反过来也推动了城市基础设施建设，提高了城市生活质量，同时又可以吸纳大量劳动力，从而促进了城镇化的进一步发展和质量的提高。

纵观世界各国，经济发达国家的第三产业水平普遍较高，然而发展中国家的第三产业水平明显较低。根据世界各国工业化发展规律可以看出，第三产业占 GDP 的比重，反映了一个国家工业化和城市化的发展水平，工业化和城市化水平与第三产业在 GDP 中所占的比重之间存在正相关关系，水平越高，比重也就越大。目前，英国、美国、法国、德国等发达国家的第三产业 GDP 已经达到 70%，而我国最发达的城市也只有超过 50% 多。

新中国成立后，受我国高度集中的政治经济体制影响，优先发展重工业，所以第二产业一直是我国 GDP 增长的主要支柱。随着我国经济结构的不断调整和城镇化战略的大范围实施，这一状况得到了有效改观。2003~2013 年，第二产业在 GDP 中的比重依旧处于领先地位，但比重连年下降。2013 年，第二产业占 GDP 的比重为 43.89%，而第三产业则达到了 46.09%，在新中国的经济发展史上，第三产业占GDP的比重首次超过了第二产业。

虽然和发达国家相比，我国第三产业的GDP总量处于较低水平，但它一直呈现"稳步增长"的状态，二、三产业之间的增速差在不断缩小。第三产业陆续崛起，城镇化和工业化的水平逐步提高，我国经济结构也日趋合理。

4.2 中国城镇化的主要问题

城镇化是人口不断向城镇集聚的过程，是世界各国工业化进程中必然经历的历史阶段，是世界各国经济社会发展的必经之路，是国家工业化和现代化的产物和表现，是不以人们意志为转移的客观现象[41]。

2014年，我国城市化率达到54.77%，虽然已经达到世界城镇化率平均水平，但是由于我国各地区、各省市和省内之间发展水平严重分布不均，致使我国城镇化率距离发达国家85%的平均水平还存在一定的差距。我国城镇化建设在稳步增长，经济实力不断增强的同时，也存在着以下问题：

4.2.1 二元体制下的城镇化

中国城镇化过程中最大的风险是城乡矛盾的内化，即城市化的发展并不能真正解决城乡二元结构，解决城乡之间因差别化引起的社会矛盾。20世纪80年代，郭书田、刘纯彬等人就曾指出，当今中国城乡的二元化是由以二元户籍制度为核心的，包括二元粮食供应制度、二元就业制度、二元福利保障制度、二元教育制度、二元医疗制度以及二元公共事业投入制度等在内的14种具体制度构成、支持和维持的[39]。

农村人口向城镇转移、聚集是城镇化的首要表现和核心内容。农民市民化是城镇化的必然趋势，我国城镇化的重要任务及主要困难之一就是如何顺利转移农村庞大的剩余劳动力人口。在城镇化建设的推进下，农村过量剩余劳动力开始大量涌入城市群，但是转移人口的社会融入情况成了一大问题，农民市民化与工业化、现代化、城镇化的矛盾日益突出。中国要实现向现代化的进军，面临的首要的也是最重要的问题，就是通过城镇化进程改变城乡的二元结构、解决城乡差别的矛盾。

一方面，在国家行政、法律和政策的调控下，我国居民被划分为城市户口与农村户口两种类型，同时固定了这两类人口的生产生活方式及居住环境条件，在一定程度上限制了城乡间的资源流通性。农村资源、资金的大量流失，土地增值收益城市化向非农部门化倾斜，进一步制约了农村的现代化建设，给农民的生产生活带来了更大的压力。另一方面，长期以来形成的城乡二元分割体制尚未从根本上打破，城乡分割的治理思路、政策体系和管理制度更是带来了城镇化过程中所涉及的各个发展领域的制度不公现象。

面对城乡二元分割制度下衍生的户籍制度、劳动就业制度、社会保障制度带来的阻碍城镇化进程的制约现象，党和国家在改革开放以来推行了一系列制度革新措施，尤其是废除了城乡二元的粮食供应制度，改革户籍管理方式，放宽农民进城的政策，但是城乡有别的政策和制度并没有完全消除，城乡之间在户籍、居住、就业、社保、教育、医疗以及土地、产权等方面的二元化制度在相当程度上依然存在[39]。

基于特殊的城乡二元化的制度背景，不少人对我国城镇化道路提出了诸多的建议，尤其是一些主张优先发展小城镇的学者，其理论和现实的根据不仅是基于我国农村人口、资源及经济发展的需求和走向，也是基于城乡二元化的结构和制度的现实。在不少人看来，在二元化体制下，要转移大量的农村剩余劳动力，只有依靠众多小城镇的迅速发展。然而，这种二元化体制下的城镇化不仅发展空间极其有限，也无助于真正实现城乡社会的一体化，还导致乡村城镇无序发展，资源难以合理配置。直到今天，城乡二元化制度和政策，造成大量农民工难以真正融入城市，成为游离于城乡之间的边缘人，由此出现诸多社会问题[39]。

4.2.2 政府主导下的城镇化

从发展模式进行划分，可以将城镇化划分为政府主导型和市场主导型两种。通过研究西方发达国家的城镇化模式，如美国的"自由放任式城市化道路"，英国的"先放后调式城市化道路"以及德国和法国的"市场引导与政府并重的城市化道路"等，我们可以发现，国外发达国家的城镇化都是市场主导发展建设。对于中国而言，城镇化不仅是国民经济持续高速发展的迫切需要，也是尽快消除城乡差距、缩小收入分配差距的客观要求[39]。然而，与西方发达国家不同，我国城镇化建设是在政府的宏观调控下进行的。

我国的城镇化进程可以通过政府主导实现以既定速度，向既定方向有选择地实现资源整合,重点发展,进而加快城镇化的发展。但是,政府过度的行政干预,尤其是对城乡实行的二元管制政策,严重导致了人口、资源的不合理配置,甚至是资源浪费[39]。首先,二元户籍制使我国2亿多的流动人口无法完全获得与城镇居民相当的工资待遇,更不能享受到城镇居民享受的各种福利保障,造成了严重的社会歧视与分配不公的现象,阻碍了我国城镇化高质高效进行的步伐。其次,政府主导下的城镇化模式获得的经济效益明显低于市场主导的城镇化模式,城镇化效果无法达到最优效果。20世纪80年代中期至90年代中期,短短10年间,中国的城镇化用地规模平均扩展了50.2%,其中一些城市甚至达到了200%。国际城市用地增长率与人口增长率之比为1.12:1,而我国则达到了2.29:1,单位用地的平均产出远远落后与国际平均水平。

政府主导下的城镇化模式,也是造成我国投资结构失衡、地方债务过度负担的原因之一。一味追求城镇化的进程速度,部分政府开始致力于各种融资平台作为城镇化的主要投资力量,政府明显的"挤出效应"严重影响了民间的投资热情。不仅如此,为了进一步扩充融资,一些地方政府开始出让土地获取资金,在土地资源紧缺、房地产政策不断紧缩的背景下,政府对土地财政的过度依赖使得其债务压力日渐沉重,严重影响了国民经济的健康发展。而且,由于是非市场推动的政府主导的城镇化,发展过程中政府必然会被置于各种矛盾的漩涡之中,这不仅不利于政府形象的保持,还容易激化社会矛盾,甚至出现腐败现象,违背了市场经济的根本要求。根据中纪委监察部的数据显示,仅2010年,在全国纪检监察机关案件中,就有6678人因在土地征用、房屋拆迁过程中违纪违法受到了处分。

4.2.3 农地支持下的城镇化

土地是农民在城镇化进程中的唯一本钱,城镇化的本质是人的生产方式和生活方式的根本转变,是人的城镇化,不仅仅是土地城镇化。虽然我国不断进行对土地管理制度的完善与改进,但在整体水平上仍然不能充分弥补失地农民的损失,因而大大降低了失地农民向市民化转变的积极性,阻碍了城镇化的进展速度。

城镇化的建设与发展不仅是人口、经济、社会和资源的变化过程,也是生产方式、居住空间、生活环境的改进和转换的过程。无论是物理空间的转移还是经济社会的变迁，都需要巨大的资金投入作为支持，这是关系城镇化能否顺利进行的关键要素[39]。

长期以来，我国工业化和城市化发展过程中所需的资金主要来自农民、农村和农业的支撑。1949 年建国后，党和政府就将"以农业为基础、以工业为主导"确定为了我国国民经济发展的总方针。为了加快工业化和城市化的发展速度，国家通过农业支持工业、农村支持城市的手段，大规模地动员和吸纳乡村资源以快速推进工业化[39]。正是通过这种积累，我国短时间内形成了较为完整的工业体系，并推动了我国城市的发展速度。

进入 21 世纪以来，党和政府对城乡发展战略做了新的调整，推出"工业反哺农业、城市支持农村"的方针，进而实现对大农村公共设施和公共服务投入的增加。然而，城乡分配不均的现象仍然存在于市场化的过程中，资金和资源明显地呈现由农村到城市的单向流转状态。特别是在城镇化推进过程中，政府凭借对土地经营的垄断，开始以国家名义大量征用农民的耕地，低价收购后再通过土地出租的方式高价卖给开发商。这种从农民手中获取廉价土地后再转手获得高额利润的方式，已成为国内大部分城市、城镇进行发展扩张的重要手段。

据国土资源公报的数据显示，2012 年全国出让的国有建设用地面积为 32.28 万公顷，土地出让总价 2.69 亿元，土地出让金已成为许多地方政府财政预算外收入的最主要来源。如果说改革之前我国城镇化的发展是靠农业支持的话，那么当前我国的城镇化则是依靠农地作为支持进行发展建设的。虽然这种方式为城镇化的推进提供了足够的资金支持，但是却弱化了农民在土地产权交易中的地位，使农民群众的财产权益丧失的同时，也导致了大量"失地、失业"农民产生，这不仅会引发广泛和严重的社会冲突，也损害了党和政府的权威和合法性。

4.3 中国城镇化的主要矛盾

4.3.1 盲目推进与科学发展的矛盾

科学合理的城镇化发展体系，是城镇化过程中对城镇资源进行充分整合和利用的重要尺标，是城镇化健康、快速发展的重要保障。21 世纪以来，我国城镇化飞速发展，速度和规模史无前例，但也出现了违背科学发展脚步的盲目行为。

| 第 4 章 | 中国城镇化发展现状

(1) 城镇化水平与质量不高

城镇化建设下的居民经济收入、生活水平、社会保障和城镇可持续发展是衡量城镇化水平与质量的重要标志。进入 20 世纪 80 年代后，我国城镇化发展盲目追求速度、数量指标，忽略了社会发展的现实规律，虽然发展速度得到了持续的提升，但影响了城市的健康发展，城市功能单一、基础设施落后、公共服务不足、第三产业比重小、生态环境治理难都将成为我们亟待解决的问题。

从世界城镇化的实践和发展规律中我们可以得到，城镇化和工业化之间具有相辅相成、相互促进的良性互动关系，然而我国城镇化水平却长期滞后于工业化的发展水平。受我国城镇化水平较低的影响，城镇的聚集效益和规模效益无法充分发挥，这大大削弱了核心城镇的辐射力和向心力，进而也阻碍了我国工业现代化的发展速度。因此，加速城镇化进程已成我国工业化建设过程中的关键环节。

(2) 农民市民化滞后城镇化发展

农民市民化是城镇化的必然发展趋势。城镇化发展至今，虽然部分城镇已经完成了由农村向城镇的转变，但是受城乡二元分割体制的影响，农村公共资源配置远、农民在生活生产方式、享受公共服务方面仍与城市相差较大，农民赖以生存的谋生技能并没有得到真正掌握，农业基础薄弱、农村发展滞后、农民增收困难的局面也未能打破。长期形成的城乡分割的治理思路、政策体系和管理体制尚未完全松动，城乡之间在经济社会发展的各个领域，还存在着制度上的不公平。

(3) 统筹规划缺乏科学性和长远性

长期以来，我国大部分城镇在城镇化发展过程中存在较大的盲目性，忽略了对未来城镇化进程的科学规划和长远考虑。在城镇化发展中，由于缺乏对城镇发展方向和目标的定位以及对城镇公共基础设施建设、产业布局的系统研究与规划，造成一些城镇产业体系层次混乱、城镇职能重复、地区基础设施建设水平低等问题，严重制约了城镇的发展效率与发展特色。即便有些城镇做了规划，但规划执行不力、规划随意变动等问题也不能得到彻底的消除。

(4) 城镇化发展"虚"高及投入不足

1) 城镇化"虚"高的现象仍然存在。部分地方将城镇化与城镇化率、城市建设、经济增长划等号，认为它们之间存在等同关系，所以盲目追求城市扩张的规模，导致了城镇化向粗放型发展模式偏移。主要表现为农民市民化滞后于土地城镇化、城市功能滞后于城市规模的扩张速度、大城市的基础设施和社会保障功能欠缺。小城市和小城镇的公共服务设施数量的短缺、分布的不均与服务质量的不高严重影响了城市的吸纳能力，制约了城镇化的高质进行。[42]

2）内质性动力不足，综合管理能力不强。城镇化进程中非农经济发展缓慢，乡镇、民营中小企业整体实力较弱，不利于形成非农产业集群，削弱了对农村剩余劳动力的吸纳能力，进而造成县域经济发展动力明显不足。管理层级过多、行政单元过小等问题的存在，导致管理权责不对应；城际之间缺乏完善的良性竞争机制，内耗现象突出，制约了地域整体竞争力的提升。

3）投融资体制机制不活，资金投入不足。城镇化建设与发展需要大量的资金做支撑，但现行城市投融资体制机制普遍存在发育不良、专业投融资机构稀缺等问题，较弱的自我积累和自我发展的内生力严重制约了城镇化建设的发展需要。融资能力和融资渠道的单一性给城镇化进程中的基础设施建设、环境保护治理等带来了严重的资金紧缺问题，资金需求与供给矛盾成为了推进城镇化发展的重要制约因素[40]。

4.3.2 发展需求与环境承载力的矛盾

由于我国工业化程度低、人口密度小、环境容量大，再加上长期以来呈现高投入、高消耗、高污染、低效率的粗放型增长趋势的国民经济，出现了部分地区荒漠化、水土流失、耕地资源减少等生态恶化问题与资源短缺问题，这将是我国城镇化过程中面临的主要挑战。

(1) 城镇化建设与土地供给的矛盾

城镇化实质上是人口与土地两个层次同步转型的过程。城镇化的发展依赖于土地资源的开发，但土地作为一种不可再生资源，严重制约了城镇化的发展速度。同时，地方政府不节制的采用土地征用方式为城镇化发展进行资金筹集，虽然加快了土地城镇化的发展趋势，但人口城镇化速度的相对滞后。在这一过程中，出现的乱占耕地现象，造成了严重的空间失控现象，城市以粗放型方式快速蔓延，形成了大量的失地农民。

(2) 城镇化发展中的环境问题

城市的快速发展造成了资源能源的过度使用和浪费,生态容量紧张。城镇的形成发展与当地的环境条件密切相关,其发展依赖于良好的自然环境,也深刻影响着自然环境。随着工业化水平的不断提高,城镇的土地和淡水两大不可再生资源的利用将呈现过度消耗状态,也增加了能源和矿产资源的开发和利用。据测算,城镇化每上升一个百分点,增加4940万吨标煤能源消耗,增加城镇居民生活用水量约11.6亿立方米,增加钢材消耗645万吨,水泥2190万吨[43]。可见,城市发展和生态环境容量之间的矛盾将会是我国城镇化进程中面临的重要挑战。

废弃物排放量严重超过自然环境的净化能力。随着我国对工业领域点源污染企业的治理,农业面源污染带来的生态环境污染越发突出,尤其是对地表水和土壤带来了严重的影响。在我国东部城镇化地区,存在相当一部分小城镇忽视了对环境的保护,化肥、农药、农膜的使用和企业的"三废"问题及城镇内的生活垃圾和废水,这些成为了水体氮、磷元素过量的主要原因。此外,尽管西部内陆地区乡镇经济发展缓慢,但滞后的城镇化进程对生态环境所造成的负面影响同样是不容忽视的,我国92%的乡镇企业分布在自然村,7%在建制乡镇,1%在县城。乡镇企业过于分散的布局对于企业治污无疑造成了很大困难,人口、经济与资源环境协调的问题越发突出。

4.3.3 社会保障制度与发展进程的矛盾

虽然我国在城镇化进程中,对社会保障制度进行了反复的探索和研究,但农村地区的社会保障体系建设工作仍是我国社会保障制度建设中的欠缺环节,其严重的滞后性制约着农业经济发展,也影响了整个社会的稳定性发展。

(1) 区域城镇化缺乏协调政策

一是政府主导已成为影响城镇化资源配置的基础性机制。市场主导下的投融资机制作用的深度和广度明显不足,民间资本和国外资本参与城乡公共产品建设积极性不高,城乡产业融合主要依赖于政府行政性政策,城乡资源融合的市场机制主导地位还没有确立。二是在城镇化建设中,政府的结构主体地位较为明显,而企业和城乡居民参与程度和参与性较低,城镇化过程中仍存在较为明显的城乡差距。三是受我国现行行政体制和财政体制的影响，许多区域在制定各自的城镇化政策时都是从自身利益最大化出发而忽略了区域间的沟通，进而导致区际间城镇化政策缺乏协调性，不同类型的城镇之间难以形成有效的分工协作关系，严重制约了区域城镇体系综合效益的提升。

(2) 政策壁垒阻碍了资源的自由流动

经过六十多年的改革与探索，我国已建立起了包括社会保险、最低生活保障、社会福利、优抚安置和社会救助等具有中国特色的社会保障体系。同时，为了推进农村城镇化，我国在户籍制度、劳动就业制度、社会保障制度、教育制度等方面也进行了一系列变革。虽然我国现行的社会保障制度推动了城乡融合，在维护社会稳定和促进经济发展方面做了积极贡献，但阻碍城镇化发展的城乡分割政策壁垒并没有完全打破，城乡资源公平自由流动和充分竞争的宏观环境条件还没有完全形成。

户籍制度下的城乡利益分配不均。劳动力在城乡间自由流动和迁徙是衡量城镇化成果的重要标准。正是因为户籍制度和在此基础上衍生的就业制度、教育制度等，形成了城乡间相互转换的壁垒，虽然目前我国部分地区实行了城乡一体化的居民登记制度，但附着在户籍制度上的城乡利益差异的政策问题并没有得到根本解决，流动人口不能均等地获得城市发展所带来的收益，限制了农村人口城镇化进程中的融入程度。

(3) 缺乏法律保障及综合管理的农村社会保障体系

一方面，受城乡差异性政策的影响，我国农村的社会保障体系相对滞后，缺乏完善的法律体系进行支撑。法律保障的缺失，直接影响了农村社会保障基金的监管与约束，增加了资金的使用风险，导致政府和受保人无法保证实现投入资金的保值、增值目标。另一方面，我国农村的社会保障管理机制较为混乱。部分地区农村养老保障和社会救济由民政部门进行管理，而农村医疗则由农村集体经济和地方政府共同干预；还有一些地区的农村保障体系中加入了部分商业保险公司，城乡分割、多头管理的局面也由此产生。由于各部门所代表的利益主体的差异性，其在农村社会保障的管理上必然会发生冲突和矛盾。

4.3.4 进程过快与城乡融合难的矛盾

(1) 受教育程度不同造成的文化融合矛盾

文化融合主要表现为移民在语言、民俗信仰、日常生活习惯、情绪表达等方面的融合情况。实现从"农民"到"工人",从"传统人"到"现代人"的转变是城镇化文化融合中的至关重要的一步,也是最难解决的一步[44]。由于受教育程度不同,对农民工的文化融合而言,他们首先面对的是要尽快适应工业化社会文化带来的生活方式和生存手段带来的改变的。另外,农民市民化后将直接面临着新城市社会下附着的区域性文化,迁入地语言的学习和新文化风俗习惯的适应情况成为了农民城镇化进程中社会融合的重要问题。

(2) 收入差距造成的经济融合矛盾

农民与市民的职业岗位、收入水平、消费支出、住房状况等经济状况间的差别是衡量农民对城市经济融合程度的重要指标。大多数农民工虽然空间上转移到了城市,但是经济上仍处于城市生活的边缘,他们在城市的经济状况只足够支持其在基本生存,择业难、工作频变、失业率高、劳务关系不公、权益保障都是他们在城镇化过程中需要面对的经济问题。在城市社会经济层面上来讲,农民工并不能在短时间内真正地融入到城市中去,只是停留在表层适应上。

(3) 自我认同与社会排斥造成的心理融合矛盾

社会融合的心理建构起源于个体的自我认同。城镇化背景下出现的"农民工"已经成为有别于中国社会中"城里人"和"农村人"的第三种居民身份。在中国情景下,农民工是否承认户籍制度所强加的"农民"身份,他们对这一先赋性而非自致性的身份的认可情况某种程度上可以反映农民工对农村的认同[42]。由于我国农民在工职业选择、居住条件上的劣势造成的与城市人之间的交往难、接触难等问题直接阻碍了农民工对城市的认同感、归属感的形成,进而限制了到农民工的城市融入程度。

4.4 中国特色的新型城镇化

2010年，党的十七届五中全会通过的《中共中央关于制定国民经济和社会发展第十二个五年规划的建议》将推进城镇化作为扩大内需的重要战略之一。不过，对于我国这么一个农村人口众多、资源紧缺、环境脆弱、地区差异大的发展中大国，顺利推进并完成城镇化，并不是一件容易的事。从世界范围来看，城镇化的发展也是一个世界性的难题。对此，我国党和政府明确提出"走中国特色城镇化道路"的主张。十八大报告指出："坚持走中国特色新型工业化、信息化、城镇化、农业现代化道路，推动信息化和工业化深度融合、工业化和城镇化良性互动、城镇化和农业现代化相互协调，促进工业化、信息化、城镇化、农业现代化同步发展。"

我国城镇化是在人口基数多、资源相对短缺、生态环境比较脆弱、城乡区域发展不平衡的背景下推进的，这决定了我国城镇化必须从社会主义初级阶段这个最大实际出发，遵循城镇化发展规律，走出一条以人为本、四化同步、优化布局、生态文明、文化传承的中国特色新型城镇化道路[45]。

4.4.1 以人为本与公平共享

以人为本的城镇化是中国特色新型城镇化的本质属性。以人为本，是科学发展观的核心，更是科学发展城镇化的核心。以人为本的城镇化就是要坚定不移地走将提高人类文化水平作为出发点和落脚点、实现城乡居民均衡共享发展成果的城镇化道路。要严格按照以人为本的原则建设城镇、发展城镇经济，避免一切"城市病"现象，加强城镇公共基础设施及公共服务机制的建设、进一步完善并健全社会保障体系、提高城镇运行效率，加速实现岗位选择、产业结构、居住环境、社会保障等多方面由"农村"到"城市"的转变[46]。

坚持以人为本，就是围绕人的城镇化这一核心，合理引导人口转移，有序推进农业转移人口市民化，稳步推进城镇基本公共服务常住人口全覆盖，不断提高人口素质，在城镇化过程中促进人的全面发展和社会公平正义，使全体居民共享现代化建设成果[43]。

4.4.2 四化同步与统筹城乡

四化同步的城镇化是特色新型城镇化的时代特色。四化同步,就是要坚定不移地走统筹城乡,城镇化、工业化、信息化和农业现代化协同推进的城镇化道路。其中,工业化是主动力,信息化是融合器,城镇化是大平台,农业现代化是根本支撑,四者相辅相成是现代化建设的核心内容,必须同步推进。农业人口规模庞大,是我国区别于其他国家的一个基本国情。国家统计局数据表示,直至2014年我国城镇化率已超过54.77%,但农业人口仍达6.4亿人。中国的城镇化,不应是削弱农业、剥夺农民、衰败农村的过程,而应当是加强农业、富裕农民、繁荣农村的过程,这是中国城镇化能否健康可持续发展的关键之一[47]。

坚持四化同步,就是要城镇化与工业化相互适应、相互推动,与农业化相互支持、协调发展,就是要推动信息化和工业化深度融合,促进城镇发展与产业支撑、就业转移和人口的集聚相统一,促进城乡要素平等交换和公共资源均衡配置,形成以工促农、以城带乡、工农互惠、城乡一体的新型工农和城乡关系[48]。

4.4.3 优化布局与集约发展

优化布局的城镇化是中国特色新型城镇化的内在要求。优化布局,就是要坚定不移地走以城市群为主体,大中小城市和小城镇协调分布的城镇化发展道路。虽然我国地域辽阔,但是可利用的土地资源有限,且人口分布不均衡,社会经济发展具有差异性,这将影响我国未来的城镇化发展水平。因此,我们在城镇空间布局上要因地制宜、分类引导,切实保护好生态环境,增强城镇化发展的可持续性。

坚持优化布局,就是要构建科学合理的城镇化宏观布局,综合运用交通网络和信息网络,对城市群建设科学规划,坚持多元形态,同时要根据城镇化的发展规律,综合利用规模经济和集聚经济对城镇空间合理布局,从而促进城市紧凑发展,提高我国有限国土的空间利用效率[44]。

4.4.4 生态文明与低碳环保

生态文明的城镇化是中国特色新型城镇化的必然选择。

生态文明，就是要坚定不移地走资源节约型、环境友好型的可持续发展的城镇化道路。实现可持续发展是世界各国共同追求的目标，更是建设魅力中国的内在要求，成功的城镇化必然是人与自然和谐发展的城镇化。因此，在城镇化进程中，我们应避开"先污染、后治理"的老路，摒弃先经济发展、后环境保护的错误发展思路，重点保护我们赖以生存的大气、淡水、土壤等资源不被破坏，以节能减排、绿色低碳作为城镇化生态建设的口号，努力为我们的子孙后代创造一个天蓝、地绿、水净的美好家园。

坚持生态文明，就是要把生态文明理念全面融入城镇化进程，根据环境承载能力合理控制资源开发强度、合理调整城镇空间结构、合理控制城市发展规模，着力推进绿色发展、循环发展、低碳发展，集约利用土地、水、能源等资源，强化环境保护和生态修复功能，增强城镇化发展的可持续发展能力[44]。

4.4.5 文化传承与彰显特色

文化传承的城镇化是中国特色新型城镇化的应有之义。文化传承，就是要坚定不移地走保护和弘扬传统优秀文化、延续城市历史文脉的城镇化道路。文化，是一个城市的灵魂，是一个城市的过去和现在，也是发展的未来。在经济全球化的当今社会，各种思想文化之间的交流、交融与交锋渠道越发多元化，碰撞的机会也越发频繁，文化在综合国力竞争中的地位和作用日益凸显。中华文化源远流长，特别是乡村文化，是中华民族文明史中的重要组成部分，是无比珍贵的财富，也是我们屹立世界民族之林的重要支撑[44]。

坚持文化传承，就是要根据不同地区的自然历史文化禀赋，体现各自区域的差异性，提倡形态多样性，杜绝千城一面，发展有历史记忆、文化脉络、地域风貌、民族特点的美丽城镇，形成符合实际、各具历史文化特色的城镇化发展模式。人的城镇化是新型城镇化的核心，是人的生产、生活、生存方式和社会组织的现代化取向。发展新型城镇化既能提高人类的生产活动效率，又能为提高人类的生活质量和水平提供更加优越的条件，是提高人民群众生活水平、促进人的全面发展的重要举措[45]。城镇化能够合理地消除城乡差距，使越来越多的农民市民化，平等地享受现代文明成果，实现社会的公平正义，实现经济社会的协调均衡发展，是广大劳动人民的新期盼，是促进人类社会全面发展的阶梯，是加速实现全面小康社会建设的必经之路。

第5章 从社会排斥到社会融合

自改革开放政策实施以来,我国的社会和经济发生了翻天覆地的变化。城镇化进程的不断加快,促进了农村剩余劳动力向城市的转移,也加快了城市向周边的扩张步伐,农民工、失地农民、城中村居民及搬迁移民等社会群体在融入新的社会环境时也受到了诸多排斥。随着国家"以人为本"思想的进一步发展,以人为中心的城镇化理念也逐渐展开,农民工、失地农民、城中村居民及搬迁移民等社会群体在城市的融入问题也更有必要进行关注。

5.1 城镇化过程中的社会排斥

以社会排斥的视角审视中国城镇化过程中的问题会发现,当前最引人关注的农民工、失地农民、城中村居民及水利工程移民、搬迁移民都是伴随着国家社会经济发展而产生的生活环境或生活状态发生巨大改变的社会群体,他们或离开原有土地外出寻找更好的发展机会,或被征收土地集体入住社区,或集体式、分散式搬迁至他处。在适应新的生活环境、构建新的社会关系网络的过程中,不可避免得要受到新环境在政策、文化、经济以及关系等各方面的排斥。

5.1.1 典型人群社会排斥

从全球范围看,社会排斥的研究起源于20世纪初至20世纪五六十年代,主要是源于贫困研究中对贫困、剥夺和劣势概念与理论的探讨。在2000年,社会排斥最早被用于我国社会保障制度的评估上,之后又被广泛应用到就业、教育、住房、贫困等诸多社会问题领域,研究对象主要是社会中处于弱势地位的群体。当前我国弱势群体涉及农民、下岗职工、单亲家庭、留守儿童、残疾人群体、患病群体及老年人等,这些群体在社会上存在一定程度的排斥。但当前我国在城镇化推进的过程中最关注的是农民工等农村转移人口、被置换土地的失地农民和城中村居民及由于国家大型水利工程或扶贫工程项目带来的大规模搬迁移民群体等，这些群体遭受的社会排斥具有明显的群体性特征，具有很强的普适性。

引入社会排斥这一概念来研究城市中农民工、失地农民、城中村居民、水利搬迁移民及扶贫搬迁移民等群体的生活状况，具有一定的解释力，因为社会排斥问题最早就是基于贫困现象和社会不平等问题开展的。农民主动或被动失去土地，为了生存或生活质量的提高，他们会选择在城市中谋求发展。在当代中国，从农业中解放出来进城务工的农民工，被城市扩张置换掉土地的失地农民、城中村居民，由于国家水利建设或扶贫建设进行搬迁的移民，他们都是社会主义现代化建设的重要组成部分，为整个社会城镇化、工业化进程贡献了诸多力量。该类群体随着城镇化的推进必然会向市民化方向转变，但他们在融入城市社会的过程中又面临着种种的障碍。

具体障碍和形成困境的根本原因还是社会排斥，如经济排斥、政治排斥、关系排斥等，种种排斥力量相互交织、相互影响，大大提升了移民群体在城市生存与就业的成本，阻碍着该类人群融入社会的进程。中国社会排斥最基本的源头是户籍制度，它限制了农民工、失地农民、城中村居民顺利获取城市户籍的权利，尽管同样生活在城市社会中，但却只能以农村户籍的状态享受城市社会提供给他们的些许帮扶。他们在取得本地户籍问题上遇到了障碍，意味着本地多项体制会将其排斥在外，如就业制度、社会保障制度、随迁子女教育制度、医疗保障制度及其他公共服务，最终导致明显的经济排斥，身份上的不认同，心理上的无归属感等。

农民工、失地农民、城中村居民、水利工程移民和扶贫搬迁移民遭受的社会排斥问题上属于同一类型，但由于产生的背景存在一定的差异，在应对社会排斥、积极融入社会的过程中也存在侧重点的差异。对于农民工而言，农业机械化将农民从土地中解放出来、乡镇企业发展不甚良好、农村生活条件整体不高等都共同形成了"基本推力"，促使部分农民外出务工；而城市较多的就业岗位、较好的生活前景等，则形成了"基本拉力"，吸引着农村剩余劳动力进入城镇。这些农民群体在融入社会的过程中，随着其经济水平的提升，他们可以选择继续留在本城市发展并积极寻求成为当地市民的机会，是一种主动选择过程。当其在融入社会过程中遭遇较大阻力时，退出城市，返回农村也是一种常见的选择。

与农民工相比，失地农民与城中村居民的市民化属于被动型的。城镇化的推进带来了城市面积迅速扩张，原分布于城市周边的村镇被纳入城市规划的版图，

第 5 章　从社会排斥到社会融合

逐渐被城市规划建筑所包围形成了城中村；处于城市最外延的村庄，由于城镇化建设的需要，其农业用地或宅基地也被置换出来用以社会建设，失去土地的农民被政府集中安置在福民小区中成为居民。在征地过程中，政府从推进整体建设的角度出发，将失地农民整体的年龄、职业、技能及家庭状况等因素放在次要地位，给予相应的经济补偿后，迫使他们脱离土地，逐步学习城市市民的生活消费态度、就业生产方式及文化价值理念等。对于他们而言，其户籍制度虽然由农村的农民转变成了城市的市民，但长期的农村生活很难让其在较短时间内认可自己市民的身份，农村的生活方式和风俗习惯在较短的时间内也很难转变。

水利工程移民和扶贫搬迁移民是由于国家工程建设需要或民生建设需要而开展的整体异地迁移，该过程不以移民本身的意志为转移，属于被动转移的范畴。移民在搬迁、安置、重建过程中，其生活方式、风俗习惯、思想观念等都会发生巨大变化，与原住民在之间在文化传统、宗教信仰等方面的碰撞，在新住地的生产经营活动等都需要重新开始，可能遭到的排斥涉及了就业、人际交往、社区生活等各个方面。

因此，我国在城镇化发展过程中呈现的社会排斥问题具有两个特点：一是其排斥对象聚焦于农民工、失地农民、城中村居民、搬迁居民等群体；二是社会排斥具有明显的体制性和整体性，而不是分散的、个别的。但农民工的社会排斥，主要侧重于农民工权益、户籍制度障碍、就业问题、社会歧视等方面；失地农民和城中村居民受到的社会排斥更加复杂，他们暴露的问题主要是土地权益问题、实地补偿问题、社会保障问题，其焦点是潜在的利益分配问题；搬迁移民的排斥来源于异地生活习性的重新构建。

5.1.2　社会排斥的维度

社会排斥是一个多维度的概念，包括经济排斥、政治排斥、文化排斥、社会关系排斥、公共服务排斥五个维度。

1）经济排斥。经济排斥是指某些社会成员或者社会群体被排除在一般社会成员或者社会群体可以获得经济资源或经济收益的方式之外，不能顺利进入劳动力市场，或者其经济条件和生活环境明显低于一般社会成员或者社会群体的状态和过程。经济排斥主要表现为三种情况：一是劳动力市场排斥，它包括两个范畴：①受排斥者由于受就业机会的限制而无法顺利进入劳动力市场或处于临时性的、不安全的就业状态，被称作排斥出劳动力市场；②劳动者能够就业，但所从事的工作较之其他同酬的工作劳动强度更大、工作环境更为恶劣等，这被称作劳动力市场内部排斥。二是消费市场排斥，它是指劳动者由于消费水平较低的原因，限制了其购置某些商品或服务的能力。三是处于贫困的状态，如生活环境和居住条件极差，得不到相应的社会福利援助，难以维持个人或家庭生活的最基本需求。

2）政治排斥。政治排斥是指某些社会成员或者社会群体在一定程度上被排斥在正常政治生活之外，没有机会公平获取政治资源、履行政治义务和享受政治权利的状态[20]。政治排斥可分为被动排斥和自我排斥两种类型：被动排斥是指劳动者正式被排除在公民权利之外，不具备任何政治话语权，无法参与正常的选举和被选举活动等，或具备政治参与权利，但由于自身状况（如身体残疾等）被排斥；自我排斥是指劳动者将不参与政治活动作为一种选择，或是由于缺乏参与政治的一些相关知识和相关讯息，故而没有意识到自身的社会权利。简言之，劳动者受到政治排斥意味着其社区活动的参与率降低、投票登记率降低，无法正常参加社会组织等。

3）文化排斥。文化排斥是指某些社会成员或者社会群体在价值观和行为模式上异于社会中主导性的价值观和行为模式[49]。主要表现在劳动者由于追随和表现出不同模式而难以融入到社会其他成员或者群体中。通常排斥出文化的过程与其被排斥出社会关系网络有关。

4）社会关系排斥。社会关系排斥是指某些社会成员或者社会群体由于生活环境或生活状态的变化导致其交往范围减小、交往频次降低、交往人数变少，进而出现社会网络的分割和社会支持的减弱[45]。其主要表现在劳动者由于迁移至城市或由村落直接转化为城市的一部分后，遭受当地的行为方式、风俗习惯等方面的偏见，进而无法进入当地的社会关系网络中，其社会交往与社会关系的发展都受到了极大的限制。

5）公共服务排斥。公共服务排斥是指某些社会成员或者社会群体不能获取与其他社会成员和社会群体同等的公共服务机会[45]。公共服务排斥主要表现三种形式：①劳动者由于种种限制不能享受与其他社会群体相同的就业机会、社会保险机会、受教育机会以及医疗卫生服务等；②在劳动者自身利益或权利受到损害时，难以得到社会公权力的救济或需要经过巨大努力才能获得相应救济；③劳动者几乎完全被排除在社会保障的制度之外，无法享受各项社会福利、社会保险政策、社会救助及优抚安置等。

5.1.3　社会排斥与社会融合的关系

社会排斥与社会融合是一对相互对立的社会现象，社会排斥严重影响着社会融合，而社会融合的过程本身就是消除社会排斥的过程，两者相伴而生。社会排斥的研究对象是社会弱势群体，对其研究不可避免地会带有些许感情色彩，从而过分强调社会发展为其带来的不利环境，忽视了城镇化过程带来的重大经济发展和整体生活水平的提高。因此，将社会排斥这一具有政治色彩的、意识形态化的概念转换成一种理性的、非政治的概念对其进行研究有一定的探索价值。此外，社会排斥本身侧重于被排斥者或其他社会群体对当前社会制度环境的适应情况，对其研究有助于我们对问题的全面认识，深入地挖掘原因。同时，对于消除城镇化过程中的各种社会排斥问题，仅在社会排斥的范围内进行讨论和分析显然是有局限性的。因此，我们应该引入新的视角来进行问题分析。融合的概念传递出现存的制度安排需要改变的信息，社会融合勾勒了一幅社会排斥逐渐消除后的情景，为我们的研究和努力提供了指引。因此，作为与社会排斥相对的社会融合就这样应运而生了。

简言之，社会排斥侧重于研究社会群体在相互接触、相互影响的过程中出现的各种政治、经济、心理、文化等方面的不平等现象，旨在消除社会群体间存在的隔离，而社会融合具有较强的社会构建意蕴和价值取向，在社会政策的研究中具有重要地位。

5.2　社会融合的影响因素

影响社会融合的因素可以分为个体层次因素、群体层次因素、制度层次因素及社会层次因素四个方面。

5.2.1　个体层次因素

个体层次的因素对社会融合有着较大的影响，包括群体的教育水平、工作技能、思想观念、迁移时间等。

1）教育水平。城乡社会的差距，致使城市与农村形成了两个不同的文明时代。农民工、失地农民、城中村居民及拆迁移民等弱势群体的自身素质对于其适应城市社会，最终实现社会融合具有重要影响。

2）工作技能。该群体掌握技术水平的高低决定了其工作的层次，为其基本的经济融合提供了基础。随着社会经济的高速发展，市场对劳动力质量和素质的要求也越来越高，劳动者只有提高自己的文化水平和专业技能才有可能在社会工业化、现代化发展进程中谋求较好的工作。因此，对于农民工、失地农民及搬迁移民群体，是否就接受过对应的就业培训或通过其他渠道获取了实在的工作技能对其融入社会有着极为重要的影响。

3）思想观念。人的行为通常由其思想进行指导，农民工、失地农民、城中村居民以及水利工程移民和扶贫搬迁移民的思想观念很大程度地影响着他们进入新环境以后的行为方式和决策选择。但由于长期生活在农村环境下造成的影响及自身基本素质和某些能力的制约，这些离开原有生活状态而进入新的城市环境的农民工或失去土地入住新社区的居民，他们在思想观念上仍存在一些消极因素，不利于新型社会关系网络的形成，制约了其在城市社会的发展。

4）迁入时间、居住时间、来源地、迁入时的年龄等。对于农民工而言，科技的发展促使他们从农业生产中解放出来，有时间进入城市谋求新的发展，其个人进入城市的年龄，在城市工作的时间等都会对其思想、行为等产生重要的影响。同样，对于由于城市扩张而出现的城中村居民和失地农民，他们距离城市较近，受到潜移默化的影响较大。随着时间的增长和当地语言的熟练掌握，该群体及其后代也能逐步实现向上层社会流动。

5.2.2 制度因素

在我国城镇化发展过程中，户籍制度的长期实施及建立在户籍制度之上的城市各种制度构成了农民工、失地农民、城中村居民及搬迁移民融入城市社会的制度性障碍[50]。

1）户籍制度。中国的二元户籍制度将社会人群清晰地划分为农村户籍和城市户籍两类人群，致使农村户籍人口自然地被排斥于分享城市良好社会资源的行列之外。在农民工进入城市或被城市吞并而成的城中村和失地农民，他们生活和工作在城市，但其户籍仍为农业户口，其身份仍旧是农民。由此可见，传统户籍

第5章 从社会排斥到社会融合

制度决定了农民工、失地农民、城中村居民以及水利工程移民和扶贫搬迁移民与城市居民在身份上的最本质的区别,导致进城后子女教育问题、就业问题、医疗保障、社会保险以及政治参与权利等都被限制或削弱,严重影响了他们融入社会的进程。鉴于此,2014年7月国务院公布了《关于进一步推进户籍制度改革的意见》,这种举措标志着城乡户口统一的户口登记制度开始进入全面实施阶段。

2)就业制度。当前,我国城乡统一的就业登记制度尚未完全建立,尽管已有部分城市为适应城镇化进程的推进以及城乡统筹就业的需要,开始将农民工、失地农民、城中村居民以及搬迁居民等就业人员纳入失业登记范围,但多数城市由于地方财政资金的限制,更倾向于对当地市民或常住人口提供就业、失业的情况登记,对外来人员却存在一定程度的排斥。由于劳动合同、劳动保护及工资支付等一系列相关的就业制度尚不完善,加之城乡二元劳动力市场的惯性运行,致使农民工、城中村居民、失地农民及搬迁居民等社会群体在就业领域大受限制,最终的就业归属多为工作环境差、劳动强度大、工资待遇差的次级劳动力市场[46]。而劳动力市场通常缺乏较为严格的劳动保护,劳动者的权益遭到损害的现象时有发生。

3)社会保障制度。它是我国最重要的社会经济制度之一,用以保障全体社会成员的基本生存与生活需要,现已初步形成了包括社会保险制度、社会福利制度、社会救济制度、社会优抚制度、社会互助制度及个人储蓄积累制度等各项不同性质、作用和形式的社会保障制度组建起来的社会保障体系框架。但我国的社会保障体系建立的初衷是基于城镇从业者及享有本地城市户籍的居民而设计的,而福利待遇又是和户口相挂钩的,这就造成了有一部分群体无法享受到社会保障。几年来,国家社会保障体系也做了相应的调整,除了城市中的下岗职工外,还扩展到了失地农民及外地流动人群等。

4)教育制度。子女教育问题是农民工、城中村居民、失地农民及搬迁居民进入新的生活环境后最为关心的问题,但在受教育机会和受教育过程中,其子女却存在极为明显的被排斥状态。农民工女子一般随迁进入城市后,由于传统二元户籍制度的制约和城市教育资源的分布不均匀,很难进入师资力量相对较好的公立学校,只能进入教学设施较为落后、师资水平相对薄弱的农民工子弟学校或城市的私立学校,就连师资力量不错的民办学校由于其成本问题也难以进入[51]。此外,农民工子女不能在迁入地参加国家统一的中招和高考,这促使多数农民工选择将子女留在家乡就读,留守儿童问题也就此产生。近年来,国家对农民工随迁子女的教育问题予以高度重视，相关的具体政策也在逐步落实之中。

5.2.3 群体层次因素

群体层次主要指社会结构对融合的影响，可分为迁出地结构因素和迁入地结构因素两个方面。

1）迁出地结构影响因素。对于农民工、水利工程移民以及扶贫搬迁移民而言，他们长期居住于原村落，本地方言、风俗习惯、行为方式等已经形成了自身独有的特色。迁出前移民本地整体的开放程度、经济发展水平等也会对他们未来融入新的社会群体产生影响。

2）迁入地结构影响因素。迁入地是搬迁居民未来居住和生活的社会，对新的社会环境中，新移民的表型特征、家庭社会的经济背景、社会地位、居住地点等都会对其社会融入产生影响。此外，迁入地的开放程度，迁入地居民对于新移民的接纳程度均影响到新移民融合的速度。

5.2.4 社会因素

社会网络和社会支持是影响农民工、失地农民、城中村居民、水利工程移民及扶贫搬迁移民融入社会的关键因素。

（1）社会网络对社会融合的影响

社会网络对这五类社会群体具有重要影响，尤其对文化融合和心理融合均有显著的、不可替代的正向影响。

我国农民多以村落形态聚居，其社会关系网络主要围绕亲缘、地缘、友缘、业缘等同质关系组成。一方面，由于失去土地或发生迁移，农民原有的生活关系网络被打破，在进入新的社会环境中后，重新建立新的社会网络会遇到诸如社区排斥、就业排斥、教育排斥等各方面的问题；另一方面，由于长期农村聚集生活方式和社会交往方式的惯性，农民在失去土地住进社区或离开农村在城市谋求新生活的过程中依旧以原有的亲缘、地缘、友缘、业缘为主导。这种社会网络的复制性，严重抑制了农民工、失地农民、城中村居民以及搬迁移民与迁入地居民之间互动的趋势，阻碍了他们融入迁入地的进程。

(2) 社会支持对社会融合的影响

社会支持是农民工、失地农民、城中村居民以及搬迁移民情感融合的重要影响因素。他们的情感支持网络规模越大，其受到歧视的可能性就越小。社交支持网络的扩大，有助于其生活满意度的提高。

1) 社会民间组织的支持。当前我国基于农民工、失地农民、城中村居民以及搬迁移民成立的社会组织还处于初级阶段，发展状况不佳。一方面，由于民间组织的设立需要正式单位作为支撑，需要较多的证件或证明，而农民工本身就不具备城市户籍，更无法实现在城市的正式单位上班，组建城市社会组织也就无从谈起。另一方面，已经予以核准成立的民间组织整体发展状况堪忧，这要归结于其在迁入地的亲缘和业缘关系支撑着其就业和生活，无法真正实现规范化和制度化，更不能通过合法渠道来维护其自身权益[46]。

2) 社区支持。从普遍意义上看，社区组织作为行政体系的一部分，除了日常的上传下达功能之外，还承担着为农民工、失地农民、城中村居民及搬迁移民提供就业相关咨询、职业技术培训和资讯信息传递等任务。因此，社区支持体系的质量高低，影响着该社会群体基本的情感支持及社交支持的程度。

3) 社会舆论支持。农民工、失地农民、城中村居民以及搬迁移民融入城市社会，需要来自城市社会的理解、支持和接纳。大众媒体在对社会价值观的引导、文化传播等方面有着至关重要的作用。近年来，有关农民工、失地农民、城中村居民以及搬迁移民的舆论环境改善较多，对其生存环境、劳动就业、子女教育、权益保障等现实问题的关注角度也比较客观、真实，一定程度上加深了迁入地居民对他们的了解，有助于两者间的情感融合。

5.3 社会融合的维度

社会融合的维度可以从社会、经济、文化、心理以及社区五个层面进行分析。

5.3.1 社会层面

城市和农村在长久时间以来属于两个较为分割的群体，农民工、失地农民、城中村居民及搬迁移民由于受农村较为封闭社会环境的影响,早已形成以血缘和业缘为主体的生活和交往关系网络。当他们主动进入城市或被城市扩张而纳入城市体系后,他们是否能够进行正常的社区生活和交往,能否搭建更宽广的朋友关系网络,能否被新的城市环境接受进行各种组织参与等,对其融合都有至关重要的影响。

5.3.2 经济层面

经济融合是指行动者在经济上的存在方式,既包括行动者实际所获得的物质条件,如受教育程度、就业市场、收入水平、职业地位、劳动福利和房产拥有等,也包括行动者的主观感受。经济层面的融合状况反映了农民工、失地农民、城中村居民以及搬迁移民的最基本的生活状况和工作条件,是其在迁入地正常生活的第一步。

1) 劳动力市场融合。该群体在离开原居住地或原居住地环境发生巨大变化时,迁入到发展程度更好的城市且能谋求一个可以维持生计的工作,是其能够在城市中安定下来的关键一步。劳动者若对在环境满意度、就业机会评价、劳动报酬满意度、工作时间满意度、工作满意度、工作环境满意度、职业安全评价、职业培训重要性、职业满意度、职业稳定程度、参加职业培训愿望等方面都较为满意时,可以表明其在经济层面已经有了一定的融合。

2) 劳动保护。农民工、失地农民、城中村居民以及搬迁移民迁入新环境后能否享受当地良好的劳动保护,体现了劳动者劳动权利实现程度的高低。具体体现在就业过程中是否遭到歧视,是否与用人单位签订公平有效的劳动合同,能否真正享受各项劳动安全保障等。劳动者若对社会保险参保愿望和重要性评价,劳动合同重要性,对工会组织和党团组织的知晓度和参与积极性等方面都认可时,说明其经济融合水平有了一定的提升。

3) 住房融合。它主要表现在劳动者的买房愿望,住房满意度,租房愿望以及居住条件等方面。若在这些方面的评价都较高,那说明其经济融合程度已经处于良好水平。

5.3.3 文化层面

文化融合是指具有不同背景或特质的文化，经过不同群体间个体们的互相接触、交流沟通后，其中一个群体或者所有群体的原有文化特征发生变化或不同群体间的文化相互吸收、渗透，逐步融为一体的过程。主要体现在语言、服装、行为方式、风俗习惯、价值观和规范等方面。农民工、失地农民、城中村居民以及搬迁移民等群体迁入新环境，必将面临着原住地与迁入地之间存在的明显的文化差异的问题。他们已然形成的价值观念、风俗习惯、行为方式等很难在短时间内发生转变，不可避免地会与迁入地的各种文化规则和文化实践发生碰触，因此在迁入初期会出现一定程度的不适应。

1）语言交流。流动人口进入城市时候，语言使用技能也是衡量这些流动人口社会融合的关键指标之一[52]。语言是人与人之间进行交流的最直接的方式，通常情况下，交流的双方若其中一人被认定为"外地口音"，则会被本地居民予以外乡人的态度对待。经过较长时间的本地生活后，对本地语言的使用熟练程度也会增强，在日常的生活、工作中就更容易避免排斥。

2）生活方式。农民工由农村迁入城市务工，失地农民和城中村居民由原来的村落聚居生活转变为社区生活，水利工程移民和扶贫搬迁移民集中或分散地搬迁至其他地区，他们新环境的适应程度是融合的重要方面。例如，失地农民住进社区或走进城市后，是否适应高楼层的居住方式，是否习惯社会物业这种管理模式，是否习惯周边原住民的风俗习惯等。此外，合理安排闲暇时间，也是现代生活方式的重要组成部分，也充分反映了他们对新环境的主观接受态度和客观适应情况[49]。

5.3.4 心理层面

心理层面的融合涉及两个方面，一是迁入者对新的社会群体或社会环境的认同，二是新的社会群体和社会环境对迁入者的接纳。从这个角度来讲，农民工、失地农民以及搬迁移民在进入新环境后，他们在心理和情感上对于自己身份和归属问题有不同反应。选择继续认同自己在原来社会群体中的身份，并保持对原有社会群体的归属感，或者选择逐步建立起自身对于迁入地新社会环境身份的认同与归属。后者的选择是真正融合的开始,若非如此,无论农民工、失地农民以及搬迁移民等群体在文化层面、经济层面融合程度如何,都不能真正反映他们与当地社会的实际融合水平。

只有他们在迁入地具备一定程度的认同感和归属感时,才真正意味着他们开始逐步融入新的社会环境,接受迁入地的文化、认同迁入地的生活方式和价值观念。这是社会融合的最高层面。

5.3.5 社区层面

社区层面的融入主要指迁入地的新居民在获取物业服务、居委会服务,进行自我管理以及参与社区服务和管理的程度。获取物业服务和居委会服务主要指的是新迁入群体接受社区服中心站的服务次数和频率;自我管理主要指的是新迁入居民对社区各项流动人口迁移手续的办理程度;参与社区服务和管理主要指的是新迁入居民对社区选举或被选举活动的参与次数,对社区日常活动和年度活动的参与,对社区志愿活动、募捐活动等的参与。

社区提供的相关活动和相关服务越多,农民工、失地农民、城中村居民以及搬迁移民对社区各项活动的知晓程度都能影响到他们对于社会活动的参与率。只有参与率增加,才有可能提高他们与迁入地居民之间的互动程度,增加彼此之间的了解,逐步消除排斥与偏见,共同享受所在社区提供的各项基础设施和基本公共服务,增强他们对社区的归属感和认同感以及获得感,实现社区融合[49]。

5.4 社会融合的评价体系

社会融合是一个比较复杂的概念,导致其测量方法的多样化。本文选取生活质量、扶持政策、居住环境以及社会环境四个一级指标来对社会融合程度进行测评。其中,生活质量包括人均收入、人均支出、工作状态以及人均住房面积;扶持政策包括搬迁补助、教育条件、医疗条件以及就业扶持;居住环境包括住房质量、生态环境、公共基础设施建设以及卫生环境;社会环境包括民俗信仰、社会安定、休闲娱乐以及民主参政四个方面。具体指标体系见图5-1。利用层次分析法,为各层级元素赋予权重,且都通过一般性检验,见表5-1、表5-2和表5-3。

第5章 从社会排斥到社会融合

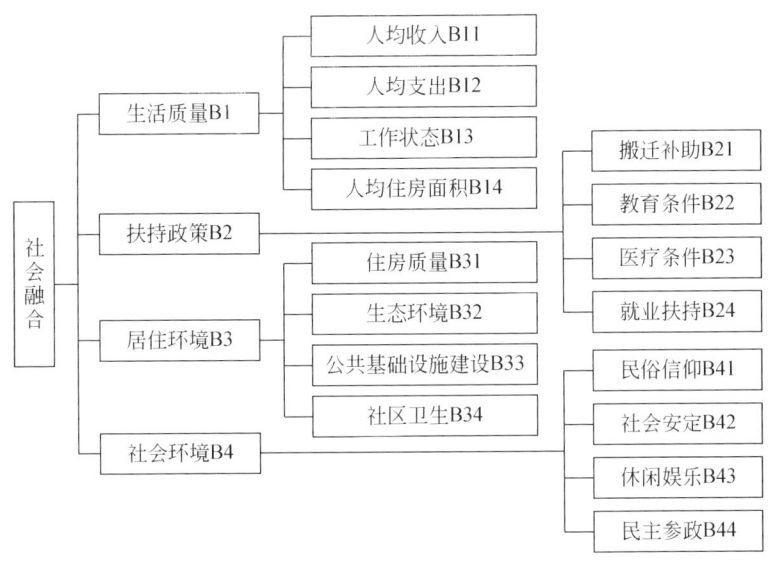

图 5-1 社会融合评价体系

表 5-1 一级指标权重

一级指标	B1	B2	B3	B4	W_i	W_i^0	λ_{mi}
B1	1	3	6	6	3.224	0.585	4.032
B2	1/3	1	3	3	1.316	0.239	4.030
B3	1/6	1/3	1	1	0.485	0.088	4.010
B4	1/6	1/3	1	1	0.485	0.088	4.010
合计					5.510	1	

表 5-2 二级指标权重（以生活质量为例）

二级指标	B11	B12	B13	B14	W_i	W_i^0	λ_{mi}
B11	1	1	3	5	1.968	0.394	4.002
B12	1	1	3	5	1.968	0.394	4.002
B13	1/3	1/3	1	2	0.687	0.137	4.006
B14	1/5	1/5	1/2	1	0.376	0.075	4.006
合计					4.999	1	

表 5-3　评价指标权重集

指标要素	B1	B2	B3	B4
权重集 $\overline{W}_i$	0.585	0.239	0.088	0.088
Bi1	0.394	0.394	0.137	0.075
Bi2	0.054	0.115	0.239	0.592
Bi3	0.559	0.058	0.281	0.103
Bi4	0.081	0.557	0.055	0.307

第6章 城镇化过程中农民工社会融合

城镇化是我国现代化建设的重要载体和平台，城镇化水平的提高能够促进农民工就业，实现收入提高，为更好更快地实现身份转变提供基础。但受传统户籍制度的影响，多数农民工在经济来源上尚处于非常紧张或者是匮乏状态，在社会关系、心理、文化和政治参与上处于长期被隔绝状态或者麻木状态，最终导致他们虽长期工作在城市之中，但却难以真正融入的城市的尴尬局面。

6.1 农民工社会融合问题产生的背景

6.1.1 农民工的产生与发展

"农民工"一词最早出现于中国社会科学院张雨林教授在1984年的文章中，指20世纪80年代涌现出来的"离乡不离土、进厂不进城"的、在家乡附近的乡镇企业工作的并从原有农村中分化出来形成的新群体。在《中国现代社会学词典》中，对"农民工"的界定是：拥有农业户口（或者说农村户口）、被人雇佣从事非农活动的农村人口。"农民工"是国家计划经济时代实行城乡二元分割管理，将公民划分为城市居民和农村居民两种居民身份的政策结果。2006年3月，国务院研究室发布了《中国农民工调研报告》，其中对农民工的说法是："户籍仍在农村，有承包土地，进城务工和在当地或异地主要从事非农产业，以工资为主要收入来源的劳动者"。本书采用的农民工概念主要来源于此处，认为农民工是指户籍仍在农村，但主要从事非农产业，亦工亦农、流动性强或长期在城市就业的劳动者。

农民工群体的产生以及农民工社会融合问题的出现都与我国长期存在的二元户籍制度有关。户籍制度产生于20世纪50年代，在"优先发展重工业"的战略指导下，1958年《中华人民共和国户口登记条例》及配套制度相应出台。该条例对"户口所在地"和"户口类别"进行了明确规定,前者是指居民所注册的常住地,是居民的合法居住地;后者界定了居民是农业户口还是非农业户口,由居民的职业类别和社会经济条件而定。此外,还包含迁入、迁出、变更等多项内容,为限制农村人口流入城市提供了详细的制度安排。政府对户口的转换有严格的限制,尤其是在"农业户口"到"非农业户口"类别的转换上。

随着经济发展和工业化步伐不断加快,国家于1978年开始实施改革开放,旨在对内改革和对外开放。国家进行对内改革的第一步便是在农村实行家庭联产承包责任制,这一举措将农民从长期的务农生活中逐渐解放出来,劳动力过剩的问题也逐渐凸显出来。改革开放初期,农民工通常闲时进城务工,忙时回村务农,大部分农民工处于在城乡之间往返的状态,只有少数农民工获得稳定工作后选择留城发展。随着对外开放时间和程度的加深,东南沿海地区和城市经济发展速度有了更大的提高,带来了巨大的劳动力需求。在这种形势下,国家从1984年开始逐渐放松了对农民进城务工的限制,中央一号文件有明确的规定,"允许务工、经商、办服务业的农民自理口粮到城镇落户",大批务农人员涌入城市就业和生活,农民工这一群体开始形成[53]。这一时期农民工最常见的称谓是民工、打工仔(妹)、外来务工人员或进城务工者等。

农民从务农产业中解放出来,进入城市务工或寻求长期的发展,二十多年过去了,他们已经成为中国产业工人的重要组成部分,也为中国城市第三产业的发展和繁荣提供了充分的劳动力保障。据统计,2014年我国农民工总量达到27395万人(表6-1),比5年前增加了3136万人。尽管我国农民工总量在增加,但自2010年以来,增长幅度在迅速降低。

表6-1 农民工规模　　　　　　　　单位:万人

农民工规模	2010年	2011年	2012年	2013年	2014年
农民工总量	24 223	25 278	26 261	26 894	27 395
外出农民工	15 335	15 863	16 336	16 610	16 821
住户中外出农民工	12 264	12 584	12 961	13 085	13 243
举家外出农民工	3 071	3 279	3 375	3 525	3 578
本地农民工	8 888	9 415	9 925	10 284	10 574

数据来源:国家统计局.2014全国农民工监测调查报告

|第6章| 城镇化过程中农民工社会融合

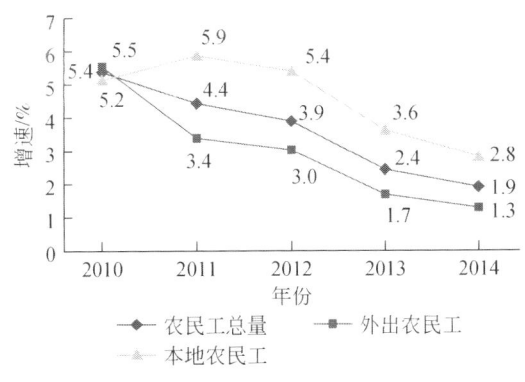

图 6-1 农民工增速情况

6.1.2 农民工社会融合问题的由来

农村改革和城市经济体制改革改变了传统的城乡二元社会结构，使户口转换也变得相对容易，但并未发生实质性的变化。城乡间人员流动限制逐渐放开，但户口类别仍限制着居民社会地位的流动，甚至决定了农村人口和城市人口享受社会权利和社会福利待遇的不同。拥有农村户口的广大农民不能享受城市人口所能享受的就业、住房、医疗、子女教育和养老等多个方面的社会政策，城市居民的社会经济地位要明显优于农民群体。

进入 21 世纪后，随着国家经济建设、城镇化和工业化进程的推进，也随着国家财力的增强，为进城务工的农民提供了更好的城市就业环境。同时，城市里面拥有充足的劳动力市场需求和完善的基础设施及文化环境，吸引了大量农民工携带家属、子女一同进城，长期在城市环境下工作、学习、居住和生活。尽管国家当前已经在农民工的劳动保护和社会保障等方面陆续出台了诸多政策，但由于原有思想观念的障碍和固有体制的惯性，将农民工及其子女户口转换为城市户口、切实落实农民工的各项社会经济福利还存在较大的困难。尽管由于国家政策的引导和社会舆论的监督以及我国公民素质的整体提升，当前城市人群对于农民工的接纳程度较好，但由于农民群体自身生活背景原因，其就业技能不高，就业方向相对狭隘，在次级劳动力市场中从业人数较多。

就业是农民工经济基础建立的必然选择，户籍制度影响着就业制度。在一元户籍制度缓慢放开的过程中，农民工依然在就业上受到一定程度的排斥，进而导致经济排斥，从而产生心理排斥以及对自己身份的不认同。大部分农民工仍是城市社会的边缘人群和弱势群体，在政治、经济、社会以及文化心理层面还远未能融入城市主流社会。

6.1.3 新生代农民工产生的背景与特征

自20世纪80年代开始，农村剩余劳动力大规模进城务工已有20多年时间。期间，农村剩余劳动力规模不断扩大，更多年轻的农村剩余劳动力子承父业，出现了农民工内部的代际更替。新生代农民工问题不仅是第一代农民工问题的延续和体现，也在新阶段呈现出了不同的发展趋势[54]。

中国改革开放后的三次"民工潮"催生了第一代和新一代农民工的产生。第一次"民工潮"以当地乡镇企业为就业目的地，原则上"离土不离乡，进厂不进城"；第二次"民工潮"以城市为就业目的地，但由于户籍制度影响，城市对农民工却是"经济吸纳，社会排斥"；第三次"民工潮"源于沿海地区经济的高速发展，尤其是制造业的发展，吸纳了诸多农民工大规模转移。第三阶段的农民工多为新生代农民工，他们现在已经逐步成为城镇农民工的核心群体。

新生代农民工出生于20世纪80年代中后期，90年代中后期开始涉足城市，寻找工作。与第一年农民工相比，新生代农民工的生活环境和就业环境发生了巨大改善，他们对于与就业的选择和发展愿景都有了很大变化。其主要特征主要体现在以下几个方面：

1）乡土情结淡漠。新生代农民工出生于农村，在农村接受教育，上完学便直接进城打工，穿梭与城市和农村之间。他们没有深厚的乡土生活根基，缺乏种地务农的技能，多数人选择在父辈不种地后将田地承包出去，而自己进城务工，留在城市中发展。

2）受教育程序相对较高。新生代农民工受国家发展的影响，接受过一定的文化教育，学习能力较强，职业素质提升较快，已经逐步成为我国工业化、现代化建设的主要力量，是未来国家建设的重要人力资源。

3）生活方式和生活目标不同。新生代农民工生长在社会经济快速发展的时期，其思想观念较为开放，向往在城市长期生活下去。他们的消费观念更加开放，打工赚取的收入不仅仅只是为了养家糊口，更多的是直接消费，用于文化娱乐，社会交往等。他们在新社会背景的影响下，要求工作中与市民享有相同的权益,有一定的维权意识,渴望能真正地融入城市,过上质量更高的生活。

简言之,新生代农民工受到的教育相对来说是比较高的,他们对职业的期望也是比较高的,对物质和精神享受的要求也超过了父辈,但由于生活环境和年龄的影响,他们对工作的耐受力却相对较低。本质上,当前新生代农民工所面临的社会融合问题较之第一代农民工并未发生明显变化,距离真正进入城市体制还有不少距离。在他们身上,融入城市的理想和现实之间的冲突十分激烈。

6.2 农民工社会融合现状

农民工社会融合的现状可以从生产与生活、社会身份与公民待遇、社会交往及心理认同三个方面进行分析,这三者相互联系、逐层递进。

6.2.1 生产与生活融入度

农民工选择在城市务工或长期发展的第一步是解决自身的生存问题,因此只有在衣食住行等各方面都有了一定保障,才能够逐步取得与社会的融合,故生产与生活的融入度是整个社会融入的前提。

(1) 农民工就业

近年来,我国农民工总数相对庞大,每年呈递增态势,但增长幅度在逐年递减。从行业选择上来看,农民工多在第二和第三产业工作,劳动技能要求低,劳动强度大,如制造业、建筑业、餐饮业、零售批发及服务业等,从事商业或创业者相对较少。这也要归结于农民工普遍受教育程度较低,在文化素质和工作技能上较为欠缺,尚不能满足城市就业市场对于高素质、高技能人才的需求。

据行业统计(表6-2),2014年农民工在第二产业中从业的比重为56.6%,较2013年下降0.2个百分点,这与国家发展的大背景有必然的联系;在第三产业中从业的比重达到42.9%,其中居民服务、修理和其他服务业比重较2013年下降0.4个百分点,减幅明显。

表 6-2　农民工就业行业分布

行业	2013 年	2014 年	增减
第一产业	0.6	0.5	-0.1
第二产业	56.8	56.6	-0.2
制造业	31.4	31.3	-0.1
建筑业	22.2	22.3	0.1
其他	3.2	3.0	-0.2
第三产业	42.6	42.9	0.3
批发和零售业	11.3	11.4	0.1
交通运输、仓储和邮政业	6.3	6.5	0.2
住宿和餐饮业	5.9	6.0	0.1
居民服务、修理和其他服务业	10.6	10.2	-0.4
其他	8.5	8.5	0

数据来源：国家统计局.《2014 年全国农民工监测报告》——中国信息报 2015-4-30

此外，农民工 2014 年自营就业的比重达到 17%，较 2013 年提升了 0.5 个百分点。这说明当前农民工整体的就业环境有所提升，他们有一定的创业意识，更愿意自己经营，改善生活条件。

(2) 收入状况

报告显示（表 6-3），2014 年我国农民工平均月收入为 2864 元，较 2013 年上涨了 255 元，增长率达到 9.8%。其中，第二行业收入增加较为明显，增长率超过了 11.0%；第三产业中批发和零售业、交通运输、仓储和邮政业较 2013 年上涨不明显，每月增收约 150 元，而住宿和餐饮业及居民、修理和其他服务业的增长额度超过了 200 元，增长率分别为 8.4% 和 10.2%。

表 6-3　分行业农民工人均月收入及增幅

行业	2013 年	2014 年	增长率/%
合计	2609	2864	9.8
制造业	2537	2832	11.6
建筑业	2965	3292	11.0
批发和零售业	2432	2554	5.0
交通运输、仓储和邮政业	3133	3301	5.3
住宿和餐饮业	2366	2566	8.4
居民服务、修理和其他服务业	2297	2532	10.2

数据来源：国家统计局.《2014 年全国农民工监测报告》——中国信息报 2015-4-30

第6章 城镇化过程中农民工社会融合

从上面的数据可以看出（表6-3），当前农民工在城市的经济状况不容乐观。虽然，随着我国经济的迅速发展以及国家政策的有力保障，农民工近些年的劳动报酬明显调高。但农民工的工作环境恶劣，劳动强度高，稳定性差，与自身的付出不成正比，很多人的工资只够维持基本的开支需求。

（3）外出农民工消费和居住

外出农民工生活性消费是劳动者为了满足自身生活的各种物质产品及精神产品的需要而进行的消费支出活动，直观地体现在劳动者在生活中对衣食住行以及文化、教育等方面的需要。随着社会的发展，农民工在外务工生活消费成本增加，消费结构也逐渐多元化，2014年农民工的整体生活消费支出944元/月，较2013年增加了50元/月，居住支出在整体生活性支出中所占的比例下降。可见，随着农民工收入的提高，用以居住之外的生活性消费比例已经逐步开始增加。但由于工资提升的速度跟不上物价上涨的步伐，农民工整体的收入水平并不乐观，尤其是对于青年农民工，其消费观念较为开放，近半数收支基本持平。

表6-4 外出农民工在不同地区务工月均生活消费和居住支出

区域	生活消费支出/（元/人）		居住支出/（元/人）		居住支出占比/%	
	2013年	2014年	2013年	2014年	2013年	2014年
合计	892	944	453	445	50.7	47.1
东部地区	902	954	454	447	50.3	46.8
中部地区	811	861	441	414	54.3	48.0
西部地区	909	957	443	449	48.7	46.9

数据来源：国家统计局．《2014年全国农民工监测报告》——中国信息报2015-4-30

农民工的居住支出上比重降低，整体居住环境和生活条件也有很大的改善。资料显示：2014年居住工地工棚和生产经营场所的农民工占到17.2%，在单位宿舍居住的农民工占到28.3%，租赁住房的农民工占36.9%，在务工地自购房的农民工占1%。住房是农民工在城市生存安身的关键场所，其居住方式体现了农民工的经济地位，影响到社会交往的层次，是社会融合的主要场所之一。从数据中可以看出，当前农民工租赁房屋的比重提升，在务工地购置房屋的比重也有所提升，这与农民工整体收入水平的提升有着较大联系，一定程度上反映了经济融合的程度在提升。

此外，在外出农民工中，工作单位提供免费食宿的占46.8%；有相应住房补贴的占8.6%；既没有提供住宿，也没有住房补贴的占44.6%。可见，农民工整体的住宿补助程度还比较低，但在住房补贴上已经出现提升态势。

6.2.2 社会身份与公民待遇融入度

社会身份与公民待遇层面的融入、具体表现为城市社会对农民工的身份认同与接纳、社会能够给予其相应的社会救济与福利支持。

(1) 社会保障现状

近年来，党中央、国务院相继出台多项举措，保障农民工权益得以实现。明确要求改善农民工就业环境，尤其是严惩拖欠农民工工资的行为和相关责任人。政策出台后，全国各省市开始积极落实，成果也逐渐呈现，近几年农民工集体维权事件明显减少，保障力度有所提高，权益保障有所进展，但我国农民工社会保障的现状仍存在诸多需要面对的问题与难点。

1) 我国农民工社会保障制度的参保对象思想认识程度不高、制度建立和推行时间不长，当前还处于刚起步的阶段。由于农村较传统思想观念的影响，农民工社会保障意识比较淡薄。一方面，他们进城务工，虽然已不再单纯为了维持基本生活，但让他们将辛苦赚取的薪酬拿出一部分用以支付养老保险金，思想上还处在传统观念和新型制度间的转变中，一时不容易接受。另一方面，当前随着农村生产力的进一步解放，进城务工的农民工出现了供大于求的现象，农民工现在满足于有活儿干、有事儿做便可，不在意或只好放弃养老保险等权力，没有拿起法律武器维护自身的合法权益。

2) 农民工就业流动性强，很难长期或者固定生活在哪一个城市，这就决定了其很难进入社会保障制度体系中。大量农民工涌入城市后，他们可以对就业岗位和薪酬待遇进行自由选择，跨区域流动也是正常状态。但当前我国的各项社会保障制度尚不完善，全国的社会保障信息系统尚未完全搭建起来。以养老保险制度为例，该制度是在县级统筹的基础上开展起来的，主要以城镇企业职工为主要的参保对象。尽管各地政府对当地农民工参加城镇职工养老保险予以支持和鼓励，但是因为农民工的分散性、流动性为社保管理机构的操作带来了极大困难[55]。加之全国的社保信息资源平台搭建尚不健全，实现农民工跨省、跨地区、

第6章 城镇化过程中农民工社会融合

跨城乡流动后的缴费、接续、转移等都存在极大的困难。

3) 用工单位对劳动保险政策落实执行不到位。《农民工参加基本养老保险办法》明确要求各用人单位必须严格按照所支付的工资,为农民工按一定比例缴纳养老保险金。然而,在现行政策下,企业对农民工养老保险和其他劳动保险制度的执行却是参差不齐的。例如,在农民参与度极高的建筑行业、餐饮服务业、加工制造业以及其他各种规模以下的小型工业企业、个体私营企业等,老板们为了降低人工成本而大量雇佣了进城务工的农民工,但因为利益关系却不为其办理社会保险及其他有关的各种手续,不为其缴纳相应的社会保险。由此可以发现,选择性地参保以及不按照相关规定全部参加"五险"的不完全参保问题,来自于企业在降低职工参保所支付人工成本的因素。

4) 现行农民养老保险有关政策规定存在不尽完善的问题。被征地农民的养老保险的相关政策和规定,令农民觉得缴费高、待遇低。农民在失去了赖以生存的土地以后,应该对自身的养老保障足够重视,这时是宣传和动员农民参保,推行养老保障制度的良机。然而,对农民而言,特别是年龄较大的农民,对自身能取得的回报缺乏信心。他们觉得享受的待遇不足以满足生存期的生活保障,认为"额度较大"的保费作为养活自己的生活费。参保的积极性因此受到影响,这也进一步说明了农民对参加社会保险的意识还没有提升到相应的高度。

(2) 政治、文化及社会权利

在向城市化转变的过程中,农民工的政治参与度、政治权利的实现程度以及精神文明的丰富程度等都是当前农民工城市化水平的反应。然而,因为农民工自身流动性特点及体制性障碍,他们在这方面的融合程度并不高。

1) 政治参与机会较少,民主权利无法得到有效保障。新生代农民工有更强的留城发展愿望,他们思想较为独立,希望自己在城市生活中有一定的"话语权",能够得到周围人的认可与尊重。但我国现行法律规定了户籍所在地是公民权利所在地,离开农村的农民工很难真正实现城市社区政治活动上的参与。尽管按照相关法律规定,农民工在城务工满一年,其选民资格应归属于工作单位所在地,参与选举与被选举。但现实中,农民工却扮演者"局外人"的角色。

2) 娱乐活动少,精神文化生活缺乏。由于劳动时间长,工作强度大,绝大多数的农民工业余生活非常单调,整体处于较低的消费水平。因为当前城市整体的消费水平较高,农民工的收入水平与市民之间还有很大的差距,为增强对家庭的支持，他们会慎重考虑各方面的支出比重；同时，农民工的消费习惯还比较封闭，更习惯将收入存储起来，限制自身的消费；此外，农民工的就业行业劳动强度大，能用于消费的时间也比较少。但随着社会经济的进一步发展，农民工在打工之外可开始注重自身的文化和素质的提高，在生活方式上也逐渐开始于城市融合。

6.2.3 社会交往与心理认同度

农民工社会交往层面是指其在城市中的生活方式、社会交往及人际关系等，心理层面体现的是农民工对城市化生活方式的认同感。社会交往层面的融合更有助于心理层面的融合，而心理层面的融合代表农民工愿意融入新环境，新环境也愿意接纳外来者。

马斯洛的需求层次理论表明：人们首先要满足自身的生理需求，然后要满足安全需求，之后会逐步产生第三层次的社交需求。同样，当农民工在城市中达到一定的经济水平后，积极进行社会交往活动是其认可自己所在城市的生活，适应城市环境的一种积极表现。无论如何，由于各种障碍造成了农民工在城市社会交往中存在一些问题，如社交圈子过于狭窄，更多的是以血缘、亲缘、朋缘、地缘、业缘等社会交往为主，交流方式过于单调。随着社会的发展，智能手机为农民工的社会交往提供了新的平台和渠道，他们通过信息网络更多地掌握了社会发展信息，在更大程度上地接受了新的社会环境。

农民工的心理认同主要指农民工对于自己身份的认同及对新环境下城市社会生活的评价。农民工远离自己原有的生活状态，进入到整体环境更加优越的城市谋求更好的发展，但城市陌生感容易造成农民工对自己身份的模糊，产生过客心态。当前农民工主要工作于第二产业和第三产业，也就是以体力劳动者或个体经营者的身份参与到城市社会的建设中来，鲜少参加城市或社会的集体活动，也缺乏对城市的归属感和责任感。

6.3 农民工社会融合的制约制度

制约农民工社会融合的因素有很多，集中体现在制度因素和社会因素两大方面。

6.3.1 制度因素

(1) 户籍制度

户籍制度的产生与政治、经济的发展有着深远的历史渊源。户籍制度对影响民生发展的劳动就业制度、子女教育制度、医疗保障制度等形成和发展有着重要的现实意义[50]。户籍制度更多地将社会资源向城市人口倾斜是造成城乡社会分隔、阻碍社会流动的重要原因。改革开放后，国家放宽了对流动人口的限制，农民获得了自由就业的权利，但户籍制度的本质并未发生变化，与户籍制度相关的各项制度依然受到户口类型的影响。近期的户籍制度改革也并不足以使农民工实现身份的本质改变，他们仍然无法享受拥有城市户口居民长期享受到优越的城市基础设施，充足的优质资源等。因此，当前的户籍制度改革力度尚小，户籍和其代表的各种利益并没有发生实质性的变化。

事实上，户籍制度有两种功能，第一种是社会管理功能，另一种是计划经济时代的资源配置功能。二元户籍制度的存在使得城市居民与农民工间的劳动关系明显不对等，职业地位的显著不同，相同劳动不同回报的现象也时有发生，无形之中削弱了农民工社会融合的基础。该户籍制度及以此制度为基础的各种制度安排，依然是农民工社会融合的最根本的障碍，很大程度上成为了阻碍农民工融入城市生活的主因。

(2) 社会保障制度

社会保障制度是由一系列的社会福利支持构成的，旨在提高广大社会成员的生活水平，解决社会生活中可能存在的基本问题。目前，我国已经基本实现了社会保险、社会救助、社会福利、住房保障、优抚安置等为一体的社会保障体系。现行的社会保障制度发展不完善主要体现在两个方面。

第一，全国的社保信息资源共享平台尚未完全连通，这与农民工的高流动性相矛盾。基于"流动性强"这一特点，农民工很难在某一固定区域建立社保信息。加之，全国当前还没有形成统一的制度和政策，各地区的利益协调机制还处于缺失状态，农村基本医疗保险的异地转移制度的可行性非常差，造成了不少农民工看病难、住院难和报销难等问题。从这个角度来看，社会保障制度的不完善，大大降低了社会保障本身的作用。

第二，由于社保体系建立的初衷是解决城镇从业人员中具有当地户籍居民的相关问题，将农民工群体纳入后，一些标准却发生了一些变化。例如在某些社会保障的缴费比率和支付成本上，部分城市居民与农民工也存在较大差异。以两者的基本养老保险为例，前者通常由单位缴纳20%，个人承担8%；后者通常由单位承担12%，农民工个人承担4%~8%。从这两组数据中可以看出，虽然农民工个人担负的缴费比率稍微低于或等于城市工人，但是农民工由单位担负的比率却远远低于城市工人，也就是说两个群体在领取养老保险金上存在着巨大的差额。

(3) 就业制度

当前，农民工在城市就业时主要面临着就业门槛和权益保障两个方面的问题。就业制度中的各项城乡分离的政策直接排斥农民工的良好就业，严重影响到农民工群体的经济融合。

第一，农民工的就业门槛问题。农民工由于自身文化水平的职业素质的限制，进入城市后多就业于劳动密集型的单位，该行业的进入门槛较低，不需要专门的劳动技能。正因如此，他们的工作环境明显较差、几乎不存在发展空间或晋升机会。同时，多数农民工都属于临时雇佣，没有福利待遇，随时面临失业的可能。

第二，农民工的权益保障问题，涉及农民工工资、劳动合同及人身安全等多个方面。在工资问题上，农民工就业的单位多属于非正规部门，劳动强度大，工作环境差，工资水平偏低，而部分用人单位或包工头的法律意识较为淡薄，拖欠、克扣农民工工资的现象也时有发生。近几年，相关政策的执行和落实已显示出来了成效，农民工以极端方式讨薪事情的发生率也明显降低；在劳动合同问题上，存在用人单位不与农民工签订劳动合同或不严格执行所签订劳动合同，利用劳资双方的信息不对称刻意或无意地侵犯农民工的合法权益。例如为逃避企业责任不与农民工签订协议以便于随时辞退农民工，不为农民工购置劳动保险、发放必需的劳保用品等，随意变更或拓展农民工的试用期等；人身安全方面主要体现在农民工工作环境相对恶劣，危险性或危害性较大，但用人单位的安全生产设施设备不齐全，或将劳动用品的发放转换为其他形式，不对农民工进行相关的操作培训和安全防护知识培训等。

第6章　城镇化过程中农民工社会融合

农民工一方面面临着失业风险，另一方面又面临着工伤事故和职业病侵害的危险，这对他们的身体和心理都造成了巨大压力。此外，由于农民工生活背景的影响，他们缺乏必要的法律知识和法律意识，在产生矛盾纠纷时，很难找到合适的投诉途径，以至于忍气吞声又无可奈何。这在很大程度上影响了农民工对城市的认可和接受，严重影响了心理融合的进度。

(4) 子女教育制度

农民工子女教育问题涉及入幼、入托、择校等各个方面，程序繁琐，收费颇高，在一定程度上农民工子女享受不到城市优质教育资源。目前，城市仍然存在一些重点小学、初中及高中，规定农民工子女必须拥有本区户籍才能入学。因此，他们没办法享受到优质的教学资源。有些城市虽然承认农民工子女享有城市子女一样的就读权利，但是却被要求其返回原籍参加入学考试，这会给农民工子女带来很大的学习困难和社交障碍。

随着国家对于教育的不断重视，相关的教育政策也逐渐出台。2008年9月1日，国家正式免除义务教育学杂费；2009年1月1日，全国范围内免去义务教育阶段的借读费用，这些制度给农民工子女带来了极大的益处。虽然如此，但是在有限且分布不均的城市教育资源的社会大背景下，昂贵的择校费仍让大部分农民工子弟望而却步，很难与城镇子女一样享受均等的优质教育资源。

(5) 政治制度

流动性较强的农民工，受种种因素的制约，其参与政治决策的机会就少，其政治权利就更加难以实现。例如，在典型的社区政治选举中，由于不具备本地户口，通常情况下他们不具备参与选举投票的资格，纵使已在本地工作满一年也很难受到社区的认可，同样也不能在用工单位行使民主权利。农民工长期在城市务工，回归农村的时间相对较少，加之各种因素的影响，农民工参与本村的选举和自治也成为问题。造成农民工政治参与度低下的主要原因在于根深蒂固的户籍制度，致使农民工无法享受和本地城市居民一样的正式表达权利，只能是"外来打工者"和"旁观者"。

此外，因为农民工自身的文化素质以及相应的工作技能不足，他们从事的更多的是最底层的工作，扮演的通常是"临时工"的角色。农民工没有政治话语权，同时管理者又没有重视农民工基本权利，从不考虑让其参与到相关决策层面的选举。此外，土地是农民工与乡村情感间的最后桥梁，但是这种联系在农村传统文化和现代城市文明冲击的大背景下，变得越来越模糊。由于农民工长年在外，许多利益在分配上照顾不到他们，如农村土地征占、拆迁及各种补贴等，尤其是在利益矛盾突出的背景下，本土居民更具有优势。长期在外务工使得农民工不能很好地参与当地的公共制度的制定及享受相应的权益。

6.3.2 社会因素

（1）文化排斥

在社会由传统向现代发展的过程中，传统社会中的乡村文化渐渐被现代社会中的城镇文化所瓦解直至替代，作为改变传统文化和传递现代文化载体的农民工群体则起到了极其重要的作用。从农民背井离乡、进城务工这一现象看起，其中包含着简单的位置变化以及由于位置改变所带来的职业身份变化两层意义。农民从乡村到城市的位置变化，职业也由从事农业生产的农民变为从事非农生产、具有城市工人性质的农民工，因此自身携带的传统乡村文化也逐渐向现代城镇文化靠拢。

面对陌生的城市环境、城市文明文化时，农民工需要放弃熟悉的传统农村文化，适应、融入到现代的城市生活中以达到再次社会化。城市和农村的不同，不只是硬件上的高楼大厦、便利交通等现代化基础设施，还体现在思维观念、价值观和生活习惯等软件上。农民工如想真正融入到当前的新环境就不得不逐步适应新的制度规范、新的文化方式等，扮演新的社会角色，这代表着彻底放弃原来的生活习惯。

同样，农民工在适应现代化城市生活方式的过程中还受到很多因素的限制，这其中就包括来自城市居民对农民工的歧视和文化排斥。在一定程度上，城市居民和农民这两种社会身份代表着不同的社会公共资源和很多社会福利的享受权利，城市居民优先于农民，甚至农民被排斥在享受这些公共资源权利之外。这种不对等造成了部分城市居民作为"市民"身份的优越感、这种优越心态容易引起对农民工职业和品格的歧视。农民工不断进城务工，和市民分享城市公共资源和就业岗位，这在一定范围内激起了当地市民和农民工之间的矛盾。

(2) 社会网络构建困难

农民工进城务工，背井离乡，这使得其需要建设新的关系网。这种新建不仅仅包含重新适应新的生活环境，更为重要的是人际关系的建立和对新生活的认同和归属。但在实际中，农民工与城市居民双方会有意识或无意识的回避对方，农民工新建的关系网中也只是农民工，城市居民对于他们依旧是"陌生人"，就像只是暂时来到这个城市，没有归属感。老一辈农民在传统乡土观念的影响下，土地才是他们的心灵依偎，他们视土地如命。

由于农民工和城市居民二者间的身份、文化、价值观念与情感归属等相差甚远，因此，造成了农民工与城镇居民之间歧视、偏见、回避以及不信任等"互动"常态。与此同时，不同的生活习惯和经济水平上的发展不平衡等因素在一定程度上阻碍着市民和农民工间的社交网络的实现，这些都严重地制约了农民工的城市融入与社会融合。

虽然良好的社交网络对于农民工融入现代社会方面极为重要，但是大部分农民工在城市中拥有的社交关系仍然主要是血缘、亲缘、地缘和业缘等。虽然农民工生活和工作都在城市中，但是他们仍然是"局外人"，并没有实质性的融入现代社会。

6.4 促进农民工社会融合的对策建议

农民工是"三化"建设的主要成员，他们能否融入城市及其在城市中的权益能否得到保障，与可持续发展的大趋势、构建和谐社会以及落实科学发展观的落实密切相关。在城镇化的过程中，促进农民工融入城市将是一个艰辛的漫长过程，这需要完善体制机制来保障农民工权益、促进农民工融入城市生活的体制机制。

6.4.1 破除制度障碍

转变城乡二元结构，不仅只是户口性质的改变，而且要在实质性上进行改变，如二元结构下的就业市场、社会保障制度、教育制度等。具体如下：

(1) 逐步建立城乡一体化的户籍管理制度

当前,全国已经有不少省市开始实施城乡一体化户籍管理制度改革的探索和构建城乡一体化户籍制度的初步设想。为最终彻底地解决附着在户口性质上各种政策和利益分配等问题,确保"一元制"户籍管理制度改革达到预期目标,按照有利于城市化发展,有利于社会和经济发展,有利于解决人户分离问题的要求,目前总体上有三种模式可供选择:①先全面实施户口性质统一、居住地登记的"一元制"户籍管理制度,再分析研究和逐步解决涉及户口管理的历史遗留问题,包括对原来附着于户口上的不合理政策和措施作进一步调整;②先由政府协调敦促有关部门调整和取消一切不利于"一元制"户籍制度改革的相关政策和措施,待条件成熟后再全面实施户口性质统一、居住地登记的"一元化"户籍管理制度;③实施全市统一的居民户口和相关政策调整两项工作基本同步进行,但相关政策调整工作必须略有超前。但前两种工作模式容易造成矛盾积压、工作进度缓慢等问题。只有实施同步推进的工作模式,才能顺应当前形势的需要,实现"一元制"户籍管理制度改革的真正目的。

为逐步解决群众的实际困难,同时又有利于社会稳定。首先,应该尽快实现农村集体资产量化,从源头上切断利益链条。其次,应依法调整社会管理相关政策,逐步剥离依附在户口上的诸多行政管理职能。考虑到原先附着在"二元制",户籍管理制度造成的各种利益政策问题,各级政府和各相关部门要遵循大政策稳定、小政策调整的原则,按照"城镇待遇可享受、农村权益可保留、农村利益可流转"的要求,对与"二元制"户籍制度密切相关的最低生活保障、计划生育、退伍军人安置以及农民批地建房等政策进行适度调整,逐步消除原附着在"二元制"上的利益差别,恢复户口管理作为民事登记和公民身份确认的基本社会功能。再次,应积极推行城乡一体化的新型户口登记管理制度,彻底消除户口性质壁垒。此外,要统筹城乡资源,构建城乡一体化的社会保障体系。最后,要加强调查研究,及时出台有利于确保农村地区"人户一致"的户口迁移政策。

(2) 构建统一的劳动就业制度

就业机制是农民工进入城市生活的重要问题,是其生存发展的根本基础。过去城乡不同的就业机制使得城市居民和农民工的就业机制差异较大,建议取消就业门槛及就业限制;合理规划劳动体系,完善工资支付、劳动合同、劳动保护等监督制度,切实保障农民工的权益。与此同时,还要增强对农民工进行就业指导与培训,并建立相应的就业指导和培训机构。

(3) 健全农民工的社会保障制度

第一,农民工社会保障制度的完善应优先考虑社会保险制度的完善,分阶段建立起农民工的工伤保险、医疗保险、失业保险等。但鉴于农民工流动性较强的特征,国家应该推进全国社会保险资源信息网络的共通性,确保每个农民工都有自身的社会保险账号,同时在各省、各地区都可以使用该账号进行社保缴费、社保查询等。社会保险制度的完善有助于农民工在突发意外时,能够接受来自国家的救济和帮扶。例如,建立失业保险体系之后,即便农民工由于用人单位原因或个人原因突然失业,国家可以通过相应的保险措施,为农民工提供一定的岗位支持,支付相应的劳动报酬以维持其基本生活保障,如提供类似于保洁、保安、保绿等"公共劳动"岗位。同时,也要帮扶农民工进行积极调整,寻求再就业机会。

第二,充分发挥政府和工会的引导作用。相关政府部门应该对有关用人单位进行必要的用人规范的法制宣传与监督,做好日常劳动执法的检查管理工作,合理有效地解决劳动争议案件,必要时可采取措施对侵害农民工权利的雇主或用人单位予以处罚,对克扣或拖欠农民工工资、违法超时加班工作等行为进行严厉警告或处罚,督促雇主和用人单位转变其人员管理方式和人员管理理念。同时,企业工会应维护农民工的合法权益,引导农民工逐步提升自身的法律观念和维权意识。在农民工权益遭受侵害时,能够作为农民工一方的代表与用人单位进行交涉和商讨,维护农民工的正当权益不受侵害。

此外,还应扩大城镇公共财政救助与支持的覆盖范围,保证农民工在特殊困难时期能够得到来自社会或政府的救济与帮扶,充分发挥社会各界的力量来维护农民工的生存权益和发展权益。

(4) 完善城乡教育制度

农民工子女的教育问题影响到他们是否愿意留在所在的城市,因此建立完善的城乡教育制度对于农民工的社会融合有十分积极的影响。

首先，在国家教育政策的引导下，各省市单位政府应积极落实农民工子女城市求学的具体政策，明确接收单位和管理单位，确保农民工子女可以享受与城市居民子女一样的教育资源和教育机会，逐步破除城市教育资源的封闭性和排斥性；同时公办的义务教育学校要普遍地向农民工子女开放，各级教育单位应关注农民工子女在校园中的融合，避免将农民工子女与城镇居民子女分立教学或区别对待的现象发生。

其次，国家及省市各单位应积极完善全国的中小学生信息管理系统，将农民工子女教育纳入到教育发展规划和财政保障范围中来。确保农民工子女在任何时候转学至任何学校都可以查询到相关学籍信息，保证整个受教育过程的完整性。同时，各省市单位也应积极完善和落实农民工子女接受义务教育后的中招、高考等政策，减少农民工在城乡间的奔波与周折。

6.4.2 构建社会支持系统

农民工的社会融合问题关乎社会主义和谐社会的构建，影响到整个社会经济的发展与稳定。因此，构建社会支持系统，促进农民工在城市中的融合发展尤为必要。

首先，要发挥政府支持以外的多元社会力量的服务功能。当前以及未来较长的一段时间内，农民工城市就业问题仍是社会融合的前提和关键，结合农民工城市生存发展的经济来源问题是所有其他问题开展的基础和源头。除了政府给予常规性的保障、帮扶、福利以及救济之外，社会各界在帮扶农民工技能提升、促进其城市就业方面也有很大的影响。因此，政府相关单位应该进一步教育、指导、监督和规范城市中的各种中介服务组织，为农民工提供最新、最及时的劳务信息、就业指导以及必要的法律援助等；各级财政应当加强对农民工技能培训项目的扶持力度，指导市内各种教育培训机构开展多元教育方式，如电视教育、网络教学等，帮着新生代农民工接受成人职业教育、函授教育等，帮助农民工学习和掌握更多适应现代化建设的各种新技能和新方法，不断提升工作素质，加强就业、创业能力。

其次，要搭建各级政府合作平台。农民工问题产生于其在城乡之间的流动过程，由于农民工长时间进城务工，其户籍所在地政府无法对其进行有效的管理，也无法为其提供必要的服务；而进入城市就业后的农民工不具备城市户籍，迁入地政府又很难获取其相关信息，难以承担起相关的管理责任和服务责任。由此造成了各级政府对于农民工这一群体在管理与服务上的空缺，致使农民工在迁入地就业、医疗、保险、教育等各方面都受到冷落，各项权利无法行使、各项利益得不到保障。因此，在城镇化进程推进工作中，各级政府应在国家政策指导下积极协调发展的战略目标，统筹发展规划，使农村劳动力转移更加组织化、有序化，同时借助互联网平台将各级政府的管理与服务串联起来，使农民工在迁入地和迁出地之间有相互依靠的力量。

随着社会的发展，城乡二元化的发展趋势正在向一元化发生转变，区域之间的流动障碍也在逐步被化解。当前，各级政府可以在制度允许的范围内为农民工在城乡之间、区域之间以及省际的流动提供支持，完善全国的信息资源系统，保障农民工流动过程中的各项权利。

6.4.3 增强财政支持

农民工进入城市是为了获得更好的收益，取得更好的发展，他们在城市的融入需要经历多个阶段，这一长期性过程离不开社会的各项帮扶和支持，最直观的表现就是财政支持，以便解决农民工迁入之后最基本的生存问题、住房问题以及其他相关问题等。

（1）切实改善农民工的居住条件

居住空间是社会排斥的一个重要原因，而住房质量的高低取决于农民工的收入水平和经济能力，但当前农民工尚被排斥在社会"住房福利"分配体系之外，这无疑增加了农民工在城市安身立命的难度。因此，各级政府应积极响应国家政策号召，制定详尽的农民工住房制度，合理解决农民工在城市中的住房问题，增强农民工对城市的归属感，提升其融入城市社会的信心，让其能够在在城市得到良好发展，同时也为城市工业化、现代化建设贡献力量。

解决农民工住房问题的渠道目前尚在探索之中，当前较为成熟的是由政府供地、企业出资、税费减免三者结合的方式进行农民工廉租公寓建设，降低农民工的居住支出；鼓励使用农民工数量较大的企业勇于承担社会责任，按照有关经济适用房的政策标准进行农民工集资房建设，政府适当的补贴或税费优惠。同时，政府在进行城镇化战略规划部署时，可以将农民工群体的居住需求考虑在内，为其预留出相应的地理区域用于农民工经济适用房建设。

农民工进城务工，他们一部分间歇式地在农村和城市之间往返，既务农，又务工。但随着经济的发展，农村耕地也必将走向农业现代化，农村劳动力的释放程度也会逐渐加大，也有一部分农民工将农耕土地承包出去，更多的时间花在城市的发展上。这种情况下，政府可尝试通过农宅市场化改革来解决。

(2) 着力提升农民工的公民待遇

政府首先应做好舆论引导工作，使得城市居民能够更好的了解到农民工的为整个城市所做的贡献及其存在的重要性，逐步提升对农民工群体的认可程度和接纳程度，消除歧视和排斥。

在长期的二元经济体制的影响下，城市居民获得了更多的国家公共资源和诸多的支持帮扶，个人素质、职业技能以及经历实力都得到了很好的积累；而农村群体生活条件较差、思想观念较为落后，长期从事与农业有关的种植、养殖等行业或与纺织、食品加工等相关的工作，整体文化水平和职业技能明显低于城市居民。城市居民拥有城市户籍，他们在各方面都拥有优先权和保障权；农民工在迁出地的权益主要依靠家庭和集体进行维护，进入迁入地之后若各项权益的维护得不到相应的支持，隔离感和边缘感就会十分强烈，严重影响到农民工的心理融合。因此，国家应当在农民工的财政投入上有所倾斜，帮助农民工缩小与城市居民的差距，同时使其拥有同等的权利及待遇，如构建农民工政治参与的平台，保障农民工的政治待遇。

(3) 建立专项的农民工培训体系

农民工要想更好地融入社会，除了提升城市居民对其的包容和接纳程度，农民工自身也应当加强自身的文化学习和技能提升，自觉地去融入城市，政府、企业及社区也应当提高支持和保障。

目前，绝大多数农民由于缺乏相关技能支持，进城务工主要会选择在低端、重体力的劳动行业工作，劳动强度大，但工资待遇相对较低。城镇居民享受国家保障时间较长，在教育资源、技能资源的接受上都有了一定积累，整体素质较高，经济能力较为雄厚，因而处于相对优势的地位。因此，提升农民工的就业技能及就业能力是缩小城乡收入差距的重要途径之一，也是农民工建设工业化、现代化城市，推动经济发展的重要基础。一方面，用人单位在招聘农民工进行劳动时会给予一定的操作培训,这在一定程度上提升了农民工的专业技能。但企业对于农民工的培训是基于本单位生产需要进行的,其目的还是为了促进企业的生产效率,增加企业盈利。因此,政府还应该在农民工再教育和技能培训上发挥主导作用,加强专项资金的支持力度,为农民工进城务工提供强有力的基础保障。

第 7 章　城镇化过程中失地农民社会融合

伴随着城市规模的外延式扩张，出现了大量失地农民，如何在土地城市化过程中顺利推进失地农民工适应现代城市文化、经济发展以及生活方式，是关系整个现代社会改革、发展稳定的重中之重。

7.1　我国失地农民问题产生的背景

在快速工业化和城市化的过程中，置换农村土地用以国家经济建设和社会发展已成为必然，这是任何国家城镇化和城市化都必须经历的过程。随着城市用地需求量的增大，征占农村土地的面积也在扩大，导致失去土地的农民数量也在不断增加。农民失去土地后，他们大多以集体安置的方式入住新的社区，在身份上既不是原来以农为主的农民，但又有别于真正的城市居民，因此我们将这样的群体称为失地农民。概括来讲，我国的失地农民主要是指在城镇化过程中，由于城市扩张、社会建设、经济发展等原因而失去林地、耕地等农业用地的农民群体。在置换土地的过程中，政府通常会给予一定的补偿，如集中安置新住房，实施就业安置，给予失地补偿等。相应地，农民也失去了土地的使用权，失去了依附于土地的就业岗位、经济收益和社会保障等。自此，他们逐步与农民身份相脱离，与原有职业相脱离，转变自身的思想观念、生活方式、风俗习惯等以融入新的生活环境，形成新的生活状态，并在其他就业渠道上拓展新的经济来源。

在我国还处于计划经济的时期，失地农民这种现象就已经出现。20 世纪 50 年代，我国采取了城乡割据的二元化政策，为实现工业化进行了原始积累，大量人口在农村从事简单的种植业和手工业。该政策的实施影响了农民对于先进技术和知识的掌握和追求。改革开放后，农村实行了家庭联产承包责任制，农民拥有了土地使用权和自主权，这使得土地成为农民最为根本的生存依靠[56]。土地成为了农民生活中的生产资料、经济基础、社会保障、繁衍发展等方面的前提。在城市化的进程中，各地政府在未完全规划好的情况下"圈地"备用，这一阶段

第 7 章　城镇化过程中失地农民社会融合

失地农民工情况就更加明显。但按照政府的规划，征地单位以相应的标准为依据录用失地的农民工，以这种就业方法来改变货币、住房、土地划分等补偿手段带来的弊端，这在很大程度上掩盖了失地农民的问题。

进入 21 世纪后，我国农村城市化迅猛发展，城镇、工业区、开发区等急剧膨胀，农村集体用地征用面积迅速扩大，丧失土地的农民工数量也大大增加。然而，我国进入社会主义市场经济的初级阶段和改革企业用工制度时，征地安置补偿费代替了 20 世纪 80～90 年代的招工指标。政府在征用农民的土地时给予最直接的住房安置和一次性的经济补偿，但是农民工的就业岗位不再由政府按指标安排，因此没有土地的农民工需要进入劳动力市场，由市场决定其未来的就业方向和就业质量。

长期的务农生活抑制了农民在其他生存技能上的学习，失去土地后他们很难适应城市的生活习惯，而且在就业问题上会有很大的障碍。同时，目前的社会保障体系尚不健全，诸多失地农民社会融合问题集中涌现，主要表现在：地方政府当前对失地农民的补偿指标比较低，农民工的利益遭到损害；政府不合理的拆迁和安置致使农民工的生活状况恶化；社会保障体系还不完善，失地农民工还不能很好地享受到城市居民的社会保障体系带来的权益；当前知识和工作技能较差的农民工得不到政府或社区的良好技能培训，他们想较好地融入城市生活很难；有效地适应失地农民身份转换社区服务管理体系尚未建立，没有土地的农民工在城市化进程受到了严重的影响。这些因素的共同影响，导致农民工在城市化进程中被现代社会排斥，很难适应现代城市文化、生活方式等。

7.2　我国失地农民社会融合状况

目前，我国经济和社会发展正处于快速发展的重要时期。在国内经济发展环境极为有利的情况下，社会经济发展速度也在不断加快，这就要求交通、水利、能源等基础设施建设同步发展，未来一段时间农民土地的征用率仍然会处于较高发展状态，被征用土地的农民数量也会不断增加。因此，掌握当前已入住城市社区的失地农民的融合现状，有利于未来失地农民转换为城镇居民或迁移至城市社区提供资料。

7.2.1 经济方面

土地是农民经济收入的重要来源,是其重要的生活保障,相当于稳定的工作岗位。因此,农民一旦失去原先赖以生存的土地,其生活状态必然会受到影响。他们在经济收入方面的社会融合情况可以从居住环境、就业、收入状况、消费情况等四个方面进行反应[52]:

(1) 居住环境

随着城市化的不断推进,城市边界不断向农村拓展,越来越多的居民被集中安置入住福民小区,住进高层楼房,其居住地也由原来农村分散居住方式的村落社区转移到城镇集中居住方式的城市社区。整体的居住环境有了较大的提高。

(2) 就业

由于知识和工作技能较差的,失地农民工只能从事收入较低的工作,多数家庭收入主要来源于打工。一些失地农民虽然在政府扶持、市场引导下找到了工作,但其中绝大多数失地农民从事的是累、苦、脏、险等低收入产业或者生活服务业,而且以非正式就业为主,不仅没有稳定可言,而且工资水平极低。

当前部分地方政府也出台了相应引导失地农民就业的职业培训政策,但接受职业培训的多为文化程度相对较高的失地农民。文化程度越高,年龄层次越优越,其就业意向就越明显,进而接受培训的意向就更强烈。但当前城市生活的风险系数不断提高,城市生活成本大幅提升,都对经济能力并不丰厚的失地农民造成了巨大压力。

(3) 收入状况

当前失地农民进入城镇生活后收入状况的变化可归结为三类:一是生活水平得到了一定提高。这些人通常能较好地运用失地补偿金用以自主创业,开展各项经营活动;也有不少人凭借以往外出务工获得的技能在城市中获得不错的工作与收益。二是生活水平未发生明显变化。这部分人主要根据自身的收入情况限制家庭的主要开支,基本务工收入与务农收入能够持平。三是生活水平不如之前。这部分人多文化程度不高,缺乏非农就业技能,很难在城市中找到待遇较好的工作，多处于失业和半失业状态。

(4) 消费情况

失地农民工的生活负担大大增加，主要表现在衣食住行的各个方面。国家整体经济水平的提高，农民与以往相比经济实力也有了很大提高。进入城镇后，新的环境带动了家庭在购物、娱乐等各方面的消费。家庭生活开支上体现在水、电、煤气、暖气等费用的增加，物业管理费、停车费等出现，还有交通费、子女教育费等。

因此，从以上四个方面来看，在居住环境上，失地农民与城市融合较好，但在其他三个方面上，失地农民与城市还不能很好的融合。

7.2.2 文化方面

随着城市化进程的逐步实现，城镇边缘的许多农民失去了土地，并且迅速地成为了半个城市人，这时他们就面对许多变化，其中最重要是身份的变化。这一变化引起了许多转变，生活方式、就业方式、行为习惯、甚至价值观等都会发生改变，这些转变其实就代表他们渐渐融入城市文化中。

文化融合是社会改革进程中更深层面的社会问题，是意识形态方面的内容，通常落后于社会物质形态的改变。失地农民转变身份成为城市居民是城镇化面对的首要问题。这些失地农民多多少少都得到了相应的土地征收补偿，某些农民还享有养老保险、医疗保险等社会福利，但失地农民的文化水平大多不高，并且受长期积淀下来的传统农耕文化影响，形成了保守、知足、听天命等的心态，缺乏竞争意识和事业成就感，自我发展的意识不强。因此，在短期内失地农民很难真正融入城市生活，适应城市生活，真正实现由农民向市民的角色转换[57]。

衡量失地农民是否真正融入城市的主要标志是其是否能在心理上认同城市文化。根据走访调查分析，大多数农民对于追求城市生活的主观意识不强，对能否融入城市生活抱有怀疑态度和恐惧态度，失地农民对城市的生活方式难以适应。文化融合的程度可以由生活方式、价值观念两个方面来体现。

(1) 生活方式

与在农村的自由生活方式相比，农民工进入城市后，其生活习惯发生了极大的冲击；快节奏、高强度成立他们的生活和工作主流，缺少了原有的乡村情感和邻居的来往等等。

(2) 价值观念

城乡二元化的社会结构和传统小农思想产生碰撞，农民工原有的生活方式和价值观念很难在短时间内发生大的变化。"一头牛，三亩地，老婆孩子热炕头"的生活方式，"熟人社会"的交流方式，"日出而作，日落而归"的工作方法，"小富即安"的价值观，这些与中国的城乡二元户籍管理制度及城乡二元结构有着很大的关系。城乡的社会流动受这种社会二元结构的限制，农村的城镇化进程和农民的非农化待遇同样受到了限制。大多数的农民对于土地劳动早已根深固化，完全无法适应充满挑战和竞争的城市生活。虽然户籍性质和居住地发生了变化，但一些失地农民依旧停留在种地农民的身份上。如果不改变农民的生活观念，提高他们的工作技能和个人素质，即使为他们安置了就业岗位，他们也会被竞争激烈的市场经济社会所淘汰。政府只有不断给予失地农民政策关怀，采取"授之以鱼不如授之以渔"的方式，才能真正帮助失地农民变被动为主动，实现自我角色的转变[25]。

7.2.3 社会方面

在社会方面，融合主要体现在社会关系网络、社会救助网络、人际交往、业余生活等[52]。城市里农民工的人际关系和社交网络主要是以血缘和地缘关系为前提形成的，进入城市生活时间不够长的话，农民工的业缘关系就很难形成，城市的政治生活参与度不高。没有土地后，他们的社会关系仍然依赖以前的社会关系，与现在所属社区居民进行交往的较少。在社会救助网络方面，失地农民几乎没有社会救助，特别是在就业时，他们基本没有得到政府给予的帮助，同时也没有社会其他机构提供给他们帮助。

由此可以看出，在失地农民融入城市的进程中，存在着社会层面的问题。农民工在城市中社会关系网局限范围狭窄，没有积极参与到城市生活中，其社会交往方式明显不同于现代工业社会。农民由于在同一场所进行工作和生活，社会关系主要是通过长期的血缘和村缘建构起来，相对来说较为封闭、稳定。

7.2.4 心理方面

心理融合是农民工在心理层面上感受、适应和评价城市的生活方式。本书从自我身份认同、城市生活满意度、城市社会安全感、市民对他们的态度等方面来衡量心理融合程度[52]。

1) 自我身份认同。没有土地的农民工在身份上从农村居民变为了城市居民，他们的生活和工作都在城市中，但是对自己是否已城市化存在不同的意见。

2) 城市社会安全感。对城市社会的安全，失地农民表示怀疑。失地农民认为城市生活没有农村安全，会经常发生各种事故，如车祸、失火、犯罪等事故，而且城里的人都不够热心，周围的人有事情了不会有人去帮忙。

3) 市民对自己的态度。大多数失地农民表示在城市中生活，常受到鄙视。大多数失地农民觉得城里人看不起他们，也不愿和他们来往交流。

综上可以看出，大多数农民工在心理上并没有真正融入城市，只有一小部分农民工较好地适应了城市生活。这种现象主要是来自于农民工自身份认同、社会安全感、市民对自己的态度这三个要素在不同程度上存在问题所决定的[52]。

7.3 我国失地农民社会融合存在的问题

土地是农民的最基本的保障，在失去土地后，失地农民不得不依赖征地补偿所得开始新的社会交往活动，重新在城市谋求新的工作作为未来个人和家庭的各项支出。在该过程中，由于各方面的排斥，失地农民与社会的融入难度还较大。

7.3.1 政策性排斥

政策性排斥具体体现在土地征用制度以及其他相关法律法规在实施中存在的一些障碍，共同交织叠加形成了对失地农民的社会排斥[52]。

(1) 土地征用行为不规范

我国宪法以及《土地管理法》明确规定，土地征用的合法性依据在于征收或征用土地的目的是否为了公共利益的需要。由此可见，我国土地的征用权或征收权只有政府才享有,而国家只有在为了公共利益需要时才能够行使该权利,同时要给予失地农民相应的补偿。但我国相关法律中对"公共利益"这一概念的阐述过于宽泛,《土地管理法》第2条规定:国家为了社会公共利益的需要,可以依法对集体所有土地进行征用;但第43条又将征地主体扩展为"任何单位和个人进行建设",导致"公共利益"的范围也被无限扩大。从"公共事业和公共设施"扩大到所有的经济建设领域中,导致各种招商引资、开发区建设以及工商建设等项目都以追求"公共利益"为名征用土地。

按照相关法律规定,只有为了公共利益需要时才能进行土地的征收和征用,因此商业经济活动不应该征用农民的土地,若必须征用就要以土地的市场价格对失地农民进行相应的补偿。但在现实的土地征用补偿时,部分单位利用农民法律意识淡薄、相关部门监管不到位的弱点,偷换概念,以追求"公共利益"的价格来对失地农民进行补偿,这在很大程度上侵犯了失地农民的知情权和经济利益。

(2) 土地征用程序不合理

我国土地征用牵涉到国家、社会以及农民个人。农民的利益应成为最根本的利益,因此征用或征收土地必须依照法律法规,合理规范地进行。《土地管理法》还规定:国家依照法定程序在确定征收建设用地后,要有县级以上人民政府发布征地公告,才能实施征用行为。这表明政府在整个征地过程中处于主导地位,意味着土地的征用带有一定的强制性,被征收土地的农民最后的选择只能是接受[25]。

政府发布的征地公告应该尽量详尽,包括批准当次征地的文号、机关以及本次征地涉及的范围、征地直接用途、涵盖的住宅区面积和耕地面积、详尽的征地补偿标准、办理补偿的期限以及安置补偿办法等。随着国家对征收农民土地的重视程度提高,各单位发布的关于征地公告、征地听证的相关规定,都对原有的征地程序问题作出了相应的弥补,但是整个征地程序在实施中还存在着一些不够合理的环节。例如,《土地管理法》中规定:征地补偿安置方案确定后,相关行政单位应当在明显地方或受关注的方式发布公告,并听取被征地的农村集体经济组织和农民本身的意见。但实施过程中,农民的意见往往被忽略,严重影响后续拆迁安置具体工作的施行和开展。同时,当前相关法律中并未明确规定征地者在没有完全支付相关征地补偿费用时,就能开展征地使用工作,导致不少单位在未支付失地农民相应补偿之前,便开始使用征地,加剧了使用单位与农民之间的矛盾。

(3) 农民没有实现知情权和参与权

依照法律程序,土地征用要由县级以上地方人民政府予以公告。但在调查和走访座谈中,有些村民表示,在整个征地过程中没有参加过相关村民大会,政府也没有征求过他们的意见,没有执行"两公告,一登记"(即征地方案公告、安置补偿方案公告、地上财物登记)程序[52]。可见他们的知情权没有得到很好的体现。

此外,他们在整个征地谈判过程中的参与权也没有被合理使用。我国《土地管理法》规定:农村和城市郊区的土地,除了法律规定属于国家所有的以外,其他土地均归农民集体所拥有;农民的宅基地、自留地以及自留山,应当属农民集体所有。农民集体所有的土地意味着其具体的操作权限归村民委员会或村集体经济组织,他们是征地谈判的当事人,形式上代表集体,但却并非完全代表集体中每个人。因为村委会的基本职责之一就是要配合上级领导单位完成拆迁任务以及安置工作,而不仅仅是尽力为村民争取更多的利益。在这个过程中,农民处于相对较为被动的状态,农民个人无权就征地的各项条款发表意见或进行谈判。由此可见,代表集体利益的村委会或村集体组织与村民个人之间存在着一定程度的博弈。

(4) 土地征用缺乏监督

《土地管理法》规定,农村土地的所有权归土地所在的行政村集体所有,政府为了集体利益需要征用农村土地时,必须依照法定程序开展土地利用总体规划的编制工作,编制完成后上报上级人民政府进行鉴定和审批,核准后方可开展下一步的工作。其中,乡镇土地利用总体规划可以直接由省级人民政府授权的地市级人民政府批准,地市级政府要征用农民集体土地也只要市级政府进行审批即可。由此可见,农村集体土地的征用权和审批权均集中在同一政府权限范围内,造成整个土地征用的初衷、执行过程都缺乏严格的监督,同时也导致土地征用权被滥用。

(5) 征地补偿费偏低

国家为了公共利益可以将农村土地征用,将其变为国有资产后予以售卖。这个过程涉及两个问题：一是国家征收农民使用的土地，按照《土地管理法》规定要支付给农民相应的征地补偿费。这些征地补偿费包括土地补偿费（耕地被征收前三年年均产值的六到十倍）、安置补助费（单位农业人口的补助标准为耕地前三年均产值的四到六倍）、地上附着物和青苗补偿（由省、自治区、直辖市进行详细规定）。由此可见，征地补偿标准是建立在土地仍是农业工地的基础上设定的。二是土地被出售后改变了原来的农耕用途，成为建设用地，具有明显的商业价值，其土地增值空间也被拉大，所以仅仅按照农耕用途来计算征地补偿标准，显然是剥夺了农民享受土地增值的权利[52]。

党的十八大报告指出国家未来将逐步开始对征地制度进行改革，提高农民在土地增值收益中的分配比例，维护农民的正当权益。同时，国土资源部耕地保护司于2015年11月份表示，以后对于征地补偿标准偏低的项目，国家将不予通过审查，这也反映出了国家对于失地农民的权益保障的重视。

(6) 失地农民缺少法律援助途径

在我国现行法律制度下，被拆迁人不满意政府的征地拆迁补偿数量时，可向法院提请诉讼，其隶属行政诉讼范围。但农民缺少基本的法律常识和法律意识，于他们而言，法院和政府本就是一家，对政府提起诉讼是根本不可能的事情。而且，大多数农民都支付不起高昂的诉讼费，也不了解怎样利用法律途径进行维权，大多数情况下可能会采用一些非正常的消极抵抗方式，如静坐、上访等。近几年来，在抵抗拆迁的过程中，由于缺乏维权渠道造成不时会发生的被拆迁人员采取极端的方式进行抵抗，如伤害自己身体甚至性命等。

7.3.2 经济排斥

土地是农民的最基本的经济保障，而当前的征地补偿标准普遍偏低，如果农民在失去土地之后无法找到合适的再就业机会，仅依靠较低的补偿进行生活，很容易陷入使家庭陷入困顿之中。

(1) 失地农民受到的经济障碍

农民很难享受集体土地带来的实际收益。首先，《土地管理法》中提到的"农民集体所有的土地归农民集体所有"中的"集体所有"概念界定不清，涉及

第 7 章　城镇化过程中失地农民社会融合

组、村、乡镇三个级别的组织单位,因此在分享征地补偿时,这三级组织都有可能参与其中,导致农民个人可能获得的补偿大打折扣;其次,"集体所有"意味着,农民若在本集体范围内,他们便可享受该权利,他们若退出该集体,则不享有丝毫的权利。农民和集体在权益上的关系是非常难以界定的,加之农民多对此方面的权利意识较为淡薄,权益被侵害还浑然不知。

如在政策性排斥上讲到的,土地征用补偿费的计算是以被征耕地前三年均产值倍数来进行计算的,没有包括间接损失。实际上,随着国家经济的发展,房地产行业推动了房价的不断上升,但农民的征地补偿款的提升速度却并不明显,实际得到的补偿费与土地被用作商用后的增值收益相比差距很大。而农民应当获得的补偿是永久性失去其土地所有权以及购置新住房的补偿,从这个视角来看,农民的合法权利受到严重损害。

安置方式相对单一。一次性货币安置当时是当前最为普遍的征地补偿方式,即征地单位一次性付清所有被征地农民的所有补偿款,不再承担后续的经济支持和帮扶义务。对于征地单位而言,该方式迅速划清了与农民之间的界限,避免产生过多的纠纷;但对于农民而言,一次性获得大量资金补助,很多可能因为规划不周而产生挥霍消费的观念,丧失再就业的信念,不利于失地农民的可持续发展。同时,相对于土地的不断增值来说,农民手中的货币更容易贬值,加之农民工普遍不善于投资,获得的一次性补偿很容易在几年后产生严重缩水。

(2) 失地农民受到经济排斥

失地农民失去了土地作为基本的生活保障,那就不得不寻求新的经济来源,进入城市后需要解决的第一个问题就是再就业。但由于内外部因素的影响,失地农民进入城市后并不能顺利地实现就业。

从农民工内部因素来讲,首先,他们由于长期生活在农村,从事重复性的体力劳动,整体素质偏低,职业技能不高,社会适应能力差,对新事物的接受速度较低,很难找到工资待遇较高的工作;其次,面对运行节奏相对较快的城市生产经营活动,很多失地农民面对扑面而来的信息不知道如何收集和处理,难以适应信息现代化工作要求;第三,失地农民竞争意识不强,在城市工作时对工作性质要求较低,对自身的要求也较低,没有自我提升的概念和意识。

从城市整体环境因素来讲,城市对于失地农民的吸纳能力是有限的,大规模的城市扩张致使大量失地农民的出现,但城市体系现有模式的运转并不能及时提供相应数量的就业岗位，仅仅能够满足部分就业需求。城市的就业服务体系建立的初衷是解决城镇居民的就业问题，对于失地农民的适用性还不强，加之政府财政对于失地农民就业培训方面的支持力度还不强，保障失地农民再就业还任重道远。

除了就业问题，生活成本的增加也为失地农民的经济水平增加了压力。征地前后，由于失地农民的生活习惯不会发生突发性变化，他们在衣食住行等基础性消费上的支出并未发生特别明显的变化。但是社区生活的水电费明显增加，物业费从无到有，煤气、燃气、暖气等费用也大大增加，这在失地农民入住社区前期造成极大的经济不适应感。

7.3.3　文化排斥

文化排斥是指某些社会群体或个人不认同主流社会群体的文化、价值观等，继续保持自身的风俗习惯、行为方式、宗教信仰等，故而被摒弃在主流社会之外的现象。在二元化社会结构的长期影响下，我国的城市和农村形成了带有地域特色的文化传统和风俗习惯。

（1）生活方式

新中国成立以来，我国设置了城市和农村两种不同形式的制度形态，利用农村资源来更好地发展城市，造成了社会发展中城市生存环境与农村的巨大差距以及在生活方式上的较大差异。农民的生活方式相对单一，生活规律与农作物生长规律相关，农忙时会很忙，每天早起晚睡，吃不上饭；农闲时基本没什么事情。城市生活比较规律，作息时间和一日三餐的安排基本相同，一般不会有什么变化，且城市生活比较丰富多彩，不像农村那样单一。

（2）思想观念

我国是一个农业大国，农民基数大，耕地总量多。长期的农耕生活让农民养成了较为封闭的思想观念。他们对家乡和家庭有较深的依赖，一辈子的生活基本靠体力，一辈子的积蓄基本为儿女；思想因循守旧，多从事务农、泥瓦工等体力工作，不愿意或者缺少其他自营创业渠道；生活闲散自由，不愿意受规章制度的约束，失地农民进城务工，宁愿扎堆在马路边寻找散活，也不愿到就业大厅寻求职位信息的原因也在于此。而城市居民已形成了一套与市场经济相对应的价值观。与城市居民相比,失地农民不止没有权利意识、理性认识、法制观念、现代市场意识,还保留着封闭、安贫乐道、均平等传统价值观。

7.3.4 社会保障排斥

在我国,由于城乡二元经济结构和财力有限等,社会保障制度主要是以城镇居民为保障对象,占总人口近70%的农村人口并未被很好地覆盖。这就意味着,土地本身承担着农民的基本生活保障、发展保障、就业保障以及养老保障的责任,是农民生存发展的基本生活来源[52]。

(1) 失地农民保障水平下降

对于农民来说,土地就是一切的保障。因此,在城镇化时,农民不应只是实现身份转变为市民,而应与原市民一样,被纳入城镇居民社会保障体系,享有同等的福利待遇。从这个角度来看,农民的土地被征用后,征地单位为其提供的一次性经济补偿与比较稳固的土地保障相比,农民的权益实际上受到了损害,保障水平和以前相比也有所下降。

(2) 传统养老保障功能弱化

社会保障的基本目的是保障居民最基本的生活需求,其对象主要以城镇居民为主。随着社会的进步与发展,国家社会保障的对象范围也在逐步扩大,但作用效果现在还不明显。当前,我国城镇居民、失地农民和一般居民享受的社会保障还存在一定的区别,如图7-1所示。

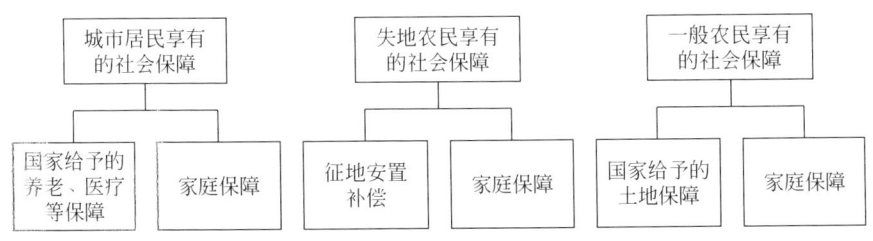

图7-1 城镇居民、失地农民、一般农民享有的社会保障比较[52]

(3) 现行社会保障制度排斥力明显

农民因其赖以生存的土地被置换出来而成为失地农民,他们不在城镇居民社会保障的范畴之内,国家也未建立起与失地农民身份衔接融洽的具有针对性的社会保障体系,只有个别地区开始尝试性地将失地农民归置在城镇居民的范畴,对其社会保障进行管理和服务。

按照正常程序推算,失地农民失去土地后,其农业户口存在的意义几乎为零,也就是说政府会指导其建立起城镇户口,为其纳入城镇居民的社会保障体系提供了最基础的户籍保证。但在实际生活中,失地农民的养老保险、医疗保险、失业保险以及其他种种社会保障,在建立的过程中还存在许多其他困难。城市居民长久性地享受着国家优质的资源,享受着各种失业、工伤、养老、医疗等保险,享受各种丰厚的税收优惠,但对于失地农民这些却还处于为起步的阶段。从该角度来看,失地农民较之城镇居民在社会保障方面受到了严重的排斥。

7.3.5 社会网络关系排斥

农村地区主要以血缘和地缘构成的社会关系网络为主,农民失去土地后,原有的生产方式发生转变,原有的交往关系也被打破,原有的社会关系逐步弱化。但其融入新的社会群体需要较长的过程,初期的社会交往容易产生较为明显的排斥。

(1) 亲缘关系排斥

传统的农村生活,大家依靠血缘和地缘的关系紧密地联系在一起,"家族"思想较为深厚。随着城镇化进程的深入,农民土地被置换出来用于经济建设,市场经济的观念也开始影响失地农民的思想和态度,他们开始寻找与外界的联系和合作,传统的社会关系网络被逐步拓展和稀释,失地农民的价值观也发生了重大改变。没有土地,失地农民需要寻找新的发展方向,由于亲朋之间的同质性很难有较好的出路,因此他们会选择更有发展渠道的新伙伴,发展新的社会网络关系。失地农民在失去土地后面临着亲缘关系弱化的局面。

(2) 业缘关系尚未建立

我国农村的社会关系网络主要是以地缘和血缘为纽带构建的，而城市多以业缘关系为基础。因此，对于缺乏稳定就业关系的失地农民而言，由于传统认知的局限性和生活方式模式化存在，他们很难在新的城市环境中迅速建立起自己的社会关系网络。加之，失地农民普遍在工资待遇差、稳定性差的建筑业、制造业以及服务业等行业工作，接触到的人员层次和自己相差不大，同时也面临着自身工作的更换或身边人员工作的更换，很难建立起较为稳固的业缘关系。

7.4 提高失地农民社会融合度的对策建议

提高失地农民的社会融合度需要逐步消除失地农民的社会排斥，提高农民工自身的素质，增强心理认同，以社区为基本单位开展各项有助于失地农民与本地居民沟通交流的活动。

7.4.1 消除社会排斥

消除社会排斥，促进社会融合，应该从以下几个方面着手。

(1) 完善现行土地征用制度

伴随着城镇化、工业化的推进，城乡之间的人员流通以及土地流转发生了巨大的变化，政府应当根据新形势的变化完善原有的土地征用制度和出让制度，建立新的土地流转规则，逐步放开土地市场。

明确《土地管理法》中"公共利益"的范围，界定好归属；对"农村集体非农建设用地不能出租、转让、抵押"的规定予以修改，只要符合政府土地利用规划，就应该允许土地所有权人和土地征收者利用协商的方式转让土地使用权，即用开放土地市场逐步代替现行的征地制度，国家的角色也由原来的征地执行者变成土地的监督者。

明确《土地管理法》中的"农村集体"土地产权的主体和权能，真正做到维护失地农民的合法权益。国家可将农村集体土地的所有权收归国家所有，将所有权之外的使用权、收益权等归土地承包者拥有，并将土地无限期或更长时期地承包给农民,国家为了"公共利益"有权限征用土地改作他用。此举不但能使农民直接获得较多的土地增值收益,还能促进农耕土地使用权的流转,实现土地价值向市场价值靠拢。政府为了"公共利益"征用土地时,可派出代表与农民进行洽谈,按照市场价值征收土地,这一方面能够维护农民的收益,另一方面也使政府为征用土地付出更高的成本,遏制盲目征地行为[52]。

合理补偿失地农民的利益损失。国家现已对原有征地补偿制度的不合理性有了一定的关注,新的征地补偿方案也在积极的调研和协商之中。改进后的征地补偿费应该包括土地赔偿费和土地征用费两部分。其中,土地赔偿费中原有的青苗、地上建筑物等归属权清晰,直接由土地征用单位一次性交付给失地农民即可,失地农民未来发展所必需的最低生活保障、住房保障、各种社会保险及就业培训与子女教育等费用的赔偿,可以直接交付给国家,由政府部门作为补偿发放单位,连续性地、规范性地开展对失地农民的接受工作、安置工作、培训工作以及帮扶工作;土地征用费也可以作价入股,由被征地农民或代表与征地单位进行一对一协商,通过签订有效合同的形式取得优先股,逐步获取长期收益。

健全征地监督机制。监督的主体不能与征地主体一致,因此建立多元化的监督主体是第一步。可以实现中央政府垂直领导制,让土地行政主管单位脱离地方政府的管制,同样可以设立独立于政府部门的专门仲裁机构,用以解决征地过程中出现的各种纠纷,增强司法权对征地行为的监督;可以鼓励农民建立自治组织,畅通农民的利益表达渠道,增强其自身的维权能力。第二步就是建立全方位的监督体系,在审批时把好关,在征地过程中对土地补偿费的落实予以监督,对征用后土地的使用情况进行追踪。

(2) 完善失地农民社会保障制度

社会保障体系主要由资金的筹集、监管,运行机制、运营模式、保障内容等几个方面构成,社会保障体系的总体框架见图7-2。

农民本身的生活水平就低于城镇居民,部分农村土地又被置换出来用作经济建设,农民失去了土地保障的最后一道防线。因此,失地农民最应该享受到最低生活保障、子女保障、医疗保障以及养老保障等。

最低生活保障的对象是家庭人均收入低于当地城镇居民最低生活标准的失地农民。他们刚进入城市生活,面临着比城市居民更多的生活压力和更高的生活成本,因此要提供给他们与城镇居民最低生活保障相同的标准,以维持失地农民的

第 7 章 城镇化过程中失地农民社会融合

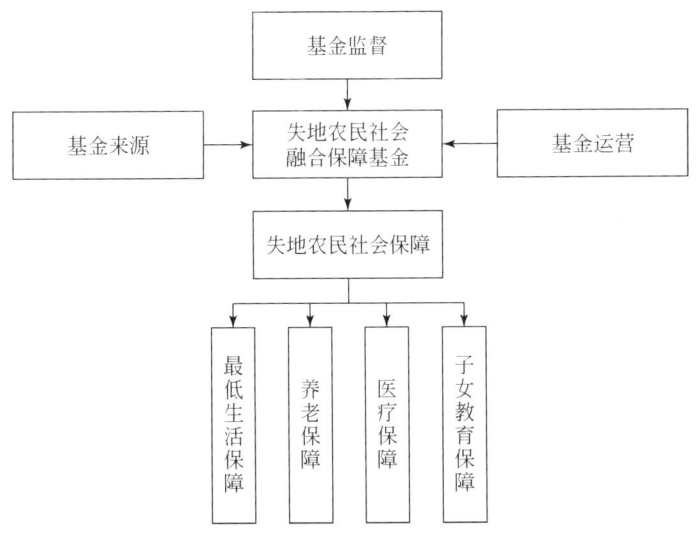

图 7-2 失地农民社会保障体系总体框架

基本生活。

子女教育保障是失地农民的家庭保障的重要部分。近年来，教育向着产业化发展，费用变得越来越高，在一定程度上影响到失地农民家庭的正常生活水平。如果子女没有接受良好的教育，就会走父母的老路，面对同样的生活困境和压力，也无法很好地去赡养父母。失地农民子女教育保障，一方面可以防止新生代失地农民问题的出现，另一方面也直接解决了现在失地农民的重要问题。因此，政府应当积极调整政策，确保失地农民子女可以和城市居民子女一样享受城市的优质教育资源，并为其提供必要的财政支持，建立定向教育基金。

失地农民医疗保障制度的建立要以现有的城镇职工基本医疗保险制度为基础，结合农村合作医疗、大病报销、二次报销等相关实践的经验和教训开展。在具体开展的过程中，要以年龄为变量进行不同标准的医疗保险办法的设定。此后，在年龄的基础上，通过是否具备再就业的能力进行划分。若有再就业的能力，只需要在其就业成功时转入城镇医疗保险体系中即可。

养老保障是维持失地农民"可持续"生计的前提条件，应该建立"分年龄、广覆盖、低水平、多层次"的养老保险模式。

(3) 建立失地农民就业支持系统

1) 设置针对农民工的就业培训机构。从调研情况看，农民工的就业问题主要源自三方面情况：农民工自身信心不足、就业途径狭窄、工作技能相对欠缺。设置相应的就业培训机构就可以教授工作技能，改变就业心态，提高相应的就业水平和工资收入。①做好工作技能培训。结合农民工的实际情况（如学历、年龄、身体状况等），综合分析市场人才需求状况，政府应该出资，相应的培训机构辅助承办，培训农民工的工作技能和知识。②思想观念的培训。进城农民工的传统思想观念和价值观已经不再适合城市生活发展，只有改变原有思想观念，适应吸收城市里的现代思想观念，农民工才不会在激烈的市场经济竞争中被淘汰。③基本生活知识的培训。包括基本礼仪、法律法规、交往技能、文明等方面的内容，这些都为农民工融入城市打好了基础。

　　2）开通司法援助和法律救助渠道。农民工在政府征地过程中权益遭受损害时，没有得到相应的法律援助，这主要是因为他们负担不起法律援助程序中的费用、时间、精力、法律知识等。开通有效的司法和法律援助渠道，就相当于建立了帮助农民工维权的绿色通道。

　　3）增强社会服务。为农民工提供各种社会服务，以实现失地农民能更好就业，这些服务应该包括：①提供工作信息。运用大数据技术、现代的传媒手段以及政府组织召开的专场招聘会等多种途径，有针对性地提供就业信息、招聘信息给农民工。②及时提供就业咨询。信息咨询机构或法律救助机构要及时为农民工开通就业信息咨询渠道，提供相应就业咨询，如用人单位缴纳各种社会保险的有关法律规定，劳动合同的相关要求等[52]。③为失地农民工提供幼儿教育服务。目前相对较好的幼儿教育服务机构，费用都相对较高，不适合失地农民家庭，简单的幼儿教育机构又不能达到预期的效果。因此，必须综合考虑农民工的实际情况，相应地设置满足农民工需求的专门幼儿教育服务机构。

7.4.2 提升失地农民素质

　　失地农民在进入城市后，要不断去适应城市生活的各种规律，在行为、思想、心理等方面做出改变，以提高整体素质，适应城市生活。首先，转变思想。在座谈调查中发现，有些失地农民并没有积极主动地去解决当前困境，只是一味地希望政府予以较多补偿，不考虑其他方面。因此，农民工必须改变原有的传统惰性思想，鼓励他们更好地去学习、适应城市生活。其次，学习并适应城市生活习惯、行为习惯，较好地融入到市民群体中去。最后，培养现代生活意识。此外，政府、社会机构以及城市居民应该积极帮助农民工适应城市生活。例如，政府开设知识和工作技能培训机构，为农民工提供好的居住环境，使用现代的传媒技术正确引导农民等，都可以促使农民工更好地适应并融入到城市中去。

7.4.3 增强心理认同

融合是一个相互的过程，失地农民要从心理上逐步认可城市社会，主动与城市居民交往，城市居民也要对失地农民进行接纳和包容，从行为和心理上接受失地农民，这样双方才能更好地发展下去。

(1) 改善城市舆论环境

政府应从根本上支持农民工和失地农民进入城市，创建一个良好的舆论导向，使媒体发挥好舆论的引导作用，指引城市居民和各个工作单位正确认识并积极接纳没有土地的农民工，创造各种机会促进农民工和城镇居民的交流沟通，增加相互之间的了解和信任，推进相互的理解和认同。

(2) 提高失地农民的城市社会参与度

失地农民在土地被征用后大多被集中安置在新的社区中，而失地农民历来以村落方式聚居生活，转换为社区生活之后会产生一定的不适应。社区行政单位应当多组织开展相关活动并让失地农民参与其中，如允许其在居住区的政治选举活动中发挥选举权，发表选举意见，参加社区召开的各种类型和各层次的居民大会或者业主代表大会等，增强其对社会的归属感。同时，社区行政单位以及社区原住市民应当积极鼓励和适当引导失地农民参加各种适合自身发展的社会组织中，拓展自己的人际交往面，通过提高失地农民的组织化程度，提高他们社会参与度。同样，各地区政府也应当积极筹措相关融合措施，如举办各项文艺活动等，借助街道、社区等平台，积极发动和组织失地农民参加到活动的筹备以及表演中来，促进失地农民对城市社会的认可和归属感。

(3) 改善失地农民的城市社会网络关系

提供各种机会扩大农民工在城市中的社会网络关系，让其从社会网络中获得社会认可。对于农民工来说，社会网络关系无疑是一种重要的社会资源，它也可以使失地农民得到更多的社会关注与认可，包括获得信息、帮助、资本、机会等。从社会网络关系来看，农民工和市民的融合就是他们的生活和行为方式及观念意识日趋相同。根据调查得到，政府采用以整个村为整体安置进入小区，这样农民工的社会网络关系仍然局限于血缘和地缘等关系，他们的交流范围并没有发生大的变化，所以建议采取双方混住的方式，打破原有的思想层面的隔阂，改善双方的人际关系网。

7.4.4　加强社区建设

作为失地农民进城后的主要生活场所，社区可以较好地促进失地农民建立自己的人际关系网，在其适应新生活中起到了积极的作用。目前，在加强社区建设进程中也出现了一些问题，如社区管理体系不完善、社区工作者素质相对较低、混合社区居民和失地农民交流存在障碍、社区居民大型活动参与度较低等。加强社区建设，活跃社区生活，增强失地农民适应新生活机制，促进社区居民和失地农民的融合。①提高社区工作者的素养，更全面地帮助和服务农民工；②加强社区公共基础设施建设，为农民工提供文化娱乐设施、社区文化宣传栏、社区广场、健身设施等，这可以加强农民和市民的沟通和交流，帮助农民工更好地融入城市生活；③优化社会环境，使得居民能够认同农民工并使农民工产生归属感。④制定相应的制度体系加强居民的参与度，社区定期组织召开听证会或居民大会商讨关系到社区居民共同利益事项，逐渐形成制度体系。

7.5　河南省洛阳市伊滨区失地农民实证研究

7.5.1　调研对象选取

洛阳市伊滨区作为省政府确定的城乡统筹改革发展试验区和洛阳市城乡一体化示范区，包含5个乡镇，共106个行政村，总面积为280平方公里，现住人口25.5万人。按照伊滨新区总体规划，在洛阳城郊、伊河南岸的诸葛、李村等乡镇平原区域的35个行政村将面临整体拆迁，总面积52平方公里，拆迁共涉及2.9万户、12万人口，拆迁总面积约5.5平方公里，780万平方米的房屋，其中

第 7 章 城镇化过程中失地农民社会融合

村庄占地面积共计1.5万余亩。洛阳新区拓展区撤村并城项目旨在新建10个现代化城市社区安置被拆迁村民，高层安置楼357栋，而10个安置小区的总占地面积仅仅为3551.2亩，这意味着1.2万亩土地将被有效置换出来，为伊滨区乃至洛阳市的飞速发展提供充足的土地资源。

当前建成并入住的小区是位于诸葛镇的福民1号安置小区，占地约420亩，计划安置诸葛镇诸葛村、刘井村、韩村共2358户11596人。小区规划建设18层以上高层建筑49栋，户型分为60平方米、80平方米、120平方米和180平方米四种，总建筑面积62.5万平方米，容积率2.73，建筑密度22.7%，绿地率46%。该小区于2010年3月开工建设，2013年8月完工。从2013年11月起到2014年春节前逐渐入住，截至调研时间（2015年7月），小区已安置入住诸葛镇诸葛村、刘井村与西韩村村民共计两千余户，人口1万多人，入住率达到90.6%。该社区居民居住时长逾1.5年，处于稳定阶段。故研究小组以该小区为研究对象，进行调研。

7.5.2 调研目的

随着城镇化蓬勃开展，土地征用规模不断扩大，拆迁安置社区居民已经成为这一特定时期的特殊群体。撤村并城的失地农民其社会融合问题主要在于赖以生存的土地被置换出来用于工业建设，自身由种地农民变成了入住社区的居民，在居住方式、生产方式、生活方式等各方面都出现了巨大的变化。农民被拆迁安置后在现实生活中还存在很多问题，解决该群体在身份转型和职业转化中出现的各种问题，丰富他们的生活，不仅关系到该群体的权益保障的实现，而且影响到城镇化战略的实施，因此开展对拆迁安置社区居民生活状况的研究具有重要的现实意义和理论意义。

（1）拆迁居民生活方式转变

狭义上，生活方式指的是个体及其家庭的生活行为方式，主要有日常的吃住穿带行以及业余时间的利益等。广义上，生活方式指的是居民全部生活行为的方式和特性的统一体，其主要由劳动生活、消费生活和精神生活（如政治生活、文化生活、宗教生活）等活动方式构成。生产方式不仅仅是生活必需资料的生产，在某种意义上来说，更是拆迁居民的活动方式，他们通过这些方式来表达自己的生活。

拆迁不仅仅只是地理位置上的迁移，还涉及居民居住环境、经济活动、人际交往等各个方面的改变。本次调研的目的之一是了解诸葛村、刘井村、韩村三个村庄居民搬迁至大社区后生活方式的变化。

(2) 居民对大社区的生活适应情况

生活适应指的是居民通过合理地调整和管理自己内在的心理机制，来较好地适应外在的种种社会环境和自然环境。而所谓生活适应不良，指的是居民没能适应自然环境或社会环境的变化而产生的自身内在的心理失衡状态。

截至目前，诸葛村、刘井村、韩村三个村庄的居民搬迁进新社区已有一年半时间，各年龄阶段的居民对现在的社区生活适应程度如何，这是本调研开展的第二个目的。

(3) 居民对大社区的满意程度

本文综合分析心理学理论、顾客满意度概念和社区居民满意度的研究成果，通过比较居民以前的居住环境、自身对新社区的事前期待及事后实际得到的社区环境及生活服务感想，得出居民的满意度，即自身的需求能否得到满足的主观评价。

伊滨区福民工程1号安置小区经过一年半的发展各方面都得到了不断完善，居民对社区周边商铺、道路、绿化、健身场地、物业服务等方面是否满意，社区居委会的服务又如何等，也是本次研究的主要研究内容。

(4) 建立拆迁居民"大社区"生活满意度评价模型

社区在一定程度上也可以被称作商品，这种特殊商品既具备了有形的硬件设施，又包含了无形的管理服务，具备商品的一般属性。社区管理以追求居民高的满意度为目标，而居民的满意度是居民长期生活在社区环境中逐步通过接触、参与、感知等方式积累起来的综合心理效应，是一个多维度的动态性指标。居民满意度的测量可以通过实地调研获取他们对社区生活质量的评价，更深刻地找到左右他们满意度的原因，为居民满意度评价以及社区质量评价提供切实有效的指标。

基于此，本书最终选用主成分分析和层次分析的方法来构建洛阳市伊滨区拆

第7章 城镇化过程中失地农民社会融合

迁居民社区生活满意度的评价指标模型，有效配置社区建设与管理资源，提高社区居民满意度，实现和谐、宜居的生活家园。

7.5.3 研究方法

不同年龄不同阶层的居民在对社区的需求、关注度、依赖程度、参与度及主观评价存在明显的差异，但是这些又都属于影响社区居民满意度的因素。所以，本书以年龄为变量，从3个村子随机抽取360个居民作为样本。入选对象都必须具有以下条件：①必须是具备至少1年居住时间的本地居民或是外来居民；②具有正常思维能力的居民；③必须是自愿参与并可以实事求是地进行测试的居民。

本问卷共有27个题项，经过测试，每份问卷所需的访谈时间约为15~20分钟。问卷首页简要地介绍了调查目的、调查单位。1~6题为调查对象的基本信息，7~17题主要反应生活方式的转变情况，18~25题反应居民对当前小区各部分的满意程度，26~27题反应居民对小区的情感。

本研究采用量表作为定量研究方法，量表采用李克特（Likert）5点尺度的量表形式，问卷中18~25题的答案分别为"非常满意"、"满意"、"不确定"、"不满意"、"非常不满意"等几种形式的选项。量表均设为逆向题，问题顺序由高到低排列，答题得分为5、4、3、2、1[50]。

洛阳市伊滨区拆迁居民"大社区"生活满意度调查问卷

社区朋友您好：

本调研旨在了解诸葛小区居民当前对社区居住环境的适应程度，所获得的调研结果全部用于学术研究，不会外泄！

问卷填写说明：

填空题请如实填写；选择题请在选项上直接打对勾即可。

调研人：
河南科技大学管理学院
2015年7月

【1】您的性别 _____

【2】年龄：_____岁

【3】原住地址：_____镇_____村

【4】原来的职业：_____ 现在的职业是：_____

【5】文化程度：_____

【6】家庭年平均收入：_____元

【7】您搬入该社区多长时间了？_____年零_____个月

【8】您原来家中_____间房？住_____口人？

【9】您家现在分_____套房？

【10】您现在住在几楼？_____楼

【11】您选择哪种方式上楼？

    A. 步梯   B. 电梯

【12】您家中有上小学的孩子吗？[有，继续12-1，12-2；没有，跳至13题]

【12-1】您孩子原来在_____上学，到达学校的单程时间大约为_____分钟？

【12-2】您孩子现在在_____上学，到达学校的单程时间大约为_____分钟？

【13】您所在社区周边是否有大型商场？

    A. 有，转13-1   B. 没有，转13-2

【13-1】您对距离最近的大商场满意吗？

    A. 非常满意 B. 满意 C. 一般 D. 不满意 E. 非常不满意

【13-2】您到最习惯去的大商场大约要多久？_____

【14】每月家庭开支是否增加？

    A. 基本没变化 B. 有所增加，每月增加大约_____元

【15】您原来的串门次数？_____次/周

【16】现在的串门次数？_____次/周

【17】您对生活方式的转变适应吗？

    A. 非常适应   B. 适应   C. 一般   D. 不适应   E. 非常不适应

【18】您对所在社区的日常生活服务，如便利店、菜市场、服饰店等满意吗？

    A. 非常适应   B. 适应   C. 一般   D. 不适应   E. 非常不适应

【19】您对所在社区的道路、建筑外观、绿化等满意吗？

    A. 非常适应   B. 适应   C. 一般   D. 不适应   E. 非常不适应

【20】您对所在社区的公共服务设施，如健身场地、医疗所等满意吗？

    A. 非常适应   B. 适应   C. 一般   D. 不适应   E. 非常不适应

【21】您对所在社区周边的交通便利性满意吗？

    A. 非常适应   B. 适应   C. 一般   D. 不适应   E. 非常不适应

【22】您对所在社区的治安环境满意吗？

    A. 非常适应   B. 适应   C. 一般   D. 不适应   E. 非常不适应

【23】您对所在社区的物业服务，如卫生、房屋维修等满意吗？

    A. 非常适应   B. 适应   C. 一般   D. 不适应   E. 非常不适应

【24】您对社区居委会服务，如保障、再就业等满意吗？

    A. 非常适应   B. 适应   C. 一般   D. 不适应   E. 非常不适应

【25】您对社区文明，如邻里关系、文化活动等满意吗？

    A. 非常适应   B. 适应   C. 一般   D. 不适应   E. 非常不适应

【26】您愿意长期居住在本社区吗？

    A. 非常适应   B. 适应   C. 一般   D. 不适应   E. 非常不适应

【27】您对社区未来发展的要求和建议：＿＿＿＿＿＿＿＿＿＿＿＿＿＿

_____

_____

_____

_____

2015年8月10日上午，调研小组4人首先对安置小区的4个苑区（西韩社区、刘井社区、诸葛社区南院、诸葛社区北院）周围的商铺、公共服务、绿化、交通等情况做了基本了解；2015年8月10日下午，调研小组向伊滨区政府、居委会、物业公司等有关人员了解了有关失地居民的生活适应情况；在8月11~15日向小区居民发放问卷，每个苑区设计调研样本90份，总计360份。同时，还开展了为期5天的单人访谈，访谈采取随机抽样的方式，调研小组每组1人，走进社区，选择合适调研对象开展访谈。

7.5.4 数据统计与分析

随机抽取该社区3个村庄共360位居民构成样本进行问卷调查，回收有效问卷341份，其中男性240人，女性101人；18岁以下9人，18~30岁30人，31~40岁130人，41~50岁105人，50岁以上49人。在教育程度方面，未上过小学的有58人，小学学历142人，初中学历99人，高中及其以上学历水平42人。调研对象的基本情况整理如表7-1所示：

表7-1 福民1号安置小区调查基本信息表

福民嘉苑	有效样本	性别		年龄					文化程度			
		男性	女性	18以下	18~30	31~40	41~50	50以上	小学以下	小学	初中	高中及以上
韩村社区	88	69	19	2	14	35	23	14	15	36	25	12
刘井社区	83	62	21	2	8	30	32	11	17	32	26	8
诸葛北社区	86	53	33	1	15	32	26	12	12	40	21	13
诸葛南社区	84	56	28	4	11	33	24	12	14	34	27	9
合计	341	240	101	9	48	130	105	49	58	142	99	42

调研过程中，针对第14题"每月家庭开支是否增加？大约增加在哪些方面？每月大约增加多少？"的访谈中，32.6%的居民表示每月生活成本增加不到500元，24.3%的居民表示每月增加500~1000元，28.1%的居民表示每月成本增加1000元以上。此外，还有12.9%的居民表示每月的生活支出金额基本不变，这些参与者大多为"50岁以上"的受访群体，他们认为"不管外面的东西多贵多好，有钱就买，没钱就不买。俺们没啥收入，每月就那么多钱，就花那么多钱"。

第7章 城镇化过程中失地农民社会融合

表7-2 搬迁后家庭开支变化

家庭开支	增加			不变	减少	无应答
	500元以下	500~1000元	1000元以上			
人数	111	83	96	44	0	7
比例	32.6%	24.3%	28.1%	12.9%	0%	2.1%

1) 用水、天然气、暖气费用增加。调研过程中，90%的受访者对水费由原来的1.5元/立方米提升为现在的2.9元/立方米表示不满。因为村庄居住时，不少村民吃饭用自来水，但洗衣等还可以自己打井取水；住上楼房后所有的用水都只能是自来水，用水量大且水费提升，成为许多居民不满意的地方。此外，村民拆迁前多使用煤球，夏季将煤炉置于院中，冬季将煤炉置于房中，还可以取暖，但需要定期购置煤球和处理煤渣，搬进小区后有统一的天然气配送，冬季有暖气供应。天然气的便利性解决了购置煤球、处理煤渣的繁琐，同时成本上也有所提升，冬季供应暖气的几个月成本明显增加。

2) 食物开支方面。农民在农村的日常食物大多都是自给自足。迁居城市后，虽然居民对城市生活总体满意度还好，但一部分人担心会入不敷出。对于经济条件不太好的居民来说，生活必需品开支的增加无疑加重了生活负担。关于当前菜价问题的统计分析得出，能完全接受的占2%，表示能接受的占58%，但觉得稍贵；不能接受的占40%，觉得太贵，见图7-3。

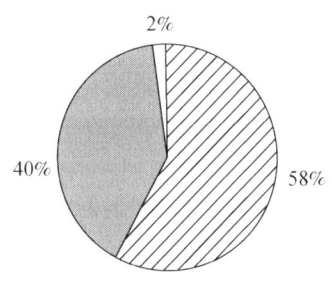

图7-3 居民对当前菜价的接受情况

3) 出行便利，成本也有增加。调研过程中发现，拆迁前诸葛镇各村庄，房屋建筑密集，多为窄巷，随着农民生活水平的提高，购买轿车人群增加，窄巷居住已经不适应现代的发展。环境方面，拆迁前各家户的生活垃圾常置于村边的水沟中，影响环境质量，新建小区中每日垃圾有人处理，非常方便。由此可见，村民的适应需要一定的时间，但整体的转变是顺应时代变化的。

调研问卷第15、16题项从居民最基本的人际交往着手，统计拆迁前后居民串门的次数（表7-3），以此为切入点，探讨拆迁前后生活方式转变的各个方面。

表7-3 居民拆迁前后串门次数对比表

年龄	原来每周串门次数					现在每周串门次数				
	0	1~2	3~4	5~6	7	0	1~2	3~4	5~6	7
18以下	2	3	2	2	0	5	3	1	0	0
18~30	5	23	14	5	1	38	7	3	0	0
31~40	12	44	36	26	12	88	34	8	0	0
41~50	6	39	41	17	2	67	32	6	0	0
50以上	13	9	12	15	0	35	9	5	0	0
合计	38	118	105	65	15	233	85	23	0	0

1）人际关系网络发生变化。农民的人际交流丰富多样，主要的交流方式有饭后的串门、闲聊是相互间交流等。邻里互帮互助、关系和谐融洽。在深层次调研过程中，不少居民反应刚搬过来的前两个月很难适应"关门而居"的生活。以前去邻居家，大门敞开或虚掩，进门就能大喊邻居姓名，情意浓厚；现在房门紧闭，串门还需要不断敲门，心里说不出的滋味，宁愿门口打电话让其开门。关于现在新的邻居关系的问题（图7-4），38%的居民觉得能够相处融洽，经常串门；42%的居民表示只是点头之交，擦肩而过；20%的居民表示不认识。居民不像在农村那样交流、互帮互助，感情无法诉说，没有归属感和安全感，居民的幸福指数明显下降。

2）家庭经济来源结构发生变化。对于农民而言，闲时外出打工，农时在家种地是其基本生活的写照。诸葛镇人均耕地约为0.9亩，按照每家5口人中4口人有地来计算，1家平均有地3.6亩。洛阳市玉米价格在0.90~1.05元/斤（均价为0.975元/斤），亩产约1300斤；小麦价格约为1.2元/斤，亩产约为1100斤，每户家庭种地的年收入约为9315元。一位受访者给我们算了一笔账：他家原来有5亩4分地，每亩地收小麦1200斤，每斤1.17元；玉米1300斤，每斤1.02元，一年两季粮食毛收入约1.47万元。而化肥、农药、种收、浇水等成本，每亩地每年要1200元。一家人忙活一年，剩下八千多块钱。尽管现在种地赚钱

第7章 城镇化过程中失地农民社会融合

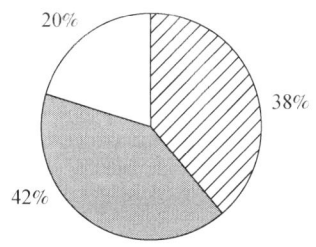

图 7-4 居民对新的邻里关系的看法

不多,但对于世代种地的村民而言,家里有地能解决日常的开支。变成居民以后,土地被征收,家里人都要找其他的活儿干,年轻人在外面生活方便,但中年人找到合适的工作却不是一件易事。此外,居民对农用工具的处理方式也各有不同。

3) 休闲方式发生变化。调查中发现,87%的中老年受访者表示,现在的休闲方式多数是待在家里看个电视节目,偶尔下到小区转转,看看围棋,聊聊天。一方面是因为熟悉的老邻居现在已经不在同一单元或者同一楼层,约见不方便;另一方面,小区内部的休闲娱乐设施的使用者多为儿童,老年人的使用率并不高。此外,不少50岁左右的大娘反映,以前家里夏天种茄子、豆角、番茄、黄瓜、韭菜,冬天种点白菜、萝卜、洋葱、大蒜,家里有点葡萄藤、枣树、无花果树等,也是别有一番滋味,现在是不可能了。拆迁前,家里的小猫、小狗都是散养,随意在村子里乱跑,现在搬到楼上,不但养不了家禽,小宠物也不得不放弃。

4) 生活便利。天然气、暖气取代煤球。不少年轻人表示,之前村庄道路狭窄,村中交通以摩托、电车、自行车居多,现在住进小区了,停车场很方便,不少住户都购置了轿车。

拆迁居民从村落生活走入社区高楼生活,其生活方式必然要发生变化。经过一年半的新社区生活,居民对这种生活方式的转变是否适应也是我们密切关注的问题。在问卷的第17题,让被访谈者对自己当前的适应情况进行打分,"非常适应、适应、一般、不适应、非常不适应"依次对应"5分、4分、3分、2分、1分"。

表 7-4　居民生活方式转变适应程度调查

年龄	非常适应	适应	一般	不适应	非常不适应
18 以下	5	4	0	0	0
18~30	5	19	16	8	0
31~40	3	94	22	11	0
40~50	0	60	12	30	3
50 以上	0	39	0	7	3
合计	13	216	50	56	6
比例	3.8%	63.3%	14.7%	16.4%	1.8%

调查结果显示，67%的居民认为自己已经适应或非常适应现在的生活；15%的被访谈者觉得一般；约18%的居民认为不能适应现在的生活，其中非常不适应的占1.8%，年龄段在40岁以上。大多数居民认为，小区中居民还是原来村中的村民，能够融洽相处。

7.5.5　满意度测评

一年多的新社区生活让居民对整个社区的运行情况基本了解，掌握居民对社区整体的满意情况，有助于提升社区物业的整体服务质量、为社区居委会的工作改进提供建议。在问卷的第18~25题，我们让被访谈者对当前小区的整体情况进行打分，"非常满意、满意、一般、不满意、非常不满意"依次对应"5分、4分、3分、2分、1分"。

项目	A 非常满意 (5分)		B 满意 (4分)		C 一般 (3分)		D 不满意 (2分)		E 非常不满意 (1分)		平均得分
	人数	比例	人数	比例	人数	比例	人数	比例	人数	比例	
社区日常生活服务	28	8.2%	156	45.7%	129	37.8%	28	8.2%	0	0	3.54
社区居住环境	71	20.8%	185	54.3%	57	16.7%	28	8.2%	0	0	3.88
社区公共服务设施	28	8.2%	168	49.3%	103	46.4%	42	12.3%	0	0	3.53
社区周边的交通便利性	0	0	71	20.8%	158	46.3%	57	16.7%	55	16.1%	2.71
社区的治安环境	14	4.1%	229	67.2%	57	16.7%	41	12.0%	0	0	3.63
社区物业服务	42	12.3%	186	54.6%	71	20.8%	42	12.3%	0	0	3.67
社区居委会服务	0	0	85	24.9%	115	33.7%	85	24.9%	56	16.4%	2.67
社区文明	14	4.1%	257	75.4%	43	12.6%	27	7.9%	0	0	3.76

(1) 社区的日常生活服务

生活集聚区离不开衣、食、住、行，问卷的第 18 题着手于居民对小区周围便利店、菜市场、服饰店等商铺的满意程度。数据统计结果显示，选择"非常满意"和"满意"的居民比例分别达到 8.2% 和 45.7%，认为"一般"的居民占 37.8%，另外还有 8.2% 的居民表示"不满意"。该项总体得分 3.54。

(2) 社区居住环境

与农村生活最大的不同是居住环境的变化。调查显示，对于小区的环境问题，有 20.8% 的居民表示非常满意；54.3% 的居民表示满意；16.7% 的居民感觉一般；此外还有 8.2% 的居民不是很满意。在调研的过程中，有群众向调研人员反映，街区商铺门外的砖铺道路出现过轻微塌陷，因此对质量有一些怀疑。

(3) 社区的公共服务设施

社区的公共服务设施包括健身场地和医疗所等。调研数据显示，有 8.2% 的居民对小区的公共服务设施表示"非常满意"，49.3% 的居民表示"满意"，另外还有 30.2% 的居民认为"一般"，12.3% 的居民表示"不满意"。

(4) 社区周边的交通情况

拆迁前，诸葛村、刘井村、西韩村均位于顾龙线以北，而新建福民小区又位于拆迁村落以北，无疑增加了村民搭乘 80 路公交的路途。20.8% 的居民表示"满意"，46.4% 的居民认为"一般"，还有 16.7% 的居民感到不满意，甚至有 16.1% 的居民"非常不满意"。总得分只有 2.71。调研过程中，不少村民反映搭乘公交不方便，建议可以将公交车的终点站进行微调。

(5) 社区的治安环境

调研过程中发现，小区的两个入口处均有门卫，71.3% 的被访者对社区的治安环境都非常认可。

(6) 社区的物业服务

社区的物业服务涉及小区卫生、房屋维修等各个方面。数据统计显示，有

12.3%的居民对社区的物业服务表示"非常满意",54.6%的居民表示"满意",另外还有20.8%的居民认为"一般",12.3%的居民表示"不满意"。在调研过程中我们了解到,福民1号安置小区前三年不收取物业费,减轻村民新入住后的负担,这一点受到广大居民的认可。

(7) 社区居委会服务

社区居委会服务包括为居民提供的保障,如再就业等措施。在诸葛社区三委干部职责分工公示栏上,展示相关负责人的基本信息,调研过程中我们了解到,诸葛镇用"吉祥三保"保民生:60岁以上的老人,可按月领取310~360元基本养老保障金。此外,还有低保、医保、免费体检等完善的社会保障体系,确保动迁居民"老有所养,病有所医"。政府还对动迁户就业情况进行统计,建立就业档案,免费技能培训,确保动迁户能就业,好就业。但不少村民表示,保障涉及范围太小,补助金额也不多,在促进就业方面的政策实现的着实不多。数据统计显示,只有24.9%的居民对社区居委会的服务"表示满意",33.7%的居民认为一般,另外还有24.9%的居民表示"不满意",16.4%的居民表示"非常不满意"。

(8) 社区文明

社区文明主要涉及邻里关系、文化活动等。2014年春节,居民正式入驻新社区,社区也组织了舞狮子、排鼓、戏曲表演等节目来丰富大家的节日生活。数据统计表明,将近80%的居民对社区文明表示满意,这得益于各个小区的常住居民基本还是原来村庄的住户,大家的生活方式、风俗习惯等大致相同,彼此之间没有太多的歧视和芥蒂,邻里之间相处融洽。总得分为3.76,占各项满意度之最。

7.5.6 结论与建议

从上文的分析中可以看出,当前福民1号安置小区居民对当前的生活满意程度不算太高,小区发展过程中还存在不少的问题,需要各方面力量的支持与关注。

1) 由于小区建成以及居民整体入住时间相对较短,小区在很多方面还存在问题。小区商铺多开业不久,没有找到适合的经营模式,客流量较小;小学门口

第 7 章　城镇化过程中失地农民社会融合

的斑马线、学校标志等较少，放学时段容易出现往来车辆快速穿过小学门口的现象；小区部分道路以及居民住房在一年半内出现过轻微塌陷和破损等质量问题，引起不少居民的不满；小区已建成并入住一年半，但公交站牌一直没有引线至此，多数居民外出还要依靠电动车、摩托车等。因此，相关单位应该积极寻求解决问题的办法，尽快完善小区附近的交通，吸引周边村庄的居民来此购物，形成中心商业街，促进小区的经济发展，也能提高小区居民通向市中心以及市区各地工作、购物的便利性。尽快完善小区的基础设施，尽快将各类标志线与标志牌安装到位，做好设施设备的安全隐患排查和维修工作，保证小区各项基础设施建设的全面性和安全性。

2）物业要较早做好与居民的沟通工作。村民传统上习惯服从村委会的领导，每月或每年定期向其交水电费，入住小区后自来水用水量增加，水费上调将近2倍，部分村民不太满意当前的方式转变。但鉴于物业当前不收取物业费，基础设施维修、小区卫生保障等各方面做得还不错，双方的沟通还算是平和。因此，物业应加强与居民的沟通，在提升自身服务质量的同时，也要注意自身的工作方式，从居民的角度出发进行物业服务及物业费的收取等工作。

3）提高小区居民的经济状况是提升居民满意度的核心。调研发现，村民变成了居民住进了"大社区"，生活环境变好了，但生活质量提高的并不明显，原因在于消费能力并没有增强。撤村并城项目征收了居民的土地，尽管在住房安置上给予了很大的优惠，但购置房屋后的经济生活来源没有很好的保障，因此伊滨区政府及小区居委会应该积极落实居民的再就业工作，尤其是失地的中青年农民，指导其进行就业择业，增加其个人收入及整个家庭的经济水平；此外，生活方式的转变造成了多数居民生活成本的增加，尤其是老年人无法再种菜养家禽等，因此小区居委会应当密切关注老年人的生活状态，严格执行"三保"政策，增强保障力度，拓宽保障范围。

第8章　城镇化进程中城中村的社会融合

8.1　城中村的形成与发展

从研究成果上看，国内学者对城中村的关注是从20世纪80年代的城乡边缘带研究开始。随着研究的深入，城中村问题越发显著。在城中村概念界定、概念的形成与发展、类型划分、特点归纳以及对城中村的各种评价等方面取得了丰富的研究成果，这些成果为后期不同学科研究城中村更深层次问题奠定了相对扎实的基础[59]。

8.1.1　城中村的相关概念

(1) 城中村

城中村是指在我国特有的土地所有制和中国文化背景下，在我国快速推进城镇化进程中发生的一种新的城镇化问题[60]。在城市化过程中，某些城市为了扩大城市规模，借助于城乡二元结构，拉大城市框架，用较低的价格征用城郊农村的土地，从而将一部分原来的农村聚落包围在拉大后的城市建成区内。这些村庄原本是在城市郊区，逐步成为城乡结合部，再随着城市的持续扩张，最终转变成为城中村。所以说，城中村不仅仅是一种空间上的建筑布局形态，更是一种社会生活形态，是一种时代发展的结果。

从狭义上说，城中村是指农村村落在城市化进程中，由于这些村庄的全部或大部分农用地被征用，村庄的农民转为居民后仍在原村庄居住而形成的居民区，有的研究结果称为"都市里的村庄"。从广义上说，城中村是指在城市经济社会高速发展的进程中，某些居民区滞后于时代发展步伐，脱离了现代城市管理，导致生活水平相对低下，这些"不进则退"的居民区也称之为城中村。一般意义

第 8 章　城镇化进程中城中村的社会融合

上所说的城中村,还是指在经济快速发展、城市化加快的过程中,位于城区边缘的村庄被划入城市发展规划区域内,在空间布局上已经成为城市密不可分的一部分,但这些村庄在土地权属、户籍管理、行政管理体制等方面仍然保留着农村模式的村庄。

此外,我们还可以从多种角度理解城中村[61]:

1) 从土地隶属关系和形成原因的角度看:城中村是指某些城市在城市化快速推进的过程中,由于空间布局的变化,城市将距离新城和旧城较近的村庄纳入城市建设用地范围内的村庄。

2) 从房屋建筑角度来看:城中村是指在城市已经建成的区域内,在原有农村村民居住点范围内形成的与周边城市建筑环境形成反差鲜明的(尤其是建筑风格和建筑物的高低不同),以原农村居民"一户一宅"、"一户一院"为基本特征的特殊居民区,这些也称之为"都市村庄"。

3) 从土地、户籍、社会关系角度来看:城中村是指位于某个城市的城乡边缘带,既具有这个城市的某些特征,和这个城市共同享有某些基础设施和生活方式,但又保持着原来农村的某些景观和设施以及农村原有的小农经济思想和价值观念的这些农村居民区。从这个意义上讲,城中村不仅是空间概念,更是一个社会经济概念,它在社会结构、人员身份、管理方式、经济生活等方面仍保留和传承原来农业社会或者早期农村生活特点。

4) 从产权和经营制度角度来看:城中村指在城市发展过程中,不断修改城市总体规划,使得总体规划区内仍然保留并实行农村集体所有制和农村经营管理体制的农村居住区,这是城市化发展过程中的产物,是一种和现代城市整体发展相比,显得有些异质的特定聚居区。

(2) 容易混淆的概念

1)"旧城"并不是城中村。"旧城"指的是城市区域内经济明显落后,居住房屋年久失修,居民生活质量不高,基础配套设施不够完善的地区,但却具有一定的历史文化积淀和特殊的历史文化传承,有着经济发达、文化璀璨的光辉历史,代表着过去一段时期的劳动和智慧[34]。"旧城"是与一般村庄在城市化过程中由农业经济形式发展起来的社会主义农村具有显著区别,是一种自然状态的保留。

2) 贫民窟同样不能叫做城中村。巴西学者的研究表明,贫民窟是代表由 50

户以上居民聚居在一起,房屋建筑表现无序,缺乏必要的公共服务设施、占用他人或公共用地的生活区。贫民窟所在区域的房屋往往是用户临时搭建的,居住者对这些临时住房没有合法的财产权,随时都可能面临着政府的整治、清理、拆除。这些非正式的居住区域通常不具备完善的水、电、污水处理以及垃圾清扫等服务,是盗窃、抢劫、毒、嫖娼等社会犯罪行为的沃土,是社会治安不良的代表,已经成为一个世界性的共性问题。贫民窟形成的原因是某些城市在城乡社会经济发展过程中的失衡,主要特征是非法、无序并且缺乏社会职能。城中村与贫民窟具有一些相似的性质和特征:二者同样是城市化发展的产物;都是城市外来人口为主的成本低、密度高的居住区;存在的许多社会问题都比较类似。但在本质上来说,这两个概念还是有区别的。城中村内的居民应该是包括原来居民与后期的外来人员,是房东与房客之间的关系,而贫民窟则完全是私自占据公共土地自搭自建的非法棚户区。

8.1.2 城中村的形成

(1) 形成阶段

将空间作为主要的着力点,以形成时间的先后顺序来划分形成城中村的几个阶段,以此可以将城中村的发展划分成为三个阶段:①原始的村庄状态;②农村和城市开始逐渐接近重合;③村庄和城市完全交汇,村庄被城市所包围。

1)第一阶段是原始的村庄状态。由于历史原因和我国的特殊国情,从新中国成立后一直到改革开放前,在农村与城市的发展上我国一直采用二者同步发展的政策,城市的定位为工商业和城市居民的聚居区,大多数农村仍然处于原始村落状态。在距离城市比较近的农村,大多数人的工作以农业为主,兼顾一些副业,距离城市比较远的农村则主要是以农业生产为主。从外观上大多数村落在内部空间的布置上依旧是传统的村落样式,每家每户都是独立的院落,大片的土地,还有沟渠、池塘;在日常的生活中,村民依旧保持着"日出而作,日落而息"的农业社会的生活规律。在这个时期,农村人口稀少,经济并不发达,结构单一,相对的职业角色也比较单一,其社会组织的中心是家庭、家族,血缘和亲缘关系是其社会关系的主要内容。尽管在这个阶段距离城市近的农村主要以生产农产品为主,为依附的城市提供诸如蔬菜、水果等副食产品,但空间距离相对较

第8章　城镇化进程中城中村的社会融合

近及他们与该城市联系十分密切,与那些距离城市远的农村相比有其独特的优势。

2) 第二阶段是农村和城市开始逐渐接近重合。1980～1990年,近郊的农村和少数远郊的农村和城市的联系逐渐开始繁忙起来,经济的发展需要更多的劳动力作为支撑,相应地促使大量人口进入城市,进而加速了城市化的发展。城市建成区的增加和扩展是城镇化的一个重要量化指标,而城市建成区向外扩展就无法避免地和近郊的农村开始逐渐重合。距离城市最近的近郊地区最先与城市出现交集,这些村庄在城市发展节奏的影响下,耕地不断地被占用,农村地区劳动力出现剩余,逐渐和原来的生产脱离,进入其他的生产领域工作。由于城市对农村的不断兼并,其住房以及生活方式等方面和城市逐渐融合,尤其是在住房的建设上不断集中、多层化发展,城乡相互结合的特点非常明显。伴随着大量的城市居民和工商业的进入,经济结构变得复杂多样化,原有的空间界线和基于血缘的社会关系逐渐淡化,其社会群体也变得更加多样化。

3) 第三阶段是村庄和城市完全交汇,村庄被包围。经济的快速发展使城镇化的进程十分迅速,越来越多的地区加入到了这个浪潮中。大量的土地被用来满足工业、商业、办公居住和高新产业等的需求,城市的进一步扩张使得农村大量的土地转化为非农业用地,导致农民丧失耕地。在部分地区,村庄被城市完全包围,使这些村庄在景观特色、生活方式、产业结构等方面逐渐与城市一致。由于受城乡二元管理体制的影响,政治上依然保留着原来农村村委会的管理模式;经济上,主要以第一产业为主。虽然目前的租屋经济所占比重持续上升,但是居民在思想上仍然不能改变原先的经济发展模式,建设上与城市建设没有统一标准或统一风格,同时由于经济发展水平不一样的原因,休闲场所建设、公共基础设施等严重不足,道路不能统一规划,二者很难达到真正的融合,最终形成了城中村[62]。

城市化的快速发展伴随着农业用地的大量减少,绝大部分村民不得不放弃农业生产等第一产业,产业结构逐渐以第三产业为主,农业收入的比重迅速下降。外来人口和城市人口的不断进入,使得城中村居民的收入来源不再局限于农业收入,大量的闲置房屋被出租,相应的收入开始大幅度提高。大量外来人口和城市人口的转移,导致这些城中村的人员构成变得更加复杂多样[63],甚至在一定程度上有被外来人口超过的表现,开始出现了不同的文化圈子和社会群体,城中村原来保留的文化圈和人际圈被逐渐打乱,逐渐淡化甚至消失。从外部景观上看,城中村由于同时受到城市和原始村落的影响，既不是纯粹的村落景致，也没有与城市一致的景观，而是介于两者之间的不伦不类的景观，村庄不断地被工商业和住宅占据，开始变得拥挤和混乱，基础设施严重缺乏。主要表现在缺乏绿地和公共活动场所，村内道路、煤气管线、供暖管线、排污管道等没有统一规划，环境很差，垃圾随处可见，总体上给人以"脏、乱、差"的印象。

城中村形成阶段的分析主要基于空间和时间。城中村的形成离不开城市化的迅速发展，在时间上可以说几乎是同步的。从空间上划分的话，主要有原始的村落的状态、农村和城市开始逐渐接近重合、村庄和城市完全交汇这三个阶段，但是严格的从时间上划分的话，在同一个时期可能不只存在一个阶段，也有两个阶段甚至是三个阶段同时存在。村庄和城市的距离决定了即使是在城市化高度发达的今天，依旧存在被城市完全包围的城中村、二者相互重合的村落和一些纯粹的村庄。

(2) 城中村形成与发展的原因

前期研究首先是辨析城中村定义及其形成阶段的划分，后来学者们开始转向城中村形成机制的问题研究。城市规划学和管理学都特别强调城乡二元管理体制是城中村产生的根本原因或主要原因；城市地理学将城中村看成是城市化进程中的一类特殊现象看，他们认为城市化发展是总动力、城市框架拉大是导火索；社会学学者却认为这些城中村内失地农民的生存、发展和利益驱动逻辑构成了城中村存在的根本原因；也有学者基于人口学研究，主张通过分析流动人口的流动机制与原因来探讨城中村形成的历史过程；从新制度经济学视角来看待城中村，则会有更加微观的解释和观点，认为正式制度与非正式制度相互博弈的过程中形成了城中村，而房屋等财产的产权界定和维系过程中发生的高昂交易成本是城中村延续的主要原因或者是关键原因[64]。本书认为有以下几个原因：

1) 历史原因。从我国特有的国情和历史来看，我国作为一个以农业为主的传统大国，从事农业生产的人口占了我国总人口的很大一部分，使得城中村的问题更加复杂和独特，与世界各国各地区情况有很大不同。新中国成立之前，我国是一个半殖民地半封建国家，近代工业数量少、发展薄弱、分布不均匀、大多集中在沿海沿江地区，广大内地与边疆地区基本上没有新式工业。在半殖民地半封建社会性质的影响下，我国大多数城镇依旧保持着传统的封建特征，故步自封的思维导致了城市化水平的低下，即使在新中国成立以后，虽然城市人口大幅增

第8章 城镇化进程中城中村的社会融合

加,但是城乡人口的比例相对保持原来的数量,城镇化发展水平和速度相对较慢。

旧中国作为一个落后的农业大国,长期重农抑商的政策严重阻碍了工商业的发展,以传统农业生产为支撑的经济结构使得经济长期落后。新中国成立以后,我国实行的土地政策在一定程度上促进了农业生产的快速发展,但是依旧存在很多问题,如劳动生产率低下,自给自足的小农经济导致经济发展速度缓慢,特别是在1949年到1978年这段时期,我国在国民经济发展的方针政策上出现了较多的失误,农业、轻工业和重工业的发展顺序被颠倒,导致国民经济中产业结构严重失调,慢慢地使农业、工商业以及其他国民经济部门的发展受到严重影响,其副作用表现为大量劳动力剩余,就业机会稀少,待业人员大幅度增加,从而限制了城镇化的进一步发展。另外,在新中国成立后很长一段时间内,采取鼓励生育的人口政策,使得城乡人口增长率都非常高,国民经济的积累和发展速度因此受到很大的制约。

2)制度与管理原因。由于长期战乱的破坏和地缘政治的不稳定性,新中国成立初期的城市和农村在管理体制上有明显的区别,在政治、经济和文化等方面有着明显的城乡二元管理体制,毫无疑问,这种管理体制在当时特定的历史时期和环境下发挥了非常重要的作用。但是随着地缘政治的逐渐稳定,经济发展成为世界的主旋律,全球化趋势明显,原有的城乡二元管理体制严重限制了资源在城乡之间的优化配置,导致我国城乡经济发展严重失衡,农村地区经济长期落后,在统筹城乡发展时存在一系列问题。城乡二元管理体制的内容主要包括以下几个方面:

第一,户籍管理制度。在我国户口性质分为两种,一种是农业户口,一种是城镇户口,不同的户口性质在生育、教育、社会保障等方面有着很大的区别。改革开放以后,随着互联网等网络技术和科技手段地不断兴起,在一定程度上削弱甚至取代了传统的以户口作为各种管理基本识别方式的功能,但是因其独特性仍然发挥着应有的作用。城中村的人员构成按照户口性质主要分为两大类:一种是持有农业户口的农民,包括本村村民和外来人口中的流动农业人口;一种是持有城市户口的人,包括外来的流动非农业人口和小部分因为土地被征用而转为城市户口的原村民。作为城中村持有城市户口的村民不仅可以在城市用宅基地获得宽敞住宅,享受集体股份分红、物业出租收益,还享有和其他农村一致的二胎生育指标政策,成为众多政策的受益者。城中村原有的村民不断退出传统的农业生产,进入城市从事以第三产业为主的其他行业,但是其户口仍然被保留,户口的挂空无形中成为城乡管理中的另一个难题。

第二,社会保障制度。在户籍管理制度中我们讲到,不同的户籍类型在计划生育、社会保障、社会教育等方面有着很大的区别,由于城乡长期的不平衡发展,造成了以广大农业户口为主的农村地区社会保障水平长期低下。城乡二元的管理体制将城市和农村分开来管理,城中村并没有被纳入到城市管理中来,在社会保障、就业指导、教育培训、医疗保障等方面,城中村居民没有享受到与城市相同的待遇,二者的管理相对独立,在公共基础设施建设、社区管理等方面城市很少触及到城中村[65]。社会保障制度是最直接体现城乡的差别,经过多年的建设和完善,城市居民包含养老、失地、医疗以及对低收入群体的社会救济的社会保障体系经形成并开始运行,但是对城中村的村民来讲,虽然身处城市之中,但是并没有被纳入到城市的社会保障体系中去。究其原因一方面城市在推行社会保障制度时不将城中村的村民考虑在内,另一方面是城中村村民社会保障意识相对薄弱,自给自足的小农经济思想影响深远。

第三,行政管理制度。我国在城市的管理上以街道为基本单位,以居民委员会作为街道的派出机构,行驶对本街道或管辖范围内居民的管理权,但是城中村仍然要遵循《中华人民共和国村民委员会组织法》,严格确保以行政村为基本建制,农村管理委员会是基层群众性自治组织,负责村庄的管理、选举、决策等,在法律上村委会对本村的土地和财产拥有管辖权,不仅仅局限于行政方面的管理,而城市社区的街道办事处和居民委员会,对居民的管理主要表现在行政管理方面,在经济上不具有管理权和支配权。

城中村管理的长时期缺位应该是城中村形成的具体原因。在城市的规划和建设上,市政府是实施者和监督者,然而乡村的规划则主要由乡镇政府主导并监督实施,这就使城市与乡村在建设规划、建设标准、规范要求、技术指标等方面区别开来。这种各自为政的管理使城市和乡村在各自空间运行时很有成效,但是当城市和乡村有了交集,城中村出现时,管理上问题便凸显了。从常理上来说,城市在规划时往往会从全局出发,统筹城市的各个组成部分,城中村作为城市的一个部分,在规划管理时,城中村应该被纳入规划之中,但是城中村作为村级行政单位,对其范围内的土地拥有管辖权,导致城中村和城市在管理上存在交叉,同时存在管理上可以看见的"盲点"。

3)经济利益的驱使。城镇化快速发展使得以城中村为代表的广大近郊农村

第8章　城镇化进程中城中村的社会融合

土地价值成倍上升,当地村民在这个过程中积累了大量的财富。虽然他们的文化水平比较低,也缺乏相应的职业技能,但是他们利用拥有土地的优势从集体股份中分得红利,选择将自己宅基地上的房屋不断扩建。在由大量外来人口构成的巨大的房屋租赁市场中,通过出租房屋获得可观的租金收入,成功地实现了经济方式的转型,开始了新的城市生活。部分村民转变原来的生产生活方式,通过建设市场、创办企业、从事经营和服务业等多种方式,从中取得的收入也成为家庭最主要的经济来源,使他们在城市中找到了自己的立足之地,形成自己独特的经济内容,构成了自己特有的社区经济体系,成功地实现了经济的转型。

城中村居民形成新的生存、发展方式的过程,明显地反映出在我国社会结构和制度格局中,由于城乡不平等的存在,造成了城中村居民应享有的城市利益被长期忽视,他们开始从自有的宅基地上创造经济利益,这种行为对提高农民的收入具有积极作用。城市管理上的缺位、安置政策的不落实和巨大经济利益的驱使,再加上传统本土思想的影响,使得城中村依然长期存在。

4) 城镇化的推进。在城镇化快速发展的影响下,催生了大批的城中村,珠三角地区作为改革开放的窗口,其经济的迅速发展,使得城中村开始集中出现,城中村逐渐向东部发达地区以及西部的大城市蔓延。经过改革开放三十多年的发展,我国整体经济水平提升,在一些中小城市也形成了较为成熟的城中村。由于农村外围耕地的价值相对较低,因此政府和房地产开发商绕开村落,在城中村周围进行城市建设,随着城市建设面积的扩大,城中村周围的土地被大量占用,城市功能的不断完善和发展使得城市的景观和城中村的景观形成了鲜明的对比。农业用地被用为建设用地的时候,如何安置被占用土地上原有的居民,政府并没有下太多的工夫,对这一问题的不够重视使得城中村部分村民同时面临失业、失地的生存状态,并缺少相应的社会保障措施。这部分人既不被城市接纳,失去土地又难以生存,市民不是市民、农民不是农民,社会对他们身份的认可程度非常模糊。

总之,由于我国城市的扩展以周边蔓延模式为主。在宏观层面上,城镇扩展缺乏长远的规划与合理的部署;中观层面上,城市建成区向周边蔓延拓展的过程中,逐渐占有周边农村及其农业用地,把大面积农地改为城市建成区,原有的农村被包围在城市之中;微观层面上,在土地市场的作用下,开发商的逐利性使其为了减少拆迁成本而尽量避开村庄,选择农地进行开发,使得大量村庄的农地被占用,村落却被保留下来。良好的城镇化模式应是城市与农村的有机融合,在一定的空间区域中有序共存、良性互动,而不是城市包围农村或城市农村混杂的形式。

5) 流动人口的居住选择。城镇化快速发展,创造了更多地就业机会,吸引了大量的外来务工人员,由于多数人文化水平普遍较低,所从事的工作也多是劳动密集型的工作,收入水平较低,城市的高生活成本让他们望而生畏。然而,一些位置条件优越的城中村正好满足了他们在住房方面的需求,城中村的住宿条件可能会稍微差点,但低廉的租金和相对便利的生活条件,使得城中村的出租屋成为了外来务工人员的首选。城中村出租屋的低成本主要有以下几方面的表现:首先,城中村几乎所有的住房都是在自家宅基地上建立起来的,免去了土地费用这一块,使得房屋整体成本大大降低;其次,麻雀虽小五脏俱全,城中村的配套生活体系虽然没有城市的全面,但是基本上覆盖了生活的各个方面,用低廉的成本就可以满足基本的生活需求;最后,农村相对宽松的管理给外来人员的流动省去了很多麻烦,在一定程度上也降低了流动人口城市生活的成本。

除了低成本决定流动人口的居住选择外,文化冲突也是导致他们选择在城中村的一个重要原因。流动人口大多携带着原来落后的农村文化或者外来文化,刚进入城市,不能与现代城市文明快速地融合,有着强烈的相斥效应,但是却对城中村有着某种程度上的认同。流动人口通过亲缘、地缘等关系不断在城中村聚集,结果导致城中村人口以流动人口为主,数量也经常是当地村民的数倍之多。

8.1.3 城中村的分类及特点

根据划分依据不同,可以把城中村划分成为多种类型,有基于城中村发展阶段的划分,基于城中村相对区位的划分,基于土地利用类型的划分、基于城中村社会形态的划分以及基于各种因素叠加效果的划分等。在本书中,我们将城中村划分为成熟型城中村、发展型城中村和潜在型城中村(表8-1)。

1) 成熟型城中村,也即狭义的城中村,是指城市建成区完全将村庄包围、挤压,使得村庄内已经没有可供发展、扩张而使用的土地,又明显地呈现出布局混乱、建筑密度大的现象,公共设施配套缺失,公共基础设施差,卫生条件恶劣、事故隐患多等问题,严重影响城市整体的生活环境和社会经济发展[56]。

2) 发展型城中村,有的研究称之为城缘村。这一类城中村绝大多数在空间上看,都位于城市建成区的边缘,并且与城市建成区相连接,但是他们的大部分

第8章 城镇化进程中城中村的社会融合

土地已经被有关政府部门所征用,大规模的土地开发和设施建设正在或即将展开[58]。

3)潜在型城中村,又被称为城郊村。城市已经把这类村庄列入规划的范围之内,但村庄与建成区尚有一段距离,土地仍然全部属于集体所有,农业比重大,基本保留乡村特色,对城市发展具有潜在影响的城中村。

表8-1 城中村分类及特点

类型	区位条件	产业结构	人口构成	收入结构	景观特点
成熟性城中村	处于繁华闹市区,主要位于交通干道或大型工业园区附近,没有农用地	租屋经济占主导地位,第一、第二产业基本退出市场竞争	人口来源复杂,以流动人口为主,数量常是当地村民的数倍之多	村民家庭收入主要来自租屋收入,股份分红和从业收入	脏、乱、差
发展型城中村	位于城市周边或区位条件较差的地区,尚有少量或基本没有农用地	依靠低廉的土地成本、劳动力成本而获得比较优势发展劳动密集型产业	以当地居民为主,大量流动人口开始涌入	集体分红、从业收入和出租屋收入,其中出租屋收入的比重开始逐步上升	保持一定传统的农村景观,但无序建设已经大量出现,脏乱差现象开始出现
潜在型城中村	位于远郊,有较多农用地	以第一产业为主,尤其是农副产品的生产和经营,还有部分村民从事家庭作坊式生产	比较单一,基本上是当地居民	集体分红和农业收入	保持单门独户的传统的农村建筑景观

8.2 城中村社会融合的现状

8.2.1 社会形态

至今为止,国家没有一部关于指导城中村改造的法规,只有通过《土地管理法》和《城市房屋拆迁管理条例》来进行规范,国家缺乏这方面的相关法律法规。目前采用的城中村改造、社会融合等方面的有关地方上的法规政策，大多都是各地、市在参照其他城市做法的基础上结合自己的实际制定的。很多居民反映，政府在解决城中村问题时经常出现违规和违法操作。但是，各地市级的政策法规正在逐步完善，如郑州市从2003年至2009年颁布了《郑州市城中村改造规定（试行）》、《郑州市人民政府关于城中村改造中廉租住房和周转房建设有关问题的通知》等一系列旨在促进城中村社会融合的政策法规。

城中村的人口结构十分复杂，主要包括村庄内的原有"村民"（部分村民的户籍实际上已经成为市民）、租用城中村村民房屋的城市居民、来自全国各地、职业构成十分复杂的流动人口。

在城中村经常会出现城市社区的管理体制和农村社区的管理体制发生矛盾与冲突，有时还会出现管理上的"盲点"。城市中设置的街道办事处并未真正发挥其连接政府与社区的纽带作用，大部分工作和精力都用来完成上一级政府下达的工作任务，无暇顾及社区管理中的很多具体问题，不能根据各个社区自身的具体发展情况做出有针对性的指导或者是有效管理，缺乏一个可以与社区沟通的公共平台。这类公共平台的缺乏，使得民意、民情不能及时、集中地得到反映，公共事务、公共政策不能很好地得到讨论，政府权力与社区自治问题得不到有效协调。在土地规划、城市建设、人口等方面的管理也十分混乱，城中村的土地除了被政府征用外，其余多数为集体所有，土地没有很好的规划，建设没有规范的管理，人口管理仍然是二元体制。

由于以上各种原因，导致城中村社区居民虽已纳入城市居民管理范畴，但是在基础设施、公共设施建设上，不够齐全和合理，居民享有的医疗保障、教育、社会保障、养老保险等福利无法落实，更无法享受到与城市居民同等的待遇。城中村居民只能靠出租房屋和出外打工谋生，收入来源很不稳定，部分村民靠出租房屋，吸引了大量的流动人口居住，外来人口数量大大超过了本地村民，居住者结构形成一些社会不安定的因素，犯罪现象经常出现，社会治安压力巨大。

8.2.2 物质形态

城中村与城市环境相差甚大。在城中村内，无论在村民住宅建设还是公共基础设施、商业街道等方面建设都与城市大相径庭。在城中村社会融合过程中，住房问题是村民最关心的问题，也是政府最头疼的问题。在城中村改造完成后，村

第8章 城镇化进程中城中村的社会融合

民一般都能够迁回原来地域上或重新划定的地域上新建的标准化安置小区，可能会同时拥有多套小区住房成为收入保障和经济补偿。在形式上基本融入城市，尽管村民居住环境条件得到了极大的改善，但相应的公共服务和基础设施并未同步跟进，给村民日常生活造成极大的不方便[66]。例如，在公共设施建设、教育、文化、体育、卫生、科学以及绿化等用地严重不足，道路基本没有主干道之分，狭窄弯曲，甚至连一般的小汽车都不能行驶过去，社区消防安全得不到保障，有些社区内没有防火防震设施，一旦发生火灾、地震或紧急情况，可能找不到一条可以让消防车、救护车进村的相对宽敞的通道[67]。

此外，由于缺乏科学管理和统一的组织规划，违法违章用地相当普遍，当地村民为了获取房屋租金收入，在原有的住房基础上继续乱搭乱建，"一线天"和"握手楼"的建筑景象到处都是，导致村内建筑物之间距离太小，采光、通风不足，街不成街、巷不成巷。很多城中村都是住宅、商业、工业用地混杂一起，甚至住房与商业用房连为一体，居住安全得不到保障。小摊小贩商铺众多，公共服务水平低，城中村与外围的城市在景观上形成了鲜明的对比，在环境和形象方向影响较大，使得社会融合缺乏良好的物质基础。

8.2.3 经济形态

(1) 利用区域位置优势，发展大集市经济

城中村因其特殊的地理位置，人员的流动性十分频繁，周围遍布丰富的公共资源，如住宅区、办公楼、学校、医院、商场等，但是缺少一些能够满足居民的日常生活需要的农产品市场。城中村的村民抓住这个机会，利用自家房屋作为商铺，开始经营蔬菜、瓜果、鸡鸭鱼肉类等生意，兼顾经营其他农副产品、小百货、餐饮小吃、烧卤熟食、小五金、家用电器、服装鞋袜、加工修补等大众化的热门行业。物美价廉的产品受到群众的欢迎，这种自发性的商品买卖行为进一步促进了城中村集市经济的发展和成熟。

(2) 发展房屋租赁产业，挖掘房产价值

城中村村民取得高额收入的另一个来源就是利用自有房屋，大力发展房屋租赁业。城镇化的快速发展不断吸引着大批外来务工人员及待业大学生，城市生活

得高成本使得他们不得不寻找更低廉的住房来降低生活成本,城中村成为一个更好的选择,由于对租房的需求与日俱增,城中村的村民开始将自家房屋向上发展或重新改造,迁移到城市居住的一些村民将自家宅基地上的房屋全部出租,收益十分可观。一些临近街道或者在街道旁边的房屋因为高价值往往出租出去用作商铺、饭店、酒店、宾馆等;村委会管辖下的区域大都拥有若干集体资产和房产,他们将这些财产租给商家作高档酒店、超级商场和其他使用,所得租金部分作为集体资金积累和福利,部分采用红利的方式分给村民。

(3) 创业就业多元发展

十一届三中全会以后,我国提出了人才强国的战略,大量的青少年开始接受正规教育,受教育程度也逐渐提高,很多人通过努力学习获得一技之长。此外,社会阅历比较丰富,思想观念较为开放,独立自主的意识比较强,敢于打拼,很多人开始创立自己的事业,如承揽工程、设备维修、焊接、房屋装修、创办公司等,经济收入高于一般的务工人员,家庭中的其他成员则主要负责管理房屋出租和开办家庭作坊。

8.2.4 精神形态

(1) 六十岁以上人群

由于村中农地已经全部被征,该人群完全由原来的农民转换为以收租为生的职业人群,生活完全改善,以收租作为剩余人生的主要职业。而该人群的交往对象主要是村中熟人,关系紧密,对外来人的态度并不好,包括来此居住的外来人口。该人群对原来的村庄完全认同并且充满着眷恋,虽然外部存在许多消极的观点或者这个村庄本身就具有各种缺点,但他们仍然认为本村各个方面优良。在村子拆迁后,大多数60岁以上的人群每天都会不辞辛劳地坐车回到原来的村庄,和同村的老人们聊天打牌,乐此不疲地维持着乡亲之间的关系,同时焦心地等待着村庄的重建以及他们自身的回归。

(2) 六十岁以下人群

该年龄群的人留在原来村庄或者选择去更好的环境居住,和同村同年龄的人

| 第8章 | 城镇化进程中城中村的社会融合

及住在城中村中的复杂外地人口来往较多,主要依靠租金维持生活。该人群由于受教育程度不高,若外出打工,大多是城市底层工作者,并不留恋原来的村庄。

大多数村民不愿意去追求更高形式的生活状态,主要依靠收取的租金,政府或企业拆迁给予的补偿金生存,安于现状,具有不劳而获的惯有思维,精神文化活动非常落后。传统的小农思想深深的扎根在他们的心中,表现出保守、封闭、狭隘、安于现状等思想状态,这些人对于和他们无关的事,基本上不会主动去参与,也很少和城市居民进行交流,对于外部事物存在明显的戒备心理。

人际关系圈的不断缩小,导致人与人之间的信任在逐步缺失,原来淳朴的邻里关系开始出现微妙的变化,外来人口的大量进入逐渐替代了曾经熟悉的面孔,这种变化使邻里之间很少有走动和来往,关系变的表面化。

8.3 城中村社会融合的影响因素

城中村社会融合的影响因素主要有经济、社会、文化、心理等方面。城中村人口与所在城市人口的社会融合程度普遍较低,这与管理制度不到位、人力资本不足、社会资本缺乏、城市人口的排斥等方面有关,年龄、性别、婚姻状况、方言掌握程度等个体因素也对其社会融合状况产生影响。城中村社会融合的差异不仅仅表现在社会群体之间,直观上也存在于空间维度上,不同区域的城市、同一城市内部的不同区域以及相同区域不同的社区内部,也都会表现出社会融合水平的差别[68]。由于大部分城中村居民保留原有生活习惯,导致在城市中的社交范围和活动空间较小或者活动距离有限,所以他们所居住的社区开放条件或者周边环境对于他们融入城市的程度也至关重要。总之,社会融合的影响因素很多,内在影响机制相对复杂[62]。

8.3.1 经济因素

经济学界在讨论社会融合时更多的是从经济因素,具体来说就是通过城中村群体经济收入与所在地区人口的经济收入之间的差异来衡量。城中村群体在当地居住,其主要标志是有固定的住所和稳定的经济来源。当城中村群体与本地居民的经济收入基本相等时就表示他们社会融合的状况良好。

此外,非正规经济总是选择城中村作为聚集区,虽然在运行的过程中存在许多问题，但是也具有一定的积极作用。①为城中村外来的低收入人群提供了就业岗位，大幅度降低了外来人群的生存门槛，同时也为城市的发展提供了低成本的劳动力，避免或者减缓了像西方、东南亚、南美等地贫民窟的出现，社会综合效益较为明显；②城中村的出租房屋成为城市正规住房供应系统的重要补充，为低收入的外来人口提供了相对低价的住房，有效地解决了流动人口居住问题的同时增加了城中村失地农民的经济收入；③城中村非正规经济的发展带动了城中村廉租房市场的繁荣，失地村民可以将自有房屋出租，获得可观且稳定的租金，保障了原住居民的生活，对促进社会稳定起到了积极作用；④尽管城中村的非正规经济的存在许多问题，它的技术水平也亟须提高，但是它可以作为原始资本积累的平台，它的组织模式使其具备了自我发展的功能，使部分家庭作坊老板积累经营经验和不可低估的资本。马克思在《资本论》中提出"资本积累是扩大再生产的源泉"。民营企业的发展阶段通常都有一个必经历程，个体户在家庭作坊式的产业中完成了资本的原始积累后，由小本经营向规模化发展，由个体经营户向私营企业转化，再通过股份合作制、股份制改造，转向具有现代企业集团特征的大公司、大集团。在国内，一些具有影响力的龙头企业的发展初期都是以家庭作坊作为强有力的支撑，蓬勃发展，并且不断壮大。

8.3.2 心理因素

失去土地的城中村村民进入城市后不得不面对一个全新的陌生的环境，在心理上需要有一个逐渐适应的过程，主要表现在生活方式、价值观念以及文化认同等方面，心理认同作为城中村村民社会融合的又一个重要方面，是城中村村民能否真正融入城市社会的标志。虽然城中村村民通过拆迁补偿以及集体财产分红，收入有一定的保障，在生存上没有什么大的问题，但是要想真正意义上融入到城市社会中，就必须做到心理上的完全认同。

1) 农民失去土地的焦虑与流动的单向线性相伴。城中村农民由于失去了作为唯一经济来源的土地，短时间内在心理上难以接受，除了宅基地上的房屋一无所有，之后便开始了长期的"隐性失业"状态，他们逐渐向城市转移，相应的农民身份也逐渐由农民向居民转变，但是由于城乡之间开放并没有随着这种改变而同步进行，因此这种流动表现为是单向流动，并且在城市的视野中，城中村村民经常会被忽略或遗忘。在失去土地和被城市忽略的双重影响下，这类人的心理

第 8 章　城镇化进程中城中村的社会融合

上更多地充斥着被拆迁带来的所谓的不公,于是城中村的村民把自己的不满与怨气都指向了政府或者开发商,再加上改造中拆迁主体的混乱,各种摩擦和冲突便出现了,在一定程度上阻碍了社会融合[69]。

2)农民心理上的弱势认同。在失去土地后,城中村村民不仅面临生存的问题,还要面临就业机会、公民权利的不平等和承受心理上巨大的落差,这种有意识的趋低认同会转变成为这类群体身上的一个典型特征,大部分城中村村民在后期自己的就业选择模式上,表现出他们在很大程度上并没有主动地把自己融入到这个城市的就业群体中。如果从社会学的角度来分析,这种底层认同感对城市经济社会乃至整个社会的稳定和发展来说,都是一个不好的征兆。因为这种自己把自己归入社会底层的认同,不管这认同是否符合社会实际,都会在自己的心理上都会产生一种不满情绪,进而产生更为激烈的反抗行动,影响整个社会的稳定与安宁。如果这种认同感长期存在,进而还会造成整个社会群体对他们的社会排斥,影响到长期的社会融合[62]。

3)融入城市的愿望与新角色模糊同时存在。在城乡管理二元体制的长期影响下,政府通过征用土地,改变原有的管理体制大力推进城镇化,这一系列措施一定程度上提高了城中村村民融入城市的心理期望。但融入方式的单一,再加上相应的配套安置措施的缺乏,导致这一新的城市群体在与城市强势文化碰撞中感受到的被剥夺感十分强烈,进而造成对自己的身份认识出现困窘和焦虑,角色认同感混乱模糊,存在很强烈的不满和愤恨。

衡量城中村发展是否成功的标志不仅仅是城中村外在形体的改变,而应该更多地从城镇化发展进程中如何实现传统农村发展模式与城市发展模式的融合方面考虑,并由此出现城中村的社区化现象,而从尽快使这个群体在与城市的融合中形成对城市的归属感和认同感。

8.3.3　身份因素

身份融合主要体现在城中村居民的身份认同上。身份认同是指城中村的个体或群体用来界定他们的自我意识以及自身与他人关系的一种定位。一般来说,认同有两种类型,即社会认同与自我认同[70]。

社会认同指的是其他人赋予某个人认知的社会属性,同时将该人和具有相同属性的其他人联系起来形成群体认知,这种社会认同强调群体的共同特点;自我认同则指的是通过自我发展和自我了解的过程，形成对其自身以及对自身周边关系的特有感觉和意识，这种自我认同强调个体的独特性。身份认同又是一个有关个体与他人的同一性、差异性的界定，也可以说身份认同是人们在社会交往的过程中对自身角色以及自身与他人关系的一种动态的评价和判断[71]。作为生活的实践者和主导者，人们既通过对社会生活的亲身参与和不断深入，感受着社会的现实情景和发展变化，也通过自己与他人的互动、交往，体验着其赖以生活的世界的阶级阶序、生存法则以及自己在其中的位置[64]。

对于城中村的群体来说，进入城市就意味着原有的农民身份开始向市民身份转变。但是，因为某些传统落后的思想根深蒂固在他们的脑海中，在自我认同方面依旧存在着农民的称谓。城镇化的快速发展，不仅改变了城中村失地农民的生活生存方式，也加快了失地农民的社会身份有农村居民向城市市民身份的全面转化。农民市民化决定着一个国家的工业化、城镇化的水平，是影响城镇化率的重要因素，是统筹城乡发展、城乡一体化的发展目标，也是社会公平发展的最终目的；对于失地农民而言，这是一个取得城市市民身份、社会认同的过程。绝大多数失地农民都是被动城市化的群体，要实现制度设计下的身份融合，注定要有一系列的问题需要应对和解决。

身份融合是社会认知、个人情感、意志交杂的心理活动，这个过程中每个人都感受着理性与感性的相互作用。在城中村村民农民身份的融合中，有很多的客观因素需要面对，如农民身份转变成为城市居民身份时的身份差异问题、社会普遍认同的正确导向不足、身份强制转化下的融合机制建设缺乏等。城中村村民的身份融合是影响农村村民转型的内在因素，这在一定程度上决定了城中村居民在城市生活方式的选择、心理归属和社会交往范围。组织归属意识的缺乏，农民自我身份认同的模糊，可能会导致他们倾向于将自己的身份视为第三种身份，即介于"农民"和"城市居民"之间的一种身份。但是身份认同的动态性也表明：在认同关系中对同一性和差异性的判别过程，也会参照所在社会的整体转型格局和所处的时代特征。城市化的不可逆转性以及认同困境的过渡性，逐渐成为城中村居民的共识，这种认同的广度、深度直接影响到他们融入城市生活的程度[64]。

在城中村农民的融合过程中，政府需要履行好自己的职能，不仅要大力拓展失地农民的就业渠道，也要提升这类人的职业技能，使其增强信心，还要提高被征土地的补偿额度。用社会的大环境带动城中村村民自我认同水平的改变，改变周边环境促进对身份认同的影响，也要借助身份认同的推进力量，进行潜移默化

第8章 城镇化进程中城中村的社会融合

的心理教化,实现认知到认同的转化[64]。

8.3.4 空间因素

社会空间融合的内涵辨析是在对城中村居民的研究过程中,社会融合常常被看做是社会同化,而空间同化又是社会融合的一个重要方面。如果增加弱势群体在主流社会的居住空间比例,那么将对他们之间的社会同化起到促进作用,或者说是以增量带动存量的改变作用。然而,同化往往说的是一方消失在另一方之中,是一种强势包含了弱势的状态。因此,本书更倾向于采用社会融合的说法,与社会同化相比,社会融合更强调在不同文化状态并存的同时,不同群体之间积极互动并相互适应,也许还会产生新的方式方法,也类似于中国古代传统文化中和而不同的思想[72]。

在人类社会发展中,社会活动和社会关系创造并建构着人们的空间结构,同时这种社会活动与社会关系又受制于被创造出来的空间结构限制,两者始终处于相互作用相互影响的过程中。人们在生活的空间里面通过各种各样的实践活动来满足自身心理、生理上的需求,这些实践活动在不经意间将自己的属性与需求转移到城市的空间结构中,并建构和改变着城市空间结构的几何形状与存在状态,与此同时,人类自身又在不断地去适应这种已经被创造出来的空间结构。这表明人类在创造与改变城市空间结构的过程中,又以各种不同的方式方法被所在的空间结构所控制、影响着,形成了经济社会与城市空间持续双向交互作用的过程。在这样的情况下,空间对社会融合产生着相当大的影响,也往往是通过影响不同群体获得资源和机会多少的可能实现的,社会融合的结果是资源的不断再分配和机会的趋于平等化[65]。任何社会关系都在某种特定的空间结构中存在,并与空间结构发生双向作用,属于物质和意识之间的关系范畴。因此,在分析社会融合时,需要更加注意多维度的空间社会融合。

空间因素作为社会融合的一个重要方面。从已有研究结果看,较早的理论与政策都强调空间限制隔离与社会融合之间是一种线性的相互关系,并呈现做出负相关关系,而社会空间融合则认为空间距离的接近仅是影响融合的因素之一。社会空间融合包含三个相对独立的方面:不同群体之间物理距离的接近、同等的机会可获得性和社会交互,并且由这三个方面的特征共同决定社会空间融合的实质,在于强调社会空间融合应同时包含空间和社会两个维度,一方面是不同群体在空间上的邻近与平等,另一方面是不同群体之间社会关系的开放与互动[65]。

8.3.5 文化因素

所谓的"文化融合",就是根据城中村居民与城市居民的不同社会基础和文化属性,通过一定方式和方法使城中村居民自愿接受城市文化,较多地改变城中村与城市的文化对立的局面,从精神文化层面达到彻底改造城中村居民文化属性的目的[73]。在城中村形成发展的过程中,使城中村得以存续的社会文化基础仍然是农耕文化,这种文化没有发生转变,并以此建立起来的社会关系网络,在本质上仍然是农业型村庄。城中村和农村一样,是一个以血缘、亲缘、地缘、宗缘、民间信仰、乡规民约等深层社会关系网络构建起来的社会共同体。在这种社会共同体中进行着"熟人"之间的交往互动,分享并遵守着共同的经验和规范,彼此之间按照"集体意识"的传统来互相产生影响,发生着相互关系,由此形成的社会关系网络是极其稳定的结构,也是一种可持续的关系结构。甚至是进城的转移人口,他们就像"新客家人"一样,在进入城市以后,会把他们原来村落的社会关系网络带到城市继续发挥作用,如形成像北京"浙江村"那样的生活共同体[66]。

城中村社会融合的当务之急是帮助村民融入城市的主流社会,解决这一问题的第一把钥匙就是必须教育他们。使第一把钥匙发挥作用的关键就是让城中村的居民接受高等教育或职业教育,城市文化来源于高等教育,只有通过接受高等教育,城中村居民的文化属性将由农耕文化向城市文化转变,使其融合在城市文化的基础上,重新组合原有的社会关系网络,形成新的社会关系网络。职业教育是提高生存技能的最好手段,通过职业教育,城中居民可以获得更好地谋生手段,也能获得良好的文化教育。同时由于接受高等教育或职业教育,提升了居民在城市就业中的竞争力,减少了对原有村庄的认知和依赖,从精神意识层面打破了城中村构建过程中的超强"防护网",使得传统乡村文化融入到城市文化之中,用这种潜移默化的方式实现城市化过程,从而使城中村居民真正融入到城市的主流社会,推动城市经济社会的良性发展[66]。

8.4 促进城中村社会融合的对策建议

8.4.1 发挥政府主导作用

在城中村的融合过程中,最关键的就是需要有一个强大而坚定的力量来组织协调各个方面,那么政府的行政主导作用显得十分重要。因此,必须形成一个以省委省政府牵头、市委市政府为中心、区(乡)党委和政府实施的多级政府联合的主导模式,充分发挥政府自上而下的推动力、影响力和强制力。

(1) 实施城乡管理体制改革,实行城市社区化管理

改变城乡二元管理体制,在地方政府的组织和领导下建立地方政府统一的城乡管理体制机制,不断强化和完善城乡基层管理制度,取消相关部门在行政区域上的划分。改变原来户籍管理模式下对城乡区别化的管理,使城中村社区管理模式逐步从传统意义上的粗放型、排斥型管理转变为新型的集约型、融合型管理模式,采用统一的"居民"管理模式,让城中村的居民享受上市居民的"同城待遇"、"同社区待遇"[74]。打破城乡原有的二元管理体制,完善正在实行的城乡居民能够自由迁徙的人口登记制度、人口流动管理制度,真正实现城乡统一、城乡居民自由选择居住地点,以及城乡居民在求职就业、迁徙等多方面的自由流动。逐步改变城市和农村在就业、住房、教育、社会保障、医疗等方面的差别化政策,将城中村社区管理的工作重点放在教育、文化、医疗等公共服务领域,不断完善城中村公共基础设施,逐步改善生活环境,切实实行统一的城乡公共服务政策,力求促进公共服务公平化,逐步减少城中村居民与城市居民之间的差距,实现社会融合发展。

(2) 由局部到全面,做好统一规划

城中村社区应该以城中村社区和现代城市的发展相融合为目的进行统一规划,在进行城乡规划时,全面考虑土地规划、经济以及社会发展等,总体规划时全面评估和分析城市的自然状况、经济结构、人口密度、生态环境和流动方向等。在此基础上实现城市社区的具体规划,特别是要规划好商业

区、居住区、生态区、工业区、农业区、休闲区等功能分区，逐步完善社区内公共服务和管理。

(3) 加快城中村土地集体所有制改革，完善居民的社会保障制度

不断深化城中村土地集体所有制改革，逐步实现城中村土地完全国有化，以减少土地属性改变的产权障碍。完善城中村社区居民生存与经济发展的社会保障制度，并适度结合城中村发展的具体情况，将被征地农民的医疗、失业保险、养老保险、就业培训、子女教育等逐步纳入城市居民的社会保障体系当中，享受同样的政策待遇，并根据各个城中村社区经济发展的实际水平和当地政府的实际承受能力，科学合理地确定社会保障的标准，按照地方政府、集体、居民三方共同承担的原则，真正解决失地农民社会保障资金来源的问题。

8.4.2 大力提升科学文化水平

(1) 破除保守的小农思想，树立开放理性的现代思维

在城中村土地被征用前，人们可以通过耕种土地来维持基本的生活；在城镇化快速发展的今天，大量耕地被占用，使得大量农民失去原来的土地，虽然获得了一定数量的征地补偿，这些补偿也能够维持一定时期的生活。但是，如果仅仅满足现阶段的状况，就很容易出现当生活中遇到变故或者再次发生困难的时候，城中村居民就会因为缺乏持续自我发展的能力而无法应对这种现象，从而出现坐吃山空的现象。所以说，一定要用发展的眼光看待事物，做长远打算[75]。当农民失去耕作的土地被迫融入到城市时，必须通过出卖劳动力获得工作从而维持基本生活，然而想要在城市生活，没有相应的教育水平和职业技能，就很难生存下去。因此，城中村农民应该时刻树立一种危机意识，认为只有通过不断地学习才能提高自身在就业市场上的竞争力，才能在城市生存下去。此外，必须遵守各项规章制度，牢固树立法治观念，并按照相应规章制度来约束自己的行为，培养自己合理的时间观念，树立良好的秩序意识，主动改变原来的生活状态和观念，重视人际交往与环境保护，才能积极迅速融入城市生活，取得更好的发展机遇[67]。

(2) 均衡教育资源，加强技能学习

促进城中村居民融入城市的重要基础是提升教育文化素质。城中村居民的现代化意识和技能与城镇居民仍然有很大的差距。大量的城中村居民缺少长期正规化的科学文化教育，受教育层次较低，缺乏专业技能，成为就业劳动市场上的弱势群体，只能从事一些简单的体力工作。如果这类群体想快速融入城市，就必须下工夫提升自己的教育水平和职业技能，通过参与政府组织的职业技能培训，掌握一到两个社会需求较大且相对简单的工作技能，从而提升自己的就业竞争力，实现市民化的转变。

当前，我国的学校教育资源参差不齐，义务教育入学的原则是按片区划分，而城中村作为一个特殊的存在，其经济水平及各方面的落后，使得在城中村区域很少有教育资源优越的学校，这样就使得城中村农民及其子女的教育资源需求在规定的范围内无法得到满足。我国在教育方面的首要任务是均衡教育资源，不论是资金投入还是师资力量配给都应该避免不同的区域差别过大，让城中村和经济欠发达农村地区的孩子都能够享受到和城市孩子同等的教育，实现教育资源的优化配置，才会更有利于下一代的健康成长以及后续的社会融合，实现社会的长远发展。

8.4.3 创造适宜的生活空间

合适的生活空间是城中村居民融入城市的重要支撑。因此，城市在接纳外来人口时，要坚持以人为本，创造多样化的宜居空间以满足不同群体的需求。许多城市大规模改造城中村的过程中，政府应该改变其行使职能的方式，主动为城中村村民服务，解决他们遇到的各种问题和困难，通过扩大和优化公共服务，保证机会均等，让城中村居民更深层次地融入城市，享受取得感，进而推动城中村的健康发展。

良好的生活空间环境是促进居民融入城市的外在条件，政府在对城中村居住环境规划时，应做到合理的规划和设计，在规划中要全面考虑以后的长远可持续发展，处理好眼前利益和长远利益的关系，合理规划城中村社区在商业、工业、居住、休闲等空间的布局，完善相关法律法规。特别是要加强环境方面的建设，可以通过开展环境保护相关讲座、加大环保人员及相关资金的投入，使居民形成

保护环境、人人有责的良好道德意识，优化、绿化、美化、净化生活环境，同时，完善公共基础设施建设，统一规划道路、煤气管道、暖气管道建设，做好消防安全设施建设，并且最大限度实现社区资源的社会共建、共享和优势互补，努力创建生态环境良好、社区稳定有序，积极营造和谐社区的良好氛围，保持安全、文明、舒适的生活居住空间。

8.4.4　促进和谐社区建设

居民是城镇化建设、构建和谐社区等方面不可缺少的力量，尤其是社区建设离不开社区居民的支持与参与。因此，必须依靠社区全体居民共同努力，才能建设美好和谐社区。以人为本的理念与和谐社区建设互为前提，互相促进，又相互制约，是辩证统一的。要构建和谐社区，首先要为居民的生产生活提供必要的条件；二是居民是构建和谐社区的实践主体，居民的不断参与会有力地促进和推动和谐社区建设。构建和谐社区必须相信居民，紧紧依靠居民群众，充分调动他们的积极性、创造性和主动性，集中他们的力量和智慧，尽可能地做到人人参与，共同建设和谐家园。三是居民是和谐社区的主体，是和谐社会的创造者、拥有者和成果的享受者，和谐社会的一切均属于人民。因而，必须让全体居民共治共管共创和谐。四是构建和谐社区，达到居民共享和谐的目的，必须以居民的全面自由发展作为出发点和落脚点。要做到发展为了居民，发展依靠居民，发展丰硕成果由居民共享；又要以解决居民最关心、最直接、最现实的利益问题为重点，更加注重民生，着力解决社会保障等方面的具体问题，使居民群众的各项权益得到切实充分的尊重。

在城中村社区向城市社区转变的过程中，应该让广大的民众真正参与进来，一起规划、建设和管理社区，通过广泛的参与，增强文化认同和社区归属感，使其逐渐接纳和融入社区。要增强社区意识，营造和谐的社区环境，可以通过完善社区公共基础设施，增加投资，拓展社区公共交流或锻炼空间，为社区居民提供交流和锻炼活动的公共场所，适时举办本地居民和外来人口之间的交流活动，让本地居民与外来人口之间能够通过自己社区的休闲空间这个平台，加强沟通交流和体育锻炼，增进大家的感情与友情，促进多元文化之间的相互融合。同时，通过广泛开展宣传教育活动，有针对性地对不同阶层、不同群体进行宣传教育。通过设计社区标志标示、设立宣传栏，宣传表扬社区内的好人好事和先进事迹，发动居民积极参与社区问题讨论等多种形式,发展社区群众性自治组织,弘扬正气,培育社区邻里之间相互帮助、相互信任、融洽相处的关系,增强社区亲和力与凝聚力,逐步形成共同的社区意识和凝聚力,增加对本社区的满意度[76]。一般意义上来说,公众对社区的归属感会随着对社区的满意度的增加而增强。

8.4.5 加强社区文化融合

由于不同背景的社会群体有着不同的文化认同和价值取向,所以当这些背景的群体在互相融合和交流的过程中,易产生文化隔阂,甚至造成对立和矛盾。因此,政府在推进城中村村民和城市居民相互融合的过程中,除了要建立相应的管理制度和提供必要的社会保障和生活条件外,还应该从精神层面加强引导,使其在文化上逐渐适应和融合。

通过积极开展各种各样的市民化教育活动和社区文化活动,增强他们对城市文化的认同,潜移默化地帮助他们转变思想观念、行为习惯等方面,提升他们的文化素养和文明程度[67]。针对农民的文化素质不高的情况,可以加强对文化设施的投入,丰富农民的精神文化生活,包括各种群众性的文化、教育、科普、体育活动以及其他形式的社会主义精神文明建设活动。作为社会融合非常重要的一个方面,不管是社区管理还是城中村村民社会化,文化的发展和改变总是潜移默化的,也是对村民和城市居民影响最大的,所以要构建和谐的城中村社区,形成和谐的社区文化是非常重要的。因此,要加强城中村村民的社会融合,就必须相应提升居民的综合素质,逐渐改变和丰富城中村社区文化。通过培育和扩大居民中的趣味群体和志愿组织,吸引更多的人参与到对身心有益的组织活动中,让健康向上的生活乐趣充实群众生活,从而使居民避免陷入不良的生活习惯,在参与活动中树立市民意识和主人公意识,各展其长,提高社区凝聚力,增强归属感,取得满意感,增加幸福指数。

目前,城中村面临的重大问题之一是本地居民与外来人口之间的社会隔离,应该引起地方政府和社会的高度重视。政府应该创造更加宽松的制度环境,加强经济、文化、建设规划等方面的引导,城中村的社区建设,需要社会给予支持和关注,城市居民应该以更加宽容的胸怀来接纳他们,给社会融合创造一个良好的社会人文环境。

第9章 城镇化过程中水利工程移民的社会融合

9.1 水利工程移民概况

9.1.1 我国水利工程移民形成与发展

1. 水利工程移民的发展阶段

回顾我国水利工程移民的历史进程,按照时间序列可划分为以下三个阶段[77]:

1950~1957年,我国大约安置移民总数为150万人。早在1952年,国家就出台了一部有关工程移民的管理条例,条例上明确规定了国家建设项目征用土地的补偿原则。1953年国家又发表了关于水利工程移民方面的第一个专项的重大声明:明确要求减少项目移民,对于无法避免的项目移民应该支付足够的补偿,以保证移民搬迁后的生活水平不低于原来的生活水平,同时还要保护安置区居民不受损失和伤害,通过充分协商、沟通使安置区能够接受移民。土地改革前后一段较长的时间里,因为国家掌控着比较多的土地,移民的专项资金也相对充足,这对当时移民搬迁工作中土地和资金补偿起到了保障作用。

1958~1978年,我国移民总数达到了900多万人。在这20年的时间里,由于我国社会经济发展过程中的"大跃进"和"文化大革命"所造成的影响和严重破坏,当时的水利工程移民没有基本的安置条件来保障,补偿标准也变得很低,大量的工程移民只有靠艰苦的劳动和以前的微薄积蓄来维持生计和发展自救式的农业生产。由于这段时期的工程移民一般被安置到较为偏远的地区或人口密度比较稀疏的地区,土地相对贫瘠,较好的耕地资源严重匮乏,使得这些工程移

第9章 城镇化过程中水利工程移民的社会融合

民缺少必要的经济发展条件。经过10年的艰苦劳作,这些移民生活仍然贫穷,过得极其艰难,生活水平低下,特别是移民人数较多的大兴水库建设中都是如此,如三门峡、新安江、丹江口和东湖平水库的工程移民。三门峡和东湖平水库的移民安置后,由于搬迁移民的贫困问题尤为突出,在社会上引起了很大震动。这是因为当时的水利工程移民指导思想是过分强调移民的自力更生和减轻国家补偿负担,过分强调工程移民个人利益服从国家利益。

第三阶段从1979年至现在,移民总人数接近450万人。由于我国经济的快速发展和人口的快速增长,人地矛盾日以尖锐,耕地资源严重不足,以至移民问题越来越突出。

2. 我国几个大型水利工程移民的实例

1) 三峡水库的工程移民

三峡水利工程在设计上,规划淹没20个县、277个乡镇、1680个村、6301个村民小组,总共涉及企业1599家,还有11座县城必须要搬迁,迁移人口多达100多万人。三峡水库的兴建涉及受淹人口的数量、淹没经济财政的损失数量都是空前的。因此,三峡百万移民被称之为世界上的一个难题,相应地移民问题的严峻程度也是世界各国中首屈一指的。我国政府对此也极为重视,在三峡工程建设中实行了开发性的移民方针,因地制宜合理开发移民地资源,大量统筹移民经费,坚持以农业为基础,农工商结合,多渠道、多方法、多形式、多产业妥善解决移民问题,并为移民今后的二次开发创造了前期条件。在库区周围的移民安置中,进行了坡改梯和低产田改造,调整种植业结构关系,优先因地制宜地发展林业、名特产品、牧业和加工业。为此国家还出台了一系列针对移民和三峡库区的优惠政策,充分调动全国人民的力量,大力开展了全国对口支援三峡建设活动,最终使三峡移民这个世界级难题得以圆满解决[78]。

2) 三门峡水利工程移民

1958年动工兴建的东平湖水库和三门峡水库,对黄河兴利除弊发挥了很大作用。建设三门峡水库需要淹地5.6万公顷,移民31.89万人;建设东平湖水库需要淹地3.4万公顷,移民27.8万人。这两个水利工程的移民活动,采取了大部分移民就地后靠,少部分移民外迁安置的政策。其中,三门峡水库移民向外面迁移4万人,约占13%;东平湖水库工程向外面迁移12万人,约占43%。由于对移民工作的复杂性认识不足,再加上当时国家经济上的困难,只做了短期的生活安置,而且补偿标准相对偏低,生产扶持没有及时跟上,特别是安置地区的耕地资源匮乏,土壤条件很差,无法保障有效的种植。虽经过了20多年艰苦奋斗的努力,但移民的生产生活水平仍低于搬迁前的水平。这种现象一直持续到20世纪80年代中期,国家才把库区搬迁建设纳入老、少、边、穷地区的治理范围,认真处理以前移民遗留下来的综合问题,并在生产生活上给予了大力支持和倾斜,使得移民生活水平逐渐改观,收入水平和生活水平逐步达到或接近当地居民的平均水平,少数还能够更好地生活起来。

3）丹江口水库工程移民

丹江口水库是在1958年开始动工兴建的,坝高97米,装机900兆瓦。水库建设需要淹没涉及湖北、河南3县2市,共淹没土地3.01万公顷,移民人口总数达到38.2万人。这些移民共分为6批迁出和安置,安置经费经过了5次核定,7次追加,经费共计3.2亿元。搬迁移民中90%以上的移民为农业人口,少部分是远迁,其他大部分是就地后靠。其中,远迁到青海的移民后来早已返迁回来得到重新安置,迁移到邻省邻县的,虽然能勉强安顿和生活下来,但生活状况依然严峻;从河南省淅川县迁入湖北省钟祥大柴胡的4万库区移民,住在低洼地,人均收入比非移民区低一半甚至更少,生活生产条件差,其他保障措施也没有。就地靠后安置的人口过于拥挤,库区周围原来就有25万人,后来迁入20万移民以后,新老居民共同享有耕地1.96万公顷,人均只有几分耕地,再加上经济补偿标准低,扣除各项专项设施处理费用外,库区移民人均经费只有594元,搬迁、生活救济、建房已非常困难,发展生产更是无所适从。到20世纪80年代初,还有80%的库区移民生活温饱问题没有得到解决,这些移民的年人均纯收入不到100元,远远低于非移民户的年均纯收入。在我国农村实行"大包干"以后,由于土地资源紧缺,新老居民为争抢土地而导致关系更趋紧张,库区的森林也遭到破坏,生态恶化,植被减少,移民上访不断。1984年,国务院批准从丹江口水库发电收入中筹措3亿元,按照10年时间来安排解决水利工程移民遗留问题,并修改了原来的移民经费分配办法,坚持面向所有移民,实行有偿扶持,变单纯生活救济为生产扶助,帮助大家发展生产能力,促进其种植柑橘、龙须草、红果,发展网箱养鱼、库区养鱼等,不断开辟新的生产门路,使移民的收入状况得到较大改观,移民关系也得到改善[79]。

4）葛洲坝水利枢纽工程移民

葛洲坝工程是长江干流上第一座水利水电枢纽工程,也作为三峡工程前期试

第9章 城镇化过程中水利工程移民的社会融合

验工程,于1970年动工兴建,1989年全面竣工,电站装机2715兆瓦[80]。葛洲坝水库面积79.3平方公里,淹没地区涉及宜昌、巴东、秭归3县及宜昌市城区,受淹耕地面积有792.54公顷,涉及迁置移民总数为28535人。葛洲坝水库移民的搬迁安置工作曾在20世纪80年代被国家公认为移民安置的一个先进典型,其移民工作的经验主要有4个方面:一是深入开展政策宣传,强调思想动员工作;二是地方政府机关带头搬迁,把困难留给自己,把方便让给工程,在只有38万元搬迁补偿费(后来追补到180万元)的情况下,当时宜昌县委、县革委会、县人武部及县属几十个部门和单位,仅用46天的时间,就全部迁至9公里外的小溪塔镇;三是采取"以建促安"的方针,也就是以生产建设促进移民安置,为安置水库工程移民,共改造田地380.1公顷,改造果树8.9万株,种植柑橘11万株,使移民年人均总收入达到631元;四是按照对水利工程移民负责到底的精神,不断了解搬迁移民的实际情况,对移民在生产生活中遇到的新情况、新问题积极协调解决,提高了大家的满意度。

5)清江隔河岩水库移民

前面讲的几座水库,都是国家直属工程和重点工程。而位于宜昌境内的清江隔河岩水库,则是一座以湖北省为主开展建设和管理的地方性工程,其水库工程移民出现了新的特点。清江隔河岩水库工程于1986年开始兴建,1993年竣工,水库面积72公里,淹没及影响土地4555.67公顷,需动迁长阳土家族自治县的移民人口总数达到30018人(包括巴东县的185人)。水库工程移民工作开展前,湖北省委省政府吸取国家有关水利工程移民政策的经验教训,参考了丹江口、葛洲坝等水库工程移民的实际做法,明确提出了清江隔河岩水库工程开发性移民的指导思想和"三为主"、"三同步"的移民工作原则。"三为主"即移民安置形式以就地就近安置为主;安置门路以发展大农业为主;移民兴办企业主要以小、集、轻、矿为主。所谓"三同步"即工程移民分批安置与工程实施同步;移民的生活生产安置与公益设施建设同步;移民的生活安置与生产安置同步。然而,在实施过程中,县里从局部和近期利益理解搬迁方针,认为只要抓住隔河岩工程兴建的机遇,就有可能振兴长阳经济,利用移民补偿经费新建一批项目,期望通过这种移民安置方式来促进地区经济发展,成为安置移民的重要途径;同时又采取了以大量的"农转非"方式来安置移民,减少耕地压力。这种做法,有不少成功之处,但在实际运行中还是出现了不少新的问题和困难。例如,按工程总体设计,规划中要求库区搬迁建设工作一年之内完成,即1988年5月1日之前恢复清江北干线 52 公里的公路通车,以此来缓解库区 10 个乡镇客货运输压力,而长阳县却将这段公路建设工程分包给 49 个施工单位,由于协调工作困难,使得这条公路干线耗费 23 个月才得以基本通车,造成该项目工程截流蓄水后库区南北干线长期交通中断,制约了物流运输活动,使得县域经济发展受到了严重影响,加之广播、邮电等基础设施尚未完全恢复,库区内的居民完全陷入与世隔绝的生活状态。

9.1.2 水利工程移民的基本特点

1. 水利工程移民的定义

移民指的是人口在不同地区或者在同一地区不同地点之间的迁移。从移民自身的搬迁动因来判断,国际上一般将移民划分为两大类,即自愿移民和非自愿移民。自愿移民是指为了追求生产生活环境而自主选择的流动人口,其动因是经济利益驱动,其特点是自主选择迁移的时间和迁移地点,其性质是本人自愿或者符合本人的意愿[81]。一般来说,自愿移民也包括由于经济原因由资源贫乏地区向资源丰富地区、由经济落后地区向经济发达地区、由发展中国家向发达国家迁移的人口。非自愿移民是指由于受外力强制作用而被动迁移的流动人口,其动因是出让资源或者逃避灾难,其特点是无法自主选择迁移时间,迁移地区具有强制规定性,其性质是外力强制作用。一般来说,非自愿移民包括由于战争、宗教迫害、重大自然灾害、政治活动和工程建设而被动迁移的流动人口。在非自愿移民中,为了经济社会发展的工程建设所导致的人口迁移,称为工程性移民,包括城市建设、公路铁路建设以及水利水电工程建设等。

水利工程移民就是由于国家、地区政府或者工程业主兴建水利工程征用土地、房屋和其他土地附着物,使得这些被征用土地和财产的所有者(或使用者)被迫进行迁移的人口流动形式。所以,从严格意义上说,水利工程移民是兴建水利工程而引起的有一定规模的、有组织的人口迁移及其社会经济系统重建活动。

2. 水利工程移民的基本特点

一是移民过程及工作的繁杂性。移民过程大致需要经历三个阶段:①水利工程建设之前,政府等相关部门对移民进行思想教育工作,动员移民搬迁;②移民

第9章 城镇化过程中水利工程移民的社会融合

从原来居住的地方迁移到另外一个地方；③移民在新的地方重新建造家园。在这个过程中，社会各个群体之间必然会发生强烈碰撞，移民原有的生产生活方式、思想道德观念、行为习惯等会在搬迁之后发生巨大变化，迁入地的当地居民也会因新群体的进入而改变原先存在的物质形态及精神状态，政府等管理机构也会因此调整原来的管理模式、管理方法，企业等营利性组织也会在移民工程中分得一部分利益，在教育、卫生、科技、文化、体育等领域都会产生影响。在这个过程中，不可避免地会出现不同群体之间利益的冲突、文化传统以及宗教信仰的碰撞，移民工作的繁杂性可想而知。

二是移民本身具有被动性。在整个移民过程中，政府部门占主导地位，政府将根据水利工程建设的需要，确定移民迁移的范围、时间、迁移的方式等，完全不允许移民自己进行规划，带有一定的强制性，移民在整个过程中完全处于被动的地位，不能以自身的意志为转移。

三是移民群体的补偿性。移民的搬迁行为是牺牲自身利益而进行的，无论在物质利益方面还是精神层面都必然受到不同程度的影响，所以给予相应的补偿是合情合理的。为了社会的和谐稳定，从社会公平、公正的原则出发，补偿应当按照搬迁之前的价值或者恢复原来功能的标准，但是由于移民在搬迁之前的生产生活条件一般比较差，所以在搬迁的过程中以及搬迁之后，都需要国家政府的帮助和补偿。

四是移民群体的依赖性。移民在搬迁之前大都生活在经济欠发达的地区，科学、教育、文化、卫生等方面发展较为落后，所以大多数移民没有接受过高等教育、文化素质较差、没有一技之长，主要从事第一产业或者劳动密集型产业，通过简单的出卖劳动力获取收入，维持家庭的生产与生活。所以当移民搬离原来的地方，必然会失去赖以生存的土地，失去原有的交际圈、甚至失去原有的工作，所以搬迁安置后，移民群体在各个方面都要重新开始，亟须国家政府的支持，对国家和政府有很强的依赖性。

五是水利建设导致移民的时限性。各水利工程在开工建设之前，都提前规划了具体的建设时间进程、建设影响的范围，所以各地区移民必须在提前规划好的时间内做出相应的行为。例如，在丹江口水库开始建设之前，相应范围的移民必须搬离库区，接收移民的地区，在移民搬迁之前或者在搬迁后的一定时间内，做好安置房及配套设施建设。

9.2 水利工程移民社会融合的现状

9.2.1 社会融合现状

1. 生活现状

（1）居住情况

移民的居住状况大致上可以分为两种情况。一部分是移民对现有居住状况较为满意，这部分移民在搬迁之后，政府对其住房都给予了优惠政策，他们一般利用搬迁补偿资金和自己原来的积蓄，选择在安置地重新修建房屋或者购买安置房，或者选择到其他地方重新建房或者买房，搬迁后的居住条件和环境都会比原居住地好很多。另一部分移民则对现在的居住状况不太满意，主要原因是有以下几点：第一，搬迁补偿资金和自己的积蓄较少，而重新建房或者买房的资金较多，只能选择房屋、环境相对比较差的地方居住；第二，安置地区没有土地可供建房或者统一安排的安置房没有建好，导致移民在搬迁之后无房可住，只能选择租房，居住环境和居住条件一般较差；第三，安置区房屋建设不符合要求，存在房屋漏水、地面塌陷情况，并且缺乏相应的绿化、休闲场所建设，甚至与生活相配套的设施都没有，如没有暖气管道、附近没有菜市等，给居民生活造成极大的不便。

（2）就业情况

移民在搬迁之后，职业明显开始分化，职业结构也趋向多元化。移民群体的就业情况大致分为以下几种：①迁入农村地区的移民，这部分移民大多数从安置地区分到土地，生产生活的变化不大，依旧从事自己原来熟悉的农业、种植业等第一产业，继续种粮种菜；②迁入城镇地区的移民，这部分移民由于失去了土地，不能从事农业及相关劳动，再加上没有受过高等教育和一技之长，很难再城镇找到一份称心如意的工作，常见的工作便是开摩的或者当保安，有的只能在镇上打点零工，依靠低保维持生活，日子非常艰难；③部分移民选择外出打工，但是由于移民大多数来自农村，所以只能靠出卖劳动力获得收入，一般都是在劳动

第9章 城镇化过程中水利工程移民的社会融合

密集型产业就业,如纺织、服装、玩具、皮革、家具制造的行业;④选择从事个体经营,有些移民在搬迁后依靠自有资金,在迁入地开办商铺、成为菜农或者从事个体运输,生活的较为满意;⑤有些地方为移民专门制定了扩大就业的政策,特别是政府机关或者事业单位都相应的增加岗位,吸引移民中受教育程度较高或者有一技之长的群体就业。

(3) 收入情况

移民在搬迁以后的收入情况大体上呈现出两种趋势,一部分移民的收入增加,一部分移民的收入与搬迁之前相比明显减少。前者在搬迁之后,抓住政府政策扶持的机遇,充分利用各种优惠政策,在安置区利用自己的一技之长或者富足的资金投资店铺、包办工程、与他人合资经营,取得了较大的收入,或者在安置区找到了较为满意的工作,还有部分居民由于安置的居住地点或者分配的土地地段较好,通过房租和地租获得了很高的收入,再加上国家在后期加大对移民的补助,移民的收入大大增加;后者由于安置地本身较为贫困,缺乏经济发展的机遇,获得收入的途径很少,所以许多移民外出打工,但是由于工作的企业大多数是处于产业链的低端,所以收入有限,很多移民仅仅依靠政府救济金、低保来维持生活。

部分地区则出现移民搬入以后,导致整个地区的人均收入下降,主要是因为移民的增加使得该地区需要依靠低保、补偿金、救济金生活的总人数增加,还有些移民不能享受低保,生活水平更低,从而使得整个地区贫困程度加剧。

(4) 医疗保健情况

移民的医疗保健情况较搬迁之前有明显的改善,但移民的身体健康状况有所下降。为了促进社会的和谐稳定、促进移民尽快地融入当地生活,提高移民满意度,政府在对移民的医疗保健等问题十分重视,出台了一系列旨在提高安置地区医疗服务状况的政策,如加快建设医疗服务设施、加快合作医疗的普及。但是由于搬迁后,移民的生产生活环境变化较大,特别是自然环境的改变,使得很多移民在温度、湿度方面不能很好地适应,从而使移民的患病率较搬迁之前高,并且远高于当地居民的患病率。

(5) 教育情况

由于安置地不同,政府对移民所采取的政策的侧重点也有所不同。部分地区的政府十分重视教育问题，故在移民搬迁之后，给予移民在教育方面与当地居民平等的待遇，移民子女在就近的学区上学，在九年义务阶段免除学杂费，在高中阶段还给予优惠，继续免除学杂费；但是有些地方的政府，只重视移民的搬迁和安置工作，对教育问题不够重视，使得在移民搬迁后的很长一段时间内不仅不能享受到国家的优惠政策，还要在教育上增加经济负担，子女在安置区上学，不但需要缴纳学杂费，还要缴纳借读费，这在很大程度上增加了移民对搬迁工作的不满，不利于促进社会融合和移民工作的后续开展。

2. 心态现状

我国一直以来对移民问题十分重视，所以到目前为止，移民心态整体上是健康向上的。由于我国政府出台的政策以及政策的落实情况较好，移民对目前的生活状态比较满意，所以心理没有很大变化，对政府的政策和行为持支持的态度，再加上政府定期地进行心理健康方面的教育和辅导，移民多数能主动配合政府工作并融入到当地的生产生活中。

(1) 以国家利益为重，支持移民政策

在大多数移民心里，认为水利工程建设是关乎国家利益的大事，自己能够为国家建设做出贡献是一件值得自豪的事情。所以在水利工程建设的过程中，大多数移民非常支持移民政策，积极配合政府的搬迁、安置工作，并且用自己的行动去响应政策，积极融入安置地区。即使政府在执行的过程中有些行为不当，但是移民认为舍弃自己的小利益是对国家大局建设的支持，所以仍然支持政府行为，并且认为水利工程建设也有利于惠及全国人民，建成之后可以促进很多地区的经济又好又快发展，有利于全面建成小康社会。

(2) 适应新环境和新生活

政府在移民的安置方面，主要采取三种安置方式：就地安置、就地后靠安置和异地安置。无论采取哪种安置方式，就目前情况来看，移民基本上已经融入到当地的生产生活中，这主要是因为大多数移民在内心深处认为，无论安置区的环境如何，国家和政府都采取了大量的优惠政策来关心和帮助自己，应当以自己的行动来支持国家和政府的工作。特别是异地安置的移民，他们的各个方面都发生了巨大的变化，适应新环境和新生活直至融入到安置区需要一段较长的时间，但

第9章 城镇化过程中水利工程移民的社会融合

是移民认为自己是水利建设工程的受益者,所以应该自力更生,遇到困难自己解决,主动寻找、学习新的生产方法,提升自己的生活质量。

3. 经济现状

(1) 产业结构不合理

当前我国大部分地区产业结构很不合理,面临着调整,移民地区的产业结构也不例外。主要表现在3个方面:一是一般性产品种类多,专用品种少,初级产品多,加工产品少,精加工产品更少;二是农产品质量亟待提高,名优产品比例较低;三是依托当地资源优势下发展的小型工业企业不符合国家可持续发展战略,特别是产业模式没有得到根本的改变,物耗高、能耗高、污染高的"三高"问题依然严重,所以多数这样的企业被限制或者停止发展,进而限制了移民的收入来源。

(2) 存在大量剩余劳动力

近年来,由于我国的经济发展进入了平稳期,就业难问题更加显著。移民搬迁导致大量移民不能从事原来的行业,移民本身在非农劳动力市场上没有竞争优势,不能满足就业单位的用工要求,使得很多地区同时存在用工难和就业难的问题。同时,国家又不能提供足够的就业岗位,所以导致大量剩余劳动力的存在,移民安置区也因为经济发展不景气而产生职工下岗的情况,这样一来,移民所面临的竞争压力就更大了。移民无法就业,必然导致收入的减少,生活水平的下降。

(3) 不合理负担过重

安置地区为了接受移民必然要增加各方面的资金投入,如安置房建设、公共基础设施建设、绿化地建设等,这就会加大当地政府的财政压力。此外,安置区的经济一般发展的也比较缓慢,所以会导致地方财政出现巨大的缺口。为了弥补这个缺口,政府一般会采取最直接的也是能最快产生效果的办法,即向移民增加各项收费或者扣除部分国家划拨给移民补助费用,这样的做法增加了移民不合理的负担,限制移民收入的增加。

（4）对移民地区的投资不足

在很多移民地区，国家对移民只做了简单的补偿，如安置房建设、扩宽道路、土地分配、子女教育等，但是这些都是基础性投资，各级政府并没有从促进移民的长远发展出发，只注重眼前的成果，导致移民区投资没有形成合理完善的体系，投资显得单薄，从而制约了移民的增收。

目前，为了促进水利移民的经济发展，国家在对移民的投资上往往以第一产业为主，依托移民区丰富的土地资源，大力科学发展发展种植业、林业、渔业和采集业，这样虽然有利于移民生产生活方面的适应，却限制了移民经济的多元化发展。土地的价值不仅仅在于或者只能用作第一产业的发展，往往可以通过招商引资，提升土地的价值，政府可以采取有优惠政策，特别是土地和劳动力优势，吸引第二、三产业入驻，这样不仅可以有效解决移民就业问题，还可以增加当地收入，促进经济发展，并且也可以减少因过度开垦而造成的水土流失等环境问题。

4. 文化的现状

我国文化的地域性十分显著，不同文化之间的差异性较大，文化的强烈碰撞会产生两种结果，要么是一种文化以另一种文化的消灭为胜利，要么是两种文化发生融合，产生一种新的双方都能够接受的文化。移民过程中也是如此，部分移民或者当地居民只认同自己原来的文化，并用自己的文化标准去衡量对方的文化，不能够接纳、包容对方文化，也有部分移民或当地居民思想观念较为开放，能够汲取对方文化中的优秀部分，并与自己的文化相融合，从而使得移民区形成新的、独特的地域文化。

在移民搬入安置区的很长一段时间内，文化融合的状况都不容乐观，移民与当地居民的文化排斥现象十分严重，具体表现为：当地居民对移民文化持有歧视，认为移民文化是落后的、不符合社会主义核心价值观的文化，自己的文化则是先进的，优于移民文化。当地举办的各种文化活动均不考虑外来文化的存在，移民一般也很少参与，移民只在自己的群体范围内继续保持着原有的传统习俗，不吸取当地文化的精华之处，从而导致双方的文化不能融合。当然也有部分地区文化融合状况良好，这部分安置区居民的文化素质较高，思想观念先进，对移民的到来表示热烈欢迎，并且积极主动的与移民探讨、学习双方文化的优秀之处，

第9章 城镇化过程中水利工程移民的社会融合

当地政府也举办各种文化活动，既包括当地的优秀文化，也包括移民的传统习俗，移民在这样和谐的氛围下，往往能够敞开心扉，积极参加各种文化交流活动，在不知不觉中与当地居民一起将双方的文化融合在一起，产生了一种新的、优秀的文化。

5. 人际关系及政治参与现状

移民在迁移的过程中是以家庭为单位，而非以个人为单位，所以移民活动不会造成家庭内部结构发生变化，家庭内部的人际关系不存在融合问题，仍然以血缘、亲缘为基础进行交往。但是移民活动会造成家庭以外的关系结构发生变化，移民原有的交际对象、范围等都会发生变化。移民搬迁到新的地方，会与当地居民发生交往；移民职业的变化，导致移民交往的对象出现复杂性和多元性，同时交往的范围比前搬迁前扩大许多。除此之外，移民在搬迁之前，受传统小农经济影响较深，思想比较简单，人际关系往往是单纯的，而移民安置地一般比移民原居住地的经济发展水平更好一些，所以人们在交往中的逐利性较强，交往的过程中往往掺杂的东西较多，因此移民为了更好更快地适应新生活，必须改变原有的社会交往方式和心态，这就使得移民的人际关系处理起来比较复杂，增加了社会融合的速度。

积极的政治参与是化解社区冲突、促进社区融合的重要方面。移民在搬迁之前，过着日出而作、日落而息的生活，加上经济不发达，文化水平低，受传统封建思想影响较大，各种基础设施建设不完善，信息闭塞，所以移民多数不关心政治或者没有条件参与政治生活。但是移民搬迁打破了移民们安逸的生活，使其各个方面的利益均受到不同程度的损害，再加上安置区的原本的政治参与制度较为完善，当地居民的政治参与度较高，移民开始关心自己的利益，特别是在安置政策、搬迁补偿、国家补助政策等方面的政治参与十分积极。

总之，就目前总体情况来看，移民群体的生活现状、心态现状、经济现状、文化现状、人际关系和政治参与现状良好，无大规模群体性上访事件，移民基本可以融入到当地生产生活中去，但是部分地区移民群体的精神文明建设相对不足，融入情况不够好，需要政府的进一步关注和引导。

9.2.2 水利工程移民社会融合存在的问题

1. 移民政策问题

（1）移民政策不适应社会经济发展的需要

1）移民政策简单、僵化。我国的移民政策大多从理论上或者是借鉴历史经验制定的，没有充分考虑现实情况，采用"前期补偿、补助与后期扶持相结合"办法，但是随着社会的快速发展，我们的政策没有及时的进行改革，从而产生政策落后于实际，这样必然会导致移民工作在实际的运行中出现问题。特别是在后期补助方面，移民实际所得到的补偿是没有考虑时间价值的，在这样的情况下，移民的经济利益受到很大损失，政府现行的移民补偿制度未按照真实的移民成本进行赔偿，这是不符合公平、公正原则的。

2）移民政策不协调。目前，我国实行的移民政策不仅落后于经济社会发展水平而且与其他行业政策不衔接。移民条例明确规定"对农村移民安置进行规划，应当坚持以农业生产安置为主"，并且对各地区移民的后续发展措施基本没有，这就使得移民区的经济发展以农业为主，第二、三产业发展落后，与当前我国普遍实行的经济政策不协调。除此之外，从20世纪80年代初开始，水利工程移民就采取独立的政策，与城市建设、社会保障制度等没有衔接。而且近些年，各行各业根据所在地区不同，制定的行业政策也不相同，甚至每个乡镇的标准还有区别，这就导致移民政策被孤立，容易产生冲突。

3）移民政策重视了各种移民情况的普遍性，而忽略了存在的特殊性。我国水利移民政策强调同类同质的补偿标准，只考虑普遍情况，没有考虑到以下几个问题：①移民迁出地的实际情况不同，水利工程所涉及的范围十分广泛，各个地区的经济发展水平、风俗习惯等都不相同；②各地方政府对移民采取的搬迁安置方式有所差异；③安置地区的自然环境、经济发展水平、居民的思想观念等不同。所以采取的同质同类的政策是不能够满足移民多样化的需要，特别是对于少数民族地区，更应当采取特殊的政策。

（2）移民政策没有顾及到移民的文化和心理需求

目前的移民政策主要是关注移民的日常生活适应程度，这主要与我国的社会

第9章 城镇化过程中水利工程移民的社会融合

发展程度有关,目前我国在解决移民日常生活方面积累了大量的经验,而且已经形成了一套较为完备的日常管理体制,在日常生活方面的政策十分到位。但是从可持续发展的角度来看,仅仅注重日常生活方面的政策是远远不够的,还应该关注移民生产力水平的发展和文化心理需求。从马斯洛的人类需求的五个层次来看,即生理需求、安全需求、情感和归属的需求、尊重的需要和自我实现的需要,各层次的需要相互依赖和重叠,某一层次的需要相对满足了,就会向更高层次的需要发展,所以移民在日常生活方面适应之后,必然会需要发展生产力及寻求文化和心理的需要。但是,目前移民的生产水平和文化心理的需求远远没有得到满足,移民政策对于生产力的发展主要体现在对于迁移到农村的移民,在分得土地的基础上,进行农业发展,而忽视了移民的安置地区不同,所具备的生产条件不同,如部分地区不适合发展农业,有些地区移民对渔业等其他生产经验丰富,有些地方发展第二、三产业会带来更大的经济利益等。

除此之外,部分移民已经满足了生活适应和生产适应,亟须在文化心理方面给予指导,这主要是因为移民搬迁之后,由于生产生活发生了很大变化,原来的社会交往不复存在,文化传统受到质疑或者排斥,加上部分地区对移民存在歧视,移民心理受到强烈冲击,因此需要政府开展文化教育活动,宣传正确的价值观,促进移民文化和安置区文化的融合,从而帮助移民树立健康的心理。

2. 移民管理体制机制不健全

一是至今为止,我国移民工作的主要实施者是各级地方政府,国家只是在大政方针上给予指导,没有成立专门的管理机构,从而使得整个移民管理松散,各种规划方案没有系统性和长期性,与我国整体的发展布局脱节。

二是移民工作管理不规范。移民问题涉及各方政府职责,但是由于没有成立国家级的移民管理机构,导致省、市、县级的政府责任主体不清晰,在制定、落实相关政策时上下级之间不能够协调统一,从而产生政策重复、不到位、频繁变化,甚至矛盾的现象,当移民出现问题时,各方相互推脱责任,再加上我国法制建设不健全,在移民安置规划的过程中没有法律保障,移民政策的落实结果没有统一标准,移民问题解决难度加大。除此之外,各级政府在执行移民政策之前,对政策没有认真研读,理解不够到位或者产生偏差,在思想上也没有跟上时代的步伐,不注重从长远利益出发,深入思考移民问题,在执行移民政策的过程中,采取传统的行政命令方式管理工作,工作人员没有经过相关培训就进行工作,不注重与移民的沟通,不善于倾听移民的意见和想法,造成移民与政府之间的矛盾。

三是缺少正面舆论宣传。在移民工作过程,我国的主流媒体没有发挥其应有的作用,既没有宣传移民政策,也没有报道移民因水利工程建设而获得了生活质量、收入等方面的提高,从而是移民看不到自己在整个移民工程中的作用和可以享受到的利益,导致移民对政策不够了解,不能迅速做出反应,也不能很好的协助政府的移民工作,甚至对政府产生怀疑和误解。

3. 利益诉求多元化

在过去,水利工程都是国家主导建设的,移民大多数具有"舍小家,为大家"的精神,愿意为了国家利益,牺牲个人利益,对国家的诉求很单一,仅仅为了满足基本的生产生活需要。随着经济的发展,特别是改革开放以来,我国改变原来的计划经济体制,发展市场经济,水利工程建设也不仅仅具有国家参与的部分,市场也已经参与进来,这样一来,水利工程建设的利益主体具有多个,并且所赚得的利益大大增加,但是对移民的利益补偿却没有随之增加。移民在搬迁之后,生产生活水平提高了,受教育的程度也大大增加,参与政治的积极性更大,进而意识到自己的牺牲不仅仅是为了国家,还为许多盈利性组织带来了巨大的财富,导致移民诉求的多元化,主要表现为两方面:一是诉求对象的多元化,移民不仅仅向政府机关诉求利益补偿,还向相关企业进行诉求;二是诉求种类的多样化,移民不仅仅追求吃饱穿暖,有房住的补偿,还需要获得文化教育等精神方面的补偿。

除此之外,在政府与政府之间、政府与企业之间也存在着利益诉求的多元化。首先,政府与政府之间不再仅仅是简单的国家决策的执行机关,而且是利益相关者,在进行水利建设的过程中,往往涉及各个地方的政府,各政府之间,上级政府与下级政府之间,都存在利益诉求,如迁出地政府和迁入地政府,迁出地政府是水利工程建设的直接获利者,而迁入地政府在接受移民的过程中,肯定与迁出地政府有着利益的协调,从而成为间接受益者;其次,政府与企业之间,在企业进行建设时,必须得到当地政府的大力支持,这时政府就会要求企业加大对当地经济建设的投资,或者承担更多的义务。

4. 移民利益补偿机制问题

移民的利益补偿机制是为了实现社会各方均衡发展,促进社会公平。在水利

第9章 城镇化过程中水利工程移民的社会融合

工程建设中,存在两种利益群体,即利益受损者和利益受益者,其中最大的也是最直接的利益受损者即移民。在搬迁的过程中,失去家园、失去土地、失去朋友,应当得到妥善的安置和补偿,补偿的最低的标准也应该是在搬迁之后,可以恢复到原来的生产生活水平或者获得的资金补偿可以抵消所受到的损失;在水利工程建设的过程中受益者有政府、企业和水利工程所经历或惠及的地区,他们从中获得了直接的经济收入或者健全了管理机制或者居住环境大大改善。为了促进社会和谐发展,需要通过政府的制度建设或者制度创新,运用财政杠杆等手段,实现各主体利益之间的转移和再分配,对受损群体进行补偿,特别是弱势群体的补偿,从而避免次生贫困等问题发生。

5. 移民自身问题

1) 角色定位错位。部分移民将自己的身份定位为水利建设工程的"受害者",认为自己为了国家的利益,牺牲了自己的幸福,政府进行补偿是理所应当的,而且政府应该在多方面给予特殊待遇。当移民对安置补偿政策有所不满时,便采取不合理甚至是不合法的方式进行申诉,并认为自己无论采取什么样的做法都应受到政府的保护,自己的任何要求政府都应该满足。完全没有认识到自己才是移民工程的主体,政府是在扮演公仆的角色,自己应该积极主动地配合政府的各项政策,顺利完成搬迁工作。

2) 期望值过高。水利工程建设开始之前,政府往往会对移民做大量的宣传准备工作,特别是思想工作,极力宣传水利建设工程是"功在当代,利及千秋"的事情,会为国家和人民带来很多利益,是改变现状的大好机遇,并且政府为了更快地使移民搬迁,会向移民做出各种承诺,从而使移民对搬迁后的生产生活充满期待。但是移民在搬迁之后,由于政策、后期补偿机制和政府执行过程中存在问题,会导致移民后的生活与心中所期待的有很大差异。

3) 急功近利。部分移民在搬迁之后就想要立即改变原有的生活状态,提高生产生活质量,没有认识到脱贫致富是一个循序渐进的过程,不可能一蹴而就,需要自身和政府一起长期努力,不能简单地认为政府补偿等于赔偿。

4) 心理准备不足。移民无论是在搬迁前、搬迁过程中,还是安置以后,心理都会存在不同程度的疑虑,对未来的生活既充满期望又有些许担心。移民要离开原来熟悉的人、熟悉的环境,进入一个自己完全不了解的地方,心理上很难在短时期内转变过来,并且可能由于政府工作的不到位、移民自身的适应能力较差，对故乡有着深深的眷恋之情、安置区居民的不友善，使得移民在心理上不能很快适应。

5）忽视自身素质技能的提升。部分移民在搬迁之后得到了大量的补偿，再加上安置区经济发展较好，依靠房屋租赁就可以获得较好的收入，于是就降低了进取心，不愿去接受教育提升自身的素质，也不愿意学习一技之长；还有部分移民总是抱着"移民就是特殊公民"的想法，完全依靠政府解决自己在生产生活方面的问题，再加上自身基础较差，学习新知识、新技能的能力较差，速度较慢，于是就放弃通过其他方式自谋生路。

9.3 水利工程移民社会融合的影响因素

9.3.1 政治因素

水利工程移民会造成大规模的人口迁移，随之而来的就是社会融合问题，只有移民在各个方面真正地融入到安置区，移民工作才算结束。这个过程的主导者一般是国家和政府，由于我国是人民民主专政的社会主义国家，因此政府应该始终代表、维护公民利益。政治因素对水利工程移民社会融合的影响主要体现在以下两个方面：

一是移民的政策。好的政策及其有效执行是移民和谐融入的前提和基础，如果政策不统一、不具有延续性或者对政策有误解等就会造成移民无法实现融合[82]。水利工程移民的社会融合需要移民和安置区两方面的共同努力才能实现，所以移民政策对两方都具有很大影响，我国对移民普遍采取前期补偿、补助和后期扶持相结合的政策，前期补偿的主要对象是移民的耕地和房屋，关键是补偿的标准。随着经济的发展，我国根据移民的实际情况，坚持以人为本，对土地的补助费和安置补助标准不断提升，后期扶持主要是通过将扶持资金纳入中央财政预算管理，大多数采取将资金直接发给移民的方式，在整个过程中，政府所具有的总的补偿费用是有限的，而不同移民的需求是不同的，所以政府应当注意在不同阶段协调好补偿项目的结构比重，这样才能使移民较快融入安置区。除此之外，政府应当对安置区居民宣传移民政策的有利之处，不仅仅可以给当地的经济、文化发展带来很大机遇，提升闲置地的价值，增加收入，而且使各种公共基

第9章 城镇化过程中水利工程移民的社会融合

础设施建设得到完善,改善生产生活的条件和环境。当移民和安置区居民对政策都较为满意时,将大大促进双方的融合。

二是移民平等参与政治的机会。移民在迁入安置区之后的很长一段时间内,在政治参与方面依旧受到很大影响。一方面是因为移民的政治参与意识不强,对自己定位出现偏差,认为安置区的政治与自己无关,不愿意参与其中;另一方面是因为安置区居民的排外行为,不允许移民参加当地的政治事务。移民如果没有平等参与政治的机会,就相当于自己的身份不能得到当地的认可,不能获取政策信息,自身的利益必然受到损害,这样一来,就会加深移民对政府的不满,使移民与安置区居民产生矛盾,成为社会融合的障碍,所以政府应当创造机会,使移民与当地居民共同参与政治。

9.3.2 经济因素

在影响水利工程移民社会融合的因素中,经济因素的影响最大,并且经济发展与社会融合相互促进。

在搬迁的过程中,主要涉及两个主体的利益,移民和安置区居民,两者最关心的都是自己的利益,其具体表现就是收入的多少。对于移民来说,当收入水平提高了,移民的基本生活有了保障,从心理上移民会认为搬迁给自己带来了好处,对现状较为满意,认同安置区的生产生活方式,在行动上移民会积极配合国家相关政策的实施,主动参与到安置区的政治生活中,社会融合也就顺理成章了;当收入水平下降时,移民将会对现状的各个方面产生不满,甚至会对安置区居民、政府等产生敌意,那么生产的融入、生活的融入、文化的融入等就不可能实现。对于安置区居民来说,接收移民的主要目的就是促进经济发展,由于实际情况不同,有些安置区在移民迁入后,经济水平大幅度提高,有些地区的经济水平不升反降,对于前者,安置区居民会非常热情的欢迎移民的到来,在各个方面帮助移民适应新生活新环境,而对于后者,安置区居民将会产生排斥心理,社会融合就会出现困难。

同时,经济的发展需要经过一个漫长的过程,不能只顾短期利益而忽视长远发展,这样势必会给社会融合造成隐患。20世纪80年代以前,我国的水利工程移民产生了次生贫困人口问题,其主要原因是片面注重经济的快速发展,忽略了生态环境保护等问题,使移民的生存环境受到威胁,所以应该坚持科学发展观,走可持续发展道路,使经济又好又快发展,实现长期的社会融合。例如,江津通过开展"科技致富工程"、"一帮一工程",使移民掌握了当地种植树苗的经验,促使移民与居民一起合作经营,逐渐成为不可分割的联合体,共享成果,共担风险,在潜移默化中缩短两者之间的差距,促进当地的社会融合。

9.3.3 安置因素

水利工程移民的安置工程巨大、问题复杂,安置的时间长短、安置的方式、安置的地点等都对移民的社会融合产生巨大的影响。

安置时间长短的影响。移民搬迁后重新发展生产、构建人际关系网络都需要一定的时间,安置时间长,移民能够有充分的时间去适应安置区的生活,社会融合的效果较好,安置时间短,移民无论是在心理上还是在日常生活上,都无法快速的转变过来。但是对社会融合的影响不明显。

安置地点的影响。各个安置地点的自然环境、经济发展水平、人文环境以及距离原居住地的远近都是不同的,一般来说,在选择安置地点时,政府坚持安全生态原则、就近选址原则、可持续发展原则、相对集中原则和自觉自愿原则,从而最大程度地满足移民需求,促进社会融合。

安置方式的影响。安置方式分为就地安置与异地安置、集中安置与分散安置、政府安置与移民自找门路安置,因不同安置方式以及由不同安置方式所带来的地缘关系变化会对社会融入产生重要影响。其中,分散安置和集中安置对社会融合的影响对比明显,许多地方政府采取集中安置的方式,这就使得移民最初就将自己局限在移民这个小范围内,移民群体自己进行产业建设、很少参与政治生活,从而形成一个独立、封闭的小社会,与其他居民基本上没有交往,在很多公共基础设施建设不能达成一致,明显的存在与社会分离的态势,非常不利于社会融合。而分散安置则相反,移民从一开始的活动范围就很大,很多事情必须和当地居民一起完成,这就在无形中促进了社会融合。

9.3.4 文化因素

文化是一个活跃的因素,具体表现为语言文化、耕作文化、饮食文化、习俗文化、服饰文化、娱乐文化、婚姻文化、宗教文化等,移民是这些文化的携带者

第9章 城镇化过程中水利工程移民的社会融合

和传播者,当移民迁入安置地后,对新迁入地的异质文化适应情况直接反映了移民的社会融合程度。当移民文化与当地居民的文化经过接触、碰撞、交流,双方较好地适应了异质文化,就会吸收各自优秀的文化传统,与自己的文化相互融合,从而创造出更高层次的文化,促进社会文化的进步;当移民和当地居民之间的文化差异较大时,将会影响他们对社会角色的认知和定位,特别是移民可能会出现各种心理问题,进而影响与当地居民的社会融合。

文化融合并不意味着两种或多种文化最后只能存在一种,而是各种文化通过积极整合,产生新的文化,并且这种文化会对社会各个方面产生积极的影响。文化作为一种精神食粮,能够帮助或解决许多依靠经济手段和行政手段都无法解决的问题,并且为经济发展和政治发展提供精神支持,而且文化可以通过与类型的经济活动结合而产生文化经济,可能就成为一个新的产业领域,从而产生巨大的经济效益和社会效应。政府部门应在尊重各自文化的基础上,加以积极引导,促进融合进程。

9.3.5 心理因素

移民的心理直接、真实地反映了移民对搬迁安置以及未来生活的愿望和要求,对其社会融合有直接的影响。移民的社会性跟随其社会地位的移动而相应变化,表现出来就是社会角色的转变,社会角色转换是否成功是衡量移民在心理上对安置地的认可和个体社会融合程度的标志。移民的社会融合受安置地和移民个体本身两者制约,只有形成两者互动有利的态势,才能实现真正意义的融合。

心理因素对社会融合产生的不利影响主要体现在以下几个方面:第一是怀旧心理。怀旧就是缅怀过去,指怀念往事或故人,移民在迁入安置区之后,不可避免的会对原来生存的环境存在留恋之情,这种心理无关乎安置区的地理环境、生活条件、风土人情,也与政府的补偿无关,移民会在潜意识中将自己与当地居民区别开来。第二是依赖心理,部分移民总是认为为了国家的利益损失自己的利益,是非自愿的进行迁移,把自己当成"特殊公民",国家和政府应该为自己安排好生产生活问题,加上移民自身的文化水平不高,思想上较为落后,对搬迁后的生活没有积极主动规划的意识,所以对政府和国家产生了"等、靠、要"的依赖心理。第三是消极发展心理,有一部分移民认为搬迁后的生产生活状况与政府承诺的或者自己期望的差别很大,无论是在物质上还是精神上都没有得到满足,加上部分地区的政府无作为,使得移民对未来的发展失去信心,产生了消极等待观望的思想和被动的发展心理。第四是渴望理解与矛盾心理。移民在搬迁之后,希望以最快的速度恢复到以前的生产生活状态或者超过之前的状态,并且希望积极融入到当地,但是社会融合是一个双向的过程,当地居民的行为会对此产生巨大影响,如果居民对移民的到来抱着排斥的态度,那么就会使移民产生失落,使他们在心理上表现出依赖性与独立性的矛盾、优越感与自卑感的矛盾、认知与情绪之间的矛盾。第五是心理失衡问题。由于移民安置地点不同,安置后的生产生活水平、经济发展水平、政治参与度等都会出现差异,部分移民会将自己的现状与原来的生活状况作比较,会将自己和其他安置区的移民作比较,还会将自己与其他形式的移民作比较,由于人的需求是无限的,总是将自己与最高的标准相比较,必然会产生不满和失望感,部分移民还会产生心理失衡现象。因此,国家、政府、移民自身都应该采取相应的措施促进心理的健康发展,促进移民的社会融合和社会稳定。

9.4　促进水利工程移民社会融合的对策建议

9.4.1　完善移民政策

(1) 完善政策

第一,本着改革创新的精神,加强移民政策研究。重点探究移民区和移民安置区后续发展政策、移民补偿费用动态管理政策、社会保障政策、结合城镇化的发展安置农村移民的政策、先移民后建设政策、少数民族地区特殊项目补偿政策、征地补偿和国有土地征收房屋补偿政策等。

第二,加大对政策研究的投入力度。主要是加大对研究的资金、人员的投入,构建以国家水利研究中心、水利规划设计总院为核心的水利移民研究体系。

第三,实事求是地创新移民安置方式。在总结试点地区经验的基础上,探究移民多渠道安置方式、货币化安置方式、逐年货币补偿安置、征地补偿费用入股水利建设等,使移民成为水利工程建设的直接受益人群,形成移民促进水利工程建设和水利工程提高移民收益的互利局面。

第9章 城镇化过程中水利工程移民的社会融合

第四，探究利益合理分享机制。水利工程建设中的利益分享者众多，作为非自愿的移民，为此牺牲了很多，所以应该将促进移民安置区经济发展，帮助移民脱贫致富是水利工程建设的目标之一。为此要创建合理的利益分享机制使项目法人、政府、移民共同享受水利工程带来的效益和成果，并且特别要关注移民的利益，使水利工程建设真正成为流域地区发展经济、加快城镇化进程的重要契机和当地移民群众脱贫致富的机遇。

第五，坚持市场定价原则，实现移民利益和水利工程利益联动。虽然水利工程既具有经营性又具有公益性，但是目前水利开发建设已经基本实现市场化。要进一步充分发挥水利工程建设的经济效益和社会效益，解决水利建设项目长期积累的矛盾和问题，必须充分调动各方积极性，兼顾并协调好各方利益，因地制宜制定政策和措施帮助移民脱贫致富，只有这样，才能从根本上消除水利移民和水利发展的体制机制障碍，促进移民的社会融合。

(2) 加强移民政策宣传

要想更好地推进移民工作，就必须让广大的移民群众参与到移民政策的制定中来，广泛听取基层群众的看法和意见，让移民主动成为政策的宣传人。因此，各级政府中的移民管理部门以及移民工作者应该切实做好政策宣传工作，采取各种各样的方式，将中央政策以及地方各级政府的政策向移民如实、详细、正确地宣讲，让他们共同为今后的发展做出规划[83]。对于移民不理解的地方要给予详细耐心的解释，对于移民合理意见要认真研究、采纳，要给予有困难的特殊移民适当的照顾。对安置地的安置政策、安置条件要实事求是客观公正地宣传介绍，不符合实际地介绍安置地的条件，会使移民迁居后过高的期望值与实际情况形成巨大反差，造成心理失衡。可以成立代表移民利益、反映移民需求和意见的非政府组织，与当地政府积极沟通交流，这样有助于发挥移民的积极性，使移民主动参与政策方案的制定。

9.4.2 大力发展经济

(1) 抓住经济发展的良好契机

一是要将移民迁建和水利工程建设紧密结合起来，抓紧对流经区域和安置地区进行产业结构调整，制定相应的鼓励招商引资政策，支持并引导重点建设项目和招商引资项目落户，积极引进外资、技术和人才，培育新的特色支柱产业，加快经济发展。二是要注重考虑增加就业机会，在提高移民自身竞争力的同时，建立有助于增加就业的经济结构和发展模式，大力开发社区服务业的就业岗位，如社区养老托幼、扶助孤残、农政服务、保安、保洁、绿化、医疗保健、修理维护和物业管理等便民利民的社区就业岗位，积极开发机关事业单位后勤保障、社区公共管理等公益性岗位，充分发挥经济增长对就业的拉动能力。三是要全面落实鼓励、支持和引导个体、私营等非公有制经济发展的方针政策，消除影响非公有制经济发展的体制性障碍，放宽市场准入，实现公平竞争，完善相关法律法规和政策，依法保护非公有制企业和职工的合法权益，进一步引导非公有制企业贯彻落实科学发展观，依法经营、照章纳税、诚实守信、健全管理。四是要大力发展第三产业，扩大开放度，加大第三产业企业改革力度，培植第三产业名牌企业，利用高新技术改造传统行业，提升第三产业科技含量。五是要鼓励劳动者通过多种方式实现就业，加快完善和实施与灵活就业相协调的劳动关系、工资支付和社会保险等政策，为灵活就业人员提供更加有效的帮助和服务。

(2) 积极促进水利移民再就业

在现有政策的基础上，统筹考虑水利移民的就业工作，通过金融扶持、社会保险补贴、岗位补助等，为移民就业提供更加优惠方便的政策。鼓励水利移民自主创业和灵活就业。对未就业但是从事个体经营的水利移民，减免个人营业税、城市维护建设税、所得税、教育费附加，同时免收属于登记类、管理类和证照类的各项行政事业性收费；对自谋就业的水利移民提供再就业小额担保贷款和贷款贴息政策，并给予贷款展期的利息全额贴息的优惠；对移民灵活就业后参加社会保险的，给予一定数额的医疗保险补贴和养老保险补贴。鼓励企业吸纳水利移民就业。企业要积极利用国家对移民采取的各项优惠政策，如各类企业招用水利未就业的移民，将减免企业营业税、所得税、增加值税、城市维护建设税等，从而鼓励更多的企业招用水利移民。

9.4.3 激活移民心理认同

要激活移民的心理认同，必须加强文化和思想方面的建设。同时要明确各级

| 第9章 |　城镇化过程中水利工程移民的社会融合

政府在社会融合中的责任和义务，成为移民和安置区居民的调节者，完善各项政策，制定发展规划，特别要加强对各方利益的尊重和保护，尊重地域文化差异，提高移民和当地居民对彼此文化的认知能力，在不同文化之间寻求共同点和平衡点，促进社会融合。

在文化方面，为增进移民与当地居民间的文化交流与融合，可以开展多种形式的文化交流活动。通过普及和宣传科学文化知识，提高移民的文化素质和综合素质，树立正确的世界观、人生观和价值观；通过各种形式宣传文化作品，发挥文化作品的感染力，起到对移民熏陶和教育作用，从而疏导移民心理冲突、化解排斥情绪，进而体现政府的人文关怀；通过开展思想道德教育活动，培养移民遵纪守法意识，学会守法、懂法和用法，帮助移民更新思想观念、调整心态，保持乐观的人生态度。

在思想建设方面，政府通过思想建设地不断深入，要争取使移民在思想上达成水利工程建设是利国利民的伟大事业的共识，使移民正确认识国家和个人、生活安置与发展生产、国家扶持与自力更生的辩证关系，进而使移民逐渐摆脱事事依赖政府的意识，树立为国家建设做贡献的思想意识，主动转变自我角色定位，积极主动与当地居民交流，消除心理隔膜和不合理的思想观念，不做特殊公民。

9.4.4　增加移民教育培训服务

移民原来所在地区多数位于经济欠发达地区，基础设施落后，交通条件差，教育资源匮乏，移民文化程度不高，综合素质较差，基本上没有专业知识、专业技能和经营管理能力[70]。在水利工程移民过程中，要促进移民的社会融合，应该重点对移民进行相关文化教育、专业技能培训、科技知识培训等移民人力资源开发，最大限度地提高移民的综合素质。多年来，各级各类教育培训机构和用工单位开展了多种形式的移民教育培训，取得了显著成效。但是应该看到，当前移民培训工作还存在许多问题，如对教育培训认识不到位、激励措施不足以及教育培训资金缺乏、培训手段亟须加强和培训资源缺乏整合等问题[84]。加强移民人力资源开发和培训，可从以下方面入手：

1) 加大教育资金投入，提高移民的就业水平和创业能力。完善农村教育体系，加大对农村科技和教育的投入和支持，大力发展农村职业技术教育，使更多的移民接受科普教育和技能培训，掌握相关职业技能。加大教育经费的投入，完善相关的政策法规，拓宽融资渠道，增加移民安置区教育的财政投入，建立移民安置教育基金，鼓励对农村教育投资和捐资等，实行移民培训经费投入多元化，设置专门的机构对资金的使用情况以及培训效果进行监督和评估，提高资金的使用效益。

2）整合教育资源，扩大培训规模。在充分利用现有教育培训资源的基础上，改造和完善一批教育培训机构，完善教育培训设施和其他条件，建立一批能起示范带头作用的教育培训基地。开展针对不同类型人员的特色培训项目如打工返乡创业人员、致富骨干和带头人、劳务输出人员以及初、高中毕业回乡务农青年等。通过创办一些特色培训项目，打造地方品牌，通过实施品牌战略不断巩固拓展劳务市场，抢占市场份额，逐步形成具有地方特色优势的培训项目。

3）创建一支高水平高素质的师资队伍。大力实施人才战略，吸收一批优秀的大学毕业生扎根基层，并从职业学校、成人学校、科研院所、企业或者技术推广部门聘请移民培训教师，同时定期开展师资培训，不断提高教师业务水平。同时要加强移民培训相关教材的开发，要求编写和选用的专业教材要统一规范、实际适用并且先进创新。

4）给教育培训提供政策和信息支持。在移民地建设一批中小学，均衡配置教育资源，国家应在政策上提供支持，鼓励高校毕业生支边任教，对于一些少数民族地区，政府应给予特殊关注和照顾。以就业为导向，培养劳动力市场需要的人才，定期对劳动力市场供求状况进行调查并及时公布，定期对不同职业、不同等级的移民职业工资价位和供求情况进行调查，并将调查分析结果向移民及时公布。建立移民培训人才库，为劳动力就业市场体系建设奠定基础。做好跟踪服务和就业指导工作，各类教育培训机构和中介组织要积极主动参与劳动力就业市场体系建设并发挥积极作用，为学员就业创造条件并提供信息服务。做好移民培训工作的督促和检查，各级政府和有关部门要定期检查移民培训政策的落实情况，保证培训经费的及时到位和专款专用情况，加强对政府扶持项目的评估，防范借培训之名，对移民乱收费，损害移民的合法权益。

9.4.5 完善移民社会保障体系

社会保障体系作为一个很重要的社会问题，直接关系着广大移民群众的切身利益，关系着移民社会群体的稳定和发展，同时也是构建社会主义和谐社会的重要内容。良好的社会保障体系极大地促进了我国社会的发展，但是目前我国的社会保障体系在制度及实施上仍存在不少的问题,这对进一步建立健全社会保障体系、构建社会主义社会提出了新的要求。要建立起移民的社会保障体系,就必须在社会救济、社会互助、社会福利等方面对移民给予保障。对水利工程移民而言,建立和完善社会保障体系可从以下几个方面着手:

1) 进一步加大财政投入,健全最低生活保障制度。良好的社会保障体系必须以大量的资金投入为基础,建立规范的社会保障预算体系,加大对社会保障的投入比重,扩大社会保障覆盖面,将更多的低收入群体纳入社会保障体系,健全最低生活保障制度,为移民群众的基本生活提供保障。因地制宜创新保障措施和项目,提高社保管理服务水平。

2) 拓宽社保基金筹措渠道,加强社保基金的管理。加大我国在养老保险与合作医疗等方面的宣传力度,积极引导广大的移民群众自愿参保,鼓励社会的捐赠等,进一步扩大社保基金的筹措渠道,积极探索社保基金监督管理的方式方法,加大监管力度。

3) 建立健全农村养老制度体系。改变传统的家庭养老方式,减轻移民家庭养老的压力,有助于移民社会的稳定。各地政府应该加大养老保险制度相关政策的宣讲,利用各种措施增强移民参保意愿,逐渐破除城乡二元结构,实现移民和城市居民在社会保障和养老制度方面的一体化。

4) 加快完善社会保障制度法律体系。在原有相关法律法规的基础上,制定符合移民实际、覆盖全面的法律制度,让社会保障有法可依。

9.4.6 提供社会支持

社会支持是指社会网络运用一定的物质和精神手段对社会弱势群体进行无偿帮助的行为的总和。移民的社会支持既可以是来自亲友,也可以是来自政府政策的支助和其他社会团体形式多样的关心和帮助。移民通过获得的各种资源的帮助,解决他们在安置地生活中出现的问题和危机,保证其生产生活的正常运转。

国家提供的最直接的支持是经济方面的。除此之外在政治上应给予充分的支持,这是移民获得平等政治待遇,反对一切形式的歧视的基础。但是移民在搬迁之后,由于政府管理不到位、安置区居民排斥,加上移民自身的原因,部分移民的政治生活受到很大影响。因此,应积极鼓励和引导移民参与民主政治生活,让移民与当地居民在政治上有完全平等的地位。可以选出对移民政策理解且支持的安置区居民和移民,成立移民工作小组，成为沟通政府和群众的桥梁，也可以直接选拔一批思想端正的移民进入乡镇、村社各级领导班子，直接参与当地的事务管理，还可以推荐和选拔移民中的先进代表和致富带头人参加各级人代会、党代会、政协会等。

在具体的生产生活中，可以开展各种活动、创办集体企业，为移民和安置区居民创造交流互动的条件，促进双方关系的改善，与此同时逐渐规范社会支持网络，使其良性发展。

9.5 新郑市梨河镇新蛮子营村南水北调移民社会融合实证研究

9.5.1 调查目的

南水北调中线工程是党中央、国务院决策实施的重大战略性基础建设项目，它将使我国实现"四横（长江、淮河、黄河、海河）三纵（南水北调东、中、西线）"的大水网总体布局。南水北调中线工程由汉江中上游的丹江口水库引水，重点解决北京、天津、河北、河南4个省市及沿线20多座大中城市的缺水问题，干渠总长达1432公里。

自三峡移民出现集中的典型性移民问题后，移民社会融合问题也成为南水北调中线移民必须面对的问题。为了解移民在离开原居住地进入陌生的安置地后的社会融合状况，包括环境、经济、文化等方面的社会融合，移民能否又好又快地融入到新的生产生活体系中去、能否安稳致富是事关社会稳定的重要一环，更关系到我国和谐社会的构建。

通过对南水北调中线移民试点的调研和研究及三峡工程移民社会融合问题的研究及分析，探究解决办法，为整个南水北调移民工程的顺利实施提供参考，并为其他移民的社会融合提供借鉴。

9.5.2 调查方法

(1) 调研对象及方式

调研对象的选择可能会直接影响调查结果的真实性和有效性，故本研究实地

第 9 章　城镇化过程中水利工程移民的社会融合

调研极为慎重，把对象分为三个层面：地方政府管理机构、接收地居民、移民。

此次新郑移民区调查主要采用了两种方式：一是访谈，选择涉及移民利益问题的地方相关部门和群体进行访谈，以谈话的方式从宏观层面上了解移民搬迁情况及存在问题，并随时记录谈话内容；二是问卷调查，开展一对一入户式问卷调查，从微观层面上调查搬迁户的意愿及利益需求。同时为提高调查问卷的质量，问卷调查员做好问卷调查准备工作，并选定问卷复查员对每份调查问卷进行审查，剔除重复问卷及作废问卷[85]。

(2) 调研原则

为降低调查员主观因素对调查结果的影响，突出反映移民的核心问题，此次调研基于以下四个基本原则：针对移民损失问题展开调查，突出重点；问卷调查提出的问题从调查对象的实际情况出发，保证得出符合区域状况、有现实参考意义和价值的结论；问题选项清晰，便于调查对象明确地做出辨析和判断；问题选项力求用客观性语言表达，避免对调查对象进行暗示，从而影响调查结果的客观性。

(3) 调查范围

为确保调查结果具有普遍代表性，对新郑市梨河镇新蛮子营村进行了全面调查，范围涵盖了移民 100 户、当地居民 100 户、移民村委会以及梨河镇政府，共发放调查问卷 202 份，经过填写收集回收 186 份，其中移民问卷 93 份，当地居民问卷 91 份，政府问卷两份。

9.5.3　数据分析

(1) 移民对安置工作满意度

新郑市政府秉承为人民服务的宗旨和对人民负责的基本原则，对南水北调中线移民安置问题上十分重视，通过各种手段和措施，尽量满足移民群众各方面的需求，着力解决群众最迫切的问题，使得安置的各项工作得以顺利开展。通过调查数据发现，70.5%的移民对于政府的安置工作表示满意，23.4%的移民群众基本满意，这近乎 94%的满意度表明我国南水北调的移民安置工作获得了基本成功(图9-1)。但6.1%的群众表示不满意,也说明安置工作不是非常到位,其中有些问题也亟须解决,所以在今后的工作中应该着力解决这些问题,尽力照顾到每一位群众,让他们无后顾之忧。

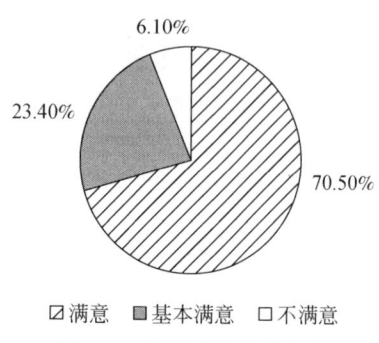

图9-1　移民对安置满意度

(2) 政府对移民安置保障措施投入

在移民安置工作中,新郑市人民政府积极发挥政府职能,加大对各项安置工作的投入力度,出台了建设移民村、加大教育医疗和就业的扶持力度、基础设施建设和组织文化活动等一系列政策和措施,其中土地投入比例为11.28%,住房投入比例为21.30%,教育为25.45%,基础设施建设投入比重34.38%,技能培训为7.59%(图9-2)。通过数据可以看出,政府在住房、教育和基础设施建设方面的投入力度较大,而这三个方面在移民安置中表现尤为重要,这也是安置工作能取得成功的关键因素。不过政府在技能培训和就业方面的投入相对偏低,不利于移民安置工作的长期稳定发展,政府应该在这几个方面适当加大投入力度。

(3) 通婚认可度调查

移民安置工作中很重要的一点就是移民与当地居民的融合问题,而融合的过程除了双方能够和睦相处外,就是通婚。自古以来通婚在不同民族融合的过程中起到了非常重要的作用,在移民安置的工作中也同样适用。通过走访移民和当地居民,我们总结出了通婚认可度调查示意图(图9-3)。其中,支持通婚的人大约为40.41%,可以理解的为30.85%,无所谓的为21.34%,反对的为7.4%。数据表明,大多数群众对互相通婚持支持态度,走访途中,我们还了解到经过3年多的时间,已经有相当一部分人实现了通婚,并且相处融洽。但有少数一部分

| 第 9 章 | 城镇化过程中水利工程移民的社会融合

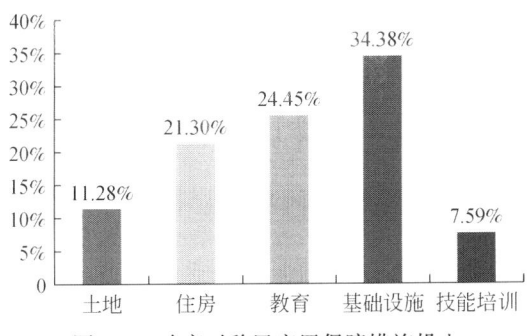

图 9-2 政府对移民安置保障措施投入

人对通婚持反对态度,导致这一问题的重要因素是对移民存在偏见,由于文化习俗和生活习惯的差异,这种偏见主要表现在土地分配政策和孩子相处的问题上。如果想要消除这一偏见,政府和行政机关必须秉承"公平、公开、公正"的原则,在土地分配和补偿问题上要做到公平合理,实行相关分配决定公开透明化,并深入广大群众中宣传和解释国家的相关政策措施,做到让群众心知肚明。

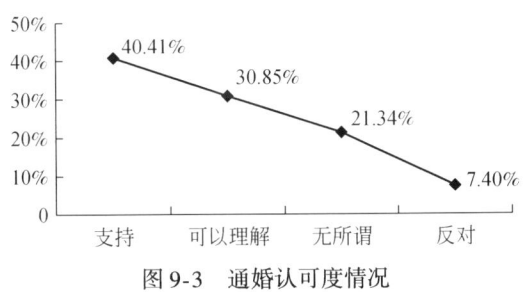

图 9-3 通婚认可度情况

(4) 移民和居民交往程度

移民的迁入,必然会影响当地居民的生活,也会产生一系列问题,不过和睦相处还是主旋律。在相互融合的过程中,有些居民和移民建立了深厚的感情,相互交往频繁。由图 9-4 可以看出,90%的本地居民在日常生活交往频繁的人中都有数量不等的移民,这说明双方都已经接受了对方,没有因为文化习俗和生活习惯的不同而拒对方于千里之外,融合趋势继续稳定向前发展。不过也有 10%左右的本地居民和移民基本没有交往,这 10%左右的人的居住地一般与移民村相对较远,加之交通不便,相互接触的机会较少。总体来看,虽然有一部分人存在不合理的思想和行为，但大多数人能够为大局着想，舍小利而顾全大局，为移民安置工作的顺利开展做出了应有的贡献。

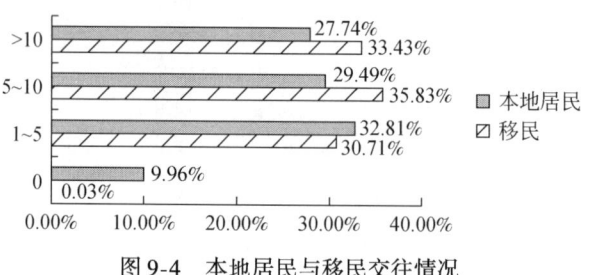

图 9-4 本地居民与移民交往情况

9.5.4 调查结论

1. 结论

（1）基于移民视角

区位优越，交通方便，移民村距离乡镇较近，并且新修扩宽道路；家庭经济收入增加，生活条件改善，新郑市政府通过各种方式，大力扶持就业，依托土地转变盈利模式，增加了家庭收入。在移民搬迁之前，新郑市用于移民的住房已经建设完善，并且家家通天然气；移民区基础设施建设完善，社会保障制度逐步健全，在移民新村，建设运动器材及广场健身器材和运动广场得到保障；村里60岁以上移民老人都办理了老年优待证，免费乘坐城乡公交车，享受基本养老保险；符合条件的移民群众办理了农村低保手续，教育的硬件和软件设施均优于移民原来住所，如教师资历、多媒体教学方式、学生住宿问题；教育条件有所提高；通婚在当地已经成为普遍现象。

移民土地"被处理"，名义上移民在新的居住地有自己的土地，但是当地政府并未让其在自己的土地上行使权力，有些移民甚至未曾见过自己的土地，这些土地更多的是在未经移民许可的情况下承包出去。政府对此的补偿办法是发放补偿金（每户补偿金额＝当年国家小麦收购价格×国家每亩平均小麦产量×该户移民耕地面积），但是经济补偿并不到位，移民对此颇有微词。此外，住房质量存在问题，教育资源紧张，原住民与移民之间存在偏见，自然环境的不适应等也是移

第 9 章 城镇化过程中水利工程移民的社会融合

民产生不满的地方。

（2）基于政府视角

建设移民村，新郑市政府在梨河镇新蛮子营村等地建立了整齐划一、配套设施齐全的移民安置区。在确定南水北调中线移民群体数量之后，迅速规划快速行动，选择了数个合适的地理位置规划建造移民村，以便移民到达新郑之后能顺利实现对接，让移民各有所居；出台土地政策，解决土地纠纷，新郑市政府在解决南水北调移民社会融合问题时，扎根群众利益，聆听群众呼声，科学统计土地总数，按户按人头合理分配土地。使移民拥有基础的经济来源的同时，提高他们的生产耕种技能；大力度扶持教育、医疗和就业，针对移民子女建立学校，在移民医疗政策上给予优惠，对移民进行技术培训鼓励就业等。专门修建了三条道路，四通八达，宽阔畅通的道路连通了移民村和外界，公路的畅通方便了移民的生活，带动了区域进步，在很大程度上拉动了移民区的经济发展；组织文化活动，建设精神文明，新郑市政府尊重移民的风俗习惯，鼓励其开展多种形式的优秀文化活动，并积极宣扬新郑本土文化，促进移民的社会融合。

移民村房屋质量有待提高，部分移民反映房屋有渗水、裂缝的现象，房屋的质量问题事关重大，需要相关部门引起足够的关注和重视，并付诸实际行动去落实解决。土地政策有待完善，部分移民对现行的土地政策并不十分满意，土地分配问题依然存在，在土地分配的过程中，存在有失公平和界限模糊等问题，给后续的土地分配带来了很多细节上的麻烦和问题。移民子女教育问题亟须解决，移民子女数量不断增加，后续教育问题依旧突出，建设新学校，完善当地学校入学接纳政策，解决适龄孩童的入学问题是当务之急。政府需与移民加强沟通交流，部分移民对政府政策尚不理解和支持，无法实现双向沟通，阻碍了多方面的进程和发展。

（3）基于居民视角

居民对移民的态度主要有三种：第一种，存在偏见。政府为解决移民种植问题，把原有居民的一部分土地收回分配给移民耕种，居民对政府的此种做法感到不理解，并且对土地补偿政策也不满意；第二种，相处和睦。很大一部分的当地居民认为，他们和移民相处得很和睦，移民的热情大方深刻感染了他们，有些居民和移民成为朋友后，还被邀请到移民家里做客，并且存在不少通婚的情况，婚后两家人的关系也更进了一步。第三种，关系平淡。这部分村庄因为与移民村距离不是很近，没有涉及太多的移民政策实施，所以和移民在土地问题上没有产生矛盾，也没有频繁的日常交流和生活往来。

针对南水北调中线移民社会融合问题的调研，我们发现社会融合问题关乎经济建设、文化建设等，移民问题的有效解决有利于全面建设小康社会，成为社会改革的助推器，同时移民问题从小的方面反映我们的政府是否有作为，推动相关法律、政策的完善。

2. 建议

(1) 加快移民地区经济转型，增加移民收入

移民在搬迁过程中有巨大的经济损失，并且在迁入地会存在生产方式不适应及从事副业的资源条件丧失情况，收入来源减少并极不稳定，但消费支出却大为增加，整体来看，他们的经济状况相对贫困[86]。因此，应该考虑农业产业化道路，以农业为主，以土地为依托，结合不同移民区的实际情况，适时将移民区的发展以农业经济推向农、林、牧、渔、企多元化产业协调发展，并由此推动资源产业化开发体系，进而带动移民区的经济发展。

(2) 大力加强精神文明建设，丰富移民与当地居民的文化生活

移民与当地居民无论是在生活习惯还是传统文化上都有很大不同，如语言、节日、饮食等。移民外迁他乡，思想情绪较为强烈，尤其是刚迁移的一段时间，孤独、无助伴随他们的日常生活。因此，我们需加强移民社会网络关系建设，通过开展各种文化活动，促进移民与当地居民的交流沟通。此外，政府需要通过政策对接，使移民子女可以在当地平等地接受教育。

(3) 加强政府廉政建设，做到充分公开透明

政府应坚持依法用权，倡俭治奢，响应国家政策，深入推进党风廉政建设和防腐工作。认真落实党中央八项规定精神，坚持不懈纠正"四风"，特别是事关老百姓身心的土地问题和住房质量问题。只有这样，百姓才能完全信任政府，安心定居，真正与当地居民融合，促进社会和谐发展。

第9章 城镇化过程中水利工程移民的社会融合

(4) 加强移民"扶智",培养迈向可持续发展的人力资源

库区"扶智"不仅关系着移民及其子孙后代的就业生存能力,而且关系到库区的可持续经济发展。只有具备数量较多、素质较高的人力资源,才能从整体上提高移民承担风险和自主发展经济的能力,并从根本上消除补偿式移民安置模式留下来的各种隐患和发展后遗症[87]。建议进一步加大教育基础设施建设力度,后期扶持向教育倾斜,在移民区建立高水平的基础教育体系及中等职业教育体系,对移民区高水平教师实施专项津贴,资助贫困移民子女上学等。此外,政府需要通过政策对接,使移民孩子可以在当地平等地接受教育,同时应适当加大对教育投入,包括硬件设施(如教学楼建设)和软件设施(如老师数量)。

(5) 加快移民社会保障制度建设

移民作为一个弱势群体,采取有效措施解决弱势群体的社会保障问题,使他们老有所养,病有所医,贫有所济,对确保社会稳定和经济有效可持续发展十分重要,政府可通过失业保障、最低生活保障线、再就业工程、社会救济等社会安全保障网络体系建设,分担移民风险,维持社会稳定。

(6) 强化外迁移民与安置区居民的社会整合

对移民来说,移民将导致其原有的社会、文化、人际关系等方面的解体,农村之间的血缘、亲属、邻里等各种关系与当地的各种风俗、共同的价值观是维持人们生活的重要"无形资产",可能对移民产生巨大的心理压力和痛苦。同时,对于安置区而言,移民的大量涌入增加了对资源和社会服务的压力,也就增加了就业竞争。因此,在保障外迁移民提高或至少恢复以前生活水平和收入能力的基础上,适当提高外迁移民在安置规划和相关政策决策的参与度,减少移民可能产生的失落及被动抵触情绪;同时适当照顾当地居民的需要,当移民有特殊机会时,让当地居民也享有这些机会,尽量减少两者之间的紧张和竞争,以便克服人口密度增加、土地调整而可能带来的对当地社会和环境的不利影响[88]。

第10章　城镇化过程中扶贫移民社会融合

通常说的移民搬迁，有地扶贫搬迁和异地扶贫搬迁两种说法。"易地扶贫"指将生活在缺乏生存条件地区的贫困人口搬迁安置到其他地区，并通过改善安置区的生产生活条件、调整经济结构和拓展增收渠道，帮助搬迁人口逐步脱贫致富，有向容易生存地方搬迁的含义。"异地扶贫搬迁"应该是将居住在不宜居住地方的贫困群众，搬迁安置在本村以外自然和基础设施条件较好的地方，为他们脱贫致富创造条件，有远距离彻底搬迁的含义。

10.1　我国扶贫开发移民政策的演变及发展

扶贫移民作为一种发展性移民，是扶贫工作在异地开发理论的基础上发展起来的一种扶贫工作思路，是政府开展扶贫工作的一种有效方式，是解决我国贫困问题、推进社会主义新农村建设和城乡一体化的重要途径。我国扶贫工作经过改革开放30多年来的不断实践与探索，终于取得了举世瞩目的成就。

10.1.1　初步探索

20世纪70年代末，我国扶贫工作的重点是围绕土地经营体制变革的农村经济改革，在一定程度上也刺激了贫困地区农民的劳动生产积极性，带动了农村、农业经济的快速发展，实现了贫困地区的大规模减贫[88]。然而，在一些自然条件较为恶劣的地区，如深山区、石山区、荒漠区、黄土高原区，在摆脱贫困问题上面临着巨大的困难。为了克服恶劣环境带来的脱贫难问题，国家展开对扶贫移民政策的初步实践探索。

20世纪80年代初，国家开始对甘肃省的河西、定西和宁夏西海固实施扶贫移民开发工程。国务院办公厅在1982年12月发布了《关于成立三西（河西、定西、西海固）地区农业建设领导小组的通知》，宣布成立甘宁"三西"农业建设

第 10 章 城镇化过程中扶贫移民社会融合

领导小组,对甘肃河西、定西和宁夏西海固等地进行大规模的脱贫帮扶工作。"三西"农业建设计划是我国对扶贫移民的早起探索,是我国扶贫开发史上第一个有计划、有组织、大规模的区域开发式扶贫行动。

"三西"农业建设领导小组通过"拉吊庄"的方法开始对当地贫困地区展开扶贫移民工作。具体实施时可以通过以下两种途径实现,一种方法是政府出台提供搬迁过程中的各方支持与保障来鼓励"三西"地区的贫困户放心,主动地向河西、河套迁移生存;二是以工代赈,有计划地招收贫困移民并安排其参加河西、河套新建水利工程的建设从而获得劳务报酬,既聚集了大量劳动力解决了劳动力剩余问题,增加了移民的收入,也能激发群众艰苦奋斗、自力更生的精神。在"三西"农业建设计划的扶贫移民资金安排上,1983~1987年的五年时间,国家拨付的专项建设资金有47%用在了农田水利的基本建设,用于畜牧业、林草业发展的占21%,农电建设和农村能源分拨了10%,智力开发和农技推广用去了8.4%,移民、开荒仅占5.9%,剩下的4.8%用于乡镇企业和多种经营。

"三西"农业建设计划所涉及的甘肃、宁夏两省区是最早开始制定扶贫移民政策贫困地区。扶贫移民虽然是"三西"农业建设计划的重要组成部分,但资金投放比重较低,无法和其他建设项目相比较。所以说,此时的扶贫移民政策尚处于初步探索阶段,也是积累经验的阶段。

10.1.2 地方实践

国务院在1994年3月制定和发布了《国家八七扶贫攻坚计划(1994—2000年)》,"八七"指的是力争用7年左右的时间(从1994年到2000年)实现当时全国农村8000万贫困人口的温饱问题力的基本解决。以此标志着我国扶贫开发进入攻坚阶段。

随着农村改革的深入和扶贫开发力度的不断增大,贫困人口的分布明显呈现出边缘化特征。《国家八七扶贫攻坚计划(1994—2000年)》明确指出,我国农村贫困人口主要分布在西南大石山区、西北黄土高原区、秦巴贫困山区以及青藏高寒区等几类地区,这些地区地域偏远,生产生活条件极为恶劣,交通闭塞,经济发展滞后,文化教育资源匮乏,生态失调,是扶贫攻坚的主战场。其中,温饱问题成为了亟须解决的问题,为此,政府开始对生存和发展条件特别困难的村庄和农户,实行开发式移民搬迁。我国1996年通过的《中共中央国务院关于尽快解决农村贫困人口温饱问题的决定》，再次提出了"对缺乏基本生产生活条件的少数特困村，要按照农民自愿的原则实行开发式移民"。1998年中央十五届三中全会颁布的《中共中央关于农业和农村工作若干重大问题的决定》，也指出了可以对极少数生存条件极端恶劣的贫困人口进行有计划地移民搬迁开发。经历了20世纪80年代甘宁"三西"扶贫工作的初步探索，扶贫移民已经正式成为我国农村扶贫开发的基本手段之一，可以在我国各贫困地区加以推行[80]。

在国家政策的宏观调控下，以广西壮族自治区为典型代表的中西部其他省区（甘肃、宁夏除外），也开始通过制定并出台扶贫移民的相关政策来解决该区域中无法实现基本生活的贫困问题，从而保证扶贫攻坚目标的顺利实现。1993年到2000年广西壮族自治区政府先后印发了《广西贫困地区部分群众异地安置试点方案》《广西壮族自治区跨地区扶贫异地安置工作若干问题的规定》《广西壮族自治区石山地区部分群众异地安置工作若干规定》等省级文件，明确了扶贫移民系列政策措施。广西的扶贫移民模式整体上可划分为三种类型：一是国家利用水库及电站建设资金用于开发新土地及移民的搬迁，国家先投入资金建立其移民基地后再让农户进行搬迁；二是通过"公司+农户"的市场机制进行劳动力以及贫困户的转移，贫困户需要事先与扶贫开发公司签订相关合同，然后扶贫公司统一规划与安排进行承包管理与分户核算；第三是政府扶持的扶贫移民，政府通过租用的方式刺激农户自愿放弃土地从石山区迁移到生存条件较优的地方进行生活。截至1996年年底，巴马县的少数民族移民已达830户4750人，其中，先期迁移的农户在两三年内就已基本解决了温饱问题。

除了广西开展了异地扶贫移民工程外，云南、湖北等省份也在国家八七扶贫攻坚计划期间出台了相关的扶贫移民政策文件，开始致力于生活在石山区、深山区等生存条件极端恶劣地区贫困人口的脱贫移民搬迁工作。1998年湖北省出台的《湖北省人民政府关于对部分特困地区实施开发式移民的通知》，1999年云南省出台《云南省人民政府关于实施异地开发扶贫的决定》，对移民建房、生产用地、基础设施、教育医疗机构、税收、资金分配以及公共服务设施等方面进行了相关规定。

自改革开放以来，特别是我国开始实施《国家八七扶贫攻坚计划》以来，我国农村的贫困程度得到了明显的缓解，贫困人口也大幅减少，除少数特困人口及部分残疾人外，已基本解决全国范围内贫困人口的温饱问题，基本实现了《国家八七扶贫攻坚计划》的战略目标。

第10章 城镇化过程中扶贫移民社会融合

10.1.3 整体推进

在《国家八七扶贫攻坚计划》下的广大贫困农民群众已基本解决了温饱问题,但他们的温饱并不稳定,其温饱标准较低,巩固温饱成果仍是个艰巨的任务,且在这个基础上实现小康社会,仍需要我们不断奋斗,继续把扶贫开发放在国民经济和社会发展的首要位置,坚定不移地致力于贫困地区脱贫致富工作中去。

党中央、国务院决定,从2001年起用10年时间,集中力量和资源,加快贫困地区脱贫致富的进程,努力把我国扶贫开发事业推向一个崭新的阶段。21世纪初,中共中央、国务院印发的《中国农村扶贫开发纲要(2001—2010年)》,对我国新形势下的扶贫开发工作做了战略部署。其中,关于扶贫移民的政策主张有:试点先行,创新扶贫开发机制;结合退耕还林还草对生存条件恶劣的特困人口实行搬迁扶贫;坚持自愿原则;做好搬迁后产业、就业扶贫工作;鼓励经济发达省市适当吸收贫困地区扶贫搬迁人口,鼓励先富帮后富;处理好新进人口和当地原著居民的关系;改善生态环境。[89]

2001年,国家计委出台《国家计委关于易地扶贫搬迁试点工程的实施意见》,并决定利用国债资金在西部地区开展易地扶贫搬迁试点工程。试点工作的基本任务是通过试点,在减少贫困人口和恢复改善迁出地生态环境的同时,积极探索、总结扶贫搬迁工作的基本特点、主要形式与方法和经验教训,为今后扶贫移民工作的推广打好基础。工程将扶贫搬迁工作和生态恢复建设作为目标,坚持政府引导、群众自愿、政策协调、讲求实效的指导方针,实现西部大开发的战略目标。为响应中央文件精神,加快扶贫工作力度,西部部分贫困地区也进一步制定了各自扶贫移民的细化政策。例如,2001年内蒙古自治区政府同意自治区发展计划委员会《关于实施生态移民和异地扶贫移民试点工程的意见》,提出"要结合生态建设、扶贫开发和小城镇建设,实施生态移民和异地扶贫移民试点工程,以加强农村牧区基础设施建设,改善农牧民居住条件和生产方式,增加农牧民收入,提高农牧民生活质量"。

我国政府制定的《中华人民共和国国民经济和社会发展第十一个五年规划纲要》,明确提出了"对生存条件恶劣的贫困地区,实行易地扶贫",并将易地扶贫搬迁确定为"中央政府投资支持的重要领域"。为了积极稳妥地推进易地扶贫搬迁工作的实施，国家发展改革委员会在2007年印发《易地扶贫搬迁"十一五"规划》，称易地扶贫搬迁亦为生态移民，是党和政府在新时期探索实施的一项重要扶贫手段。《易地扶贫搬迁"十一五"规划》对扶贫移民的形势、指导思想与原则、搬迁对象和搬迁与安置方式、搬迁目标和任务、搬迁建设内容、资金筹集、保障措施等作了较为系统的说明，旨在达到消除贫困和改善生态双重目标。至此，我国扶贫移民工程开始从中央政府提出的一个政策方向逐步向有计划的推行方向转变，实现了从探索阶段向整体规划和设计新阶段的迈进。

10.1.4 强化实施

我国政府在2011年的《中华人民共和国国民经济和社会发展第十二个五年规划纲要》提出，在"集中连片特殊困难地区，实施扶贫开发攻坚工程，加大以工代赈和易地扶贫搬迁力度"。

同年，中共中央、国务院印发《中国农村扶贫开发纲要（2011—2020年）》对我国的扶贫开发作出了"已经从以解决温饱为主要任务的阶段转入巩固温饱成果、加快脱贫致富、改善生态环境、提高发展能力、缩小发展差距的新阶段"的重大判断。该文件强调了扶贫移民在扶贫工作的突出位置，具体内容包括："坚持自愿原则，对生存条件恶劣地区扶贫对象实施易地扶贫搬迁；引导其他移民搬迁项目优先在符合条件的贫困地区实施，加强与易地扶贫搬迁项目的衔接，共同改善贫困群众的生产生活环境；充分考虑资源条件，因地制宜，有序搬迁，改善生存与发展条件，着力培育和发展后续产业；有条件的地方引导向中小城镇、工业园区移民，创造就业机会，提高就业能力；加强统筹协调，切实解决搬迁群众在生产生活等方面的困难和问题，确保搬得出、稳得住、能发展、可致富"。文件中提出的"向中小城镇、工业园区移民并创造就业机会、提高就业能力的扶贫移民方向"的移民非农安置政策首次出现于中央文件中。

为加强对"十二五"时期易地扶贫搬迁工作的指导，根据《中华人民共和国国民经济和社会发展第十二个五年规划纲要》和《中国农村扶贫开发纲要（2011—2020年）》，2012年7月，国家发展改革委会同有关方面编制印发了《易地扶贫搬迁"十二五"规划》。该规划明确提出了易地扶贫搬迁工作在"十二五"时期的指导思想和基本原则；搬迁建设投资由中央、地方政府和搬迁群众共同承担；实施重点是国家确定的集中连片特困地区。此外，它也提到了"根据

第10章 城镇化过程中扶贫移民社会融合

安置地资源条件和环境承载能力,通过依法开发耕地、调整置换土地(林地)等形式配置安置资源,可采取就近、分散插花、规模集中等多种方式安置。对于行政区内缺乏安置资源的,可创造条件实施跨区安置。有条件的地方,也可根据搬迁群众的劳动技能和当地就业吸纳能力,探索依托中小城镇、工业园区搬迁安置",进一步明确了农业安置和非农安置两种扶贫移民安置方向。

《易地扶贫搬迁"十二五"规划》对各地提出了编制或修订本地"十二五"易地扶贫搬迁规划的要求,并"与当地经济社会发展总体规划相衔接,特别是与连片特困地区扶贫攻坚规划、整村推进、以工代赈、安全饮水、乡村公路等专项规划有机衔接"。根据《规划》要求,中西部相关各省(自治区、直辖市)相继制订了适合本地发展的实施规划,并组织开展扶贫移民搬迁工作。扶贫移民自此进入到了与城镇化相关联的一个新阶段。

10.2 我国扶贫开发移民的融合现状

作为一个复杂的经济社会乃至文化的工程,扶贫移民政策需要在实践中不断探索发展。为了能及时掌握我国扶贫移民工作的进展情况,通过扶贫移民搬迁后的融合来评价其实施效果并发现问题。本文将通过经济、扶贫、社会、生态等四个方面对我国扶贫移民政策的作用效果进行评价。

10.2.1 经济效果

(1) 移民区的农业产出

特色产业的支持下,扶贫移民区的农业产出增长情况稳步增加,项目的回报率显而易见,经济效益具有可持续性。在政府宏观调控下,加强了对农、林、牧、渔产业指导,鼓励各类专业合作发展。开发核心产品,大力推进各类批发市场和边贸市场的建设。按照全国主体功能区规划,合理开发当地资源,积极发展新兴产业,调整产业结构,增强贫困地区发展内生动力,促进当地经济的可持续增长。

(2) 降低了扶贫开发成本

《中国农村扶贫开发纲要(2011—2020年)》提出"整村推进,结合社会主义新农村建设，自下而上制定整村推进规划，分期分批实施。发展特色支柱产业，改善生产生活条件，增加集体经济收入，提高自我发展能力。以县为平台，统筹各类涉农资金和社会帮扶资源，集中投入，实施水、电、路、气、房和环境改善'六到农家'工程，建设公益设施较为完善的农村社区。加强整村推进后续管理，健全新型社区管理和服务体制，巩固提高扶贫开发成果。贫困村相对集中的地方，可实行整乡推进、连片开发"。移民扶贫项目坚持了移民整体搬迁的原则，将原来分散居住的群众集中安置，公共基础设施集中安置实现社会资源，真正做到了"用最少的钱办最好的事"。

(3) 推进当地城镇化进程

扶贫移民在建设移民集中安置点的过程中重点结合小城镇、新农村的建设，统筹规划、协调发展，进而带动了一大批小城镇的发展并促进了社会主义新农村的建设。小城镇在移民搬迁进入后，不仅进一步聚集了劳动力、资金等生产要素，也扩大了城镇的消费水平，带动了当地城镇化的发展。

10.2.2 扶贫效果

减少和消除贫困，实现全国人民的共同富裕是社会主义的本质要求，是中国共产党和人民政府义不容辞的历史责任。自21世纪初实施《国家八七扶贫攻坚计划》以来，我国环境恶劣地区的贫困现象明显缓解，贫困人口也得到了大规模的帮扶，扶贫移民直接推进了我国最贫困地区人口的扶贫开发进程，实现了我国从绝对贫困到转型性相对贫困的转变。

(1) 移民收入的增长

扶贫移民的开发，使贫困户摆脱了恶劣的生存环境，收入和生活也得到了一定的提高和改善。1998年宁夏各基地中扶贫移民的人均纯收入为1200元，人均占有粮食为450公斤。1998年宁夏泾源县外迁移民的人均纯收入达到1378元，是县内人均纯收入的1.8倍。广西自1993年设置扶贫搬迁试点三年期间，基本实现了不愁温饱。甘肃扶贫办提供的资料显示，1995年全国各地的扶贫移民生产粮食总量达907074万公斤，人均占有粮食476.5公斤，移民区的经济总收入达到了1363.07万元，人均纯收入达到702元，收入远远超过了原迁出地农民的收入水平。

(2) 移民户的资产形成

中央和地方财政逐步增加的扶贫开发投入以及移民自己的辛勤积累，使得当年生活艰苦的农民已经拥有了相当数量的资产。当宁夏回族自治区的扶贫移民搬迁到"吊庄"基地时，他们几户的资产可以装在一辆卡车上。10多年来，每户移民资金的平均使用量和拥有量已达数万元。

(3) 移民的就业机会

《中国农村扶贫开发纲要（2011—2020年）》提出"对农村贫困家庭未继续升学的应届初、高中毕业生参加劳动预备制培训，给予一定的生活费补贴；对农村贫困家庭新成长劳动力接受中等职业教育给予生活费、交通费等特殊补贴。对农村贫困劳动力开展实用技术培训。加大对农村贫困残疾人就业的扶持力度"。雨露计划的完善，加上水、电路条件的改善提高移民了生活质量；便捷的交通、信息的流通改变了移民农业开发的单一收入来源，提供了更多的就业渠道来增加移民收入。

10.2.3 社会效果

(1) 思念的转变及素质的提升

移民由生产生存条件恶劣的地区搬迁到区位条件相对优越、资源相对丰富的地方后，其传统的思维方式、生活习惯、生产经营模式都发生了巨大的改变。打破了传统的靠地养家的观念，在政府的就业促进下开始积极参加各种生产技能培训活动，拓宽就业门路。在对新技术的探究学习过程中，移民对各种新念、新知识的耳濡目染，潜移默化中提高了移民群众的整体素质。

(2) 少数民族文化传统的保持

我国少数民族传统文化是以中华文化为源头的、由55个少数民族共同创造的文化积淀，少数民族多居住于偏僻地区，其独特的空间分布，形成了各自独具特色的文化形式。随着扶贫移民工作的展开，少数民族文化也随着移民这一载体进行了空间上的转移。在宁夏回族移民的迁出地，许多村因为贫穷没有清真寺，许多村因为缺水使爱清洁的回族农民不能保证起码的卫生条件；而在回族移民的迁入地，由于收入的提高和生活环境的改善，几乎每一个移民村都建起了漂亮的清真寺，有些农民还在家中安装了热水淋浴设备。

(3) 移民对迁出地的示范作用

在整村推进、以工代赈、产业扶贫、就业促进的扶贫移民帮扶政策，加快了移民迁入地的特色产业、基础设施、生态环境的建设，生活水平生的提高及生产方式转变大大提高了移民的生活质量。扶贫安置地的便利与信息化给原居住地的农民提供了榜样，刺激了大批的山区贫困农户积极参与到扶贫移民项目中来。

10.2.4 生态效果

通过扶贫移民，将散居的贫困人口从居住环境贫瘠的山区迁移到了条件较好的小城镇之中，同时通过退耕还林等项目，因地制宜造林植树，增加迁出地绿色植被覆盖率，控制水土流失，逐步提高土地贫瘠地区的生态环境，保证了原住贫困地生态环境的良性循环。

在政府扶贫机构的组织下，扶贫移民迁入地的山、路、水、田、树得到了科学的、高标准的统筹建设，生态种植养殖业的大力推进，使得迁入地的产业布局、新农村建设都得到了合理规划和协调发展，扶贫移民迁入地的生产、生活环境得到了大改造。

10.3 我国扶贫开发移民融合存在的问题

10.3.1 相关制度约束

(1) 土地共有的产权制度限制

中国现行的土地公有产权制度，一定程度上限制了土地市场的发育和土地产权的交易。按照《宪法》规定，土地公有制度下的城市市区的土地属于国家所

第 10 章 　城镇化过程中扶贫移民社会融合

有,各级政府作为公共管理者,同时还担负着国有土地所有权主体的角色。因此,随着市场经济体制的不断完善,国有土地有偿使用使得土地资产特性充分显化,地方政府由此获得了大量土地收益。但是,随着土地收益的增加,中央政府和地方政府在土地收益分配上的矛盾也开始激化。

在不断提高土地资源配置效率、促进农村经济社会发展的同时,也带来了农民土地权益保护、农村妇女土地权益维护等问题。尤其是在农村社会保障制度不健全的情况下,农民丧失土地这一"命根子"后,必然导致较为严重的社会问题。

土地承包法及中央各项惠农政策的出台,使得迁入地农村居民越来越珍惜手中的耕地,土地越来越成为稀缺资源,部分有土安置的扶贫移民难以享受到人均0.5亩耕地,缺乏基本的生存保障。同时,由于国家耕地占用的严格控制,地方政府在安置点的选择上也存在较大困难。此外,移民搬迁土地税费等有关减免政策并不能真正的落实,给有土安置带来了一定压力。

(2) 户口制度限制

二元户口制度限制了移民的自由流动。由于迁移农民无法真正取得居民身份,因而无法享受与户口相关的各项制度保障和公共服务。首先,经济利益之争严重阻碍了户籍制度的改革。现行的户籍制度已经渗透了到社会的每一个角落,处于社会底层的弱势群体在户籍制度改革过程中没有话语权,即使有许多的理论家代表弱势群体发出声音,也会快速地被社会强势集团的话语所湮灭。其次,社会资源的分配不均严重阻碍了户籍制度改革的进程。受经济短缺条件的限制,社会资源的分配具有差异性,因此户籍制度就成为了社会资源差别化分配的身份标志。第三,人口流向大城市受阻加大了户籍制度改革的困难。人口过度涌入会给城市环境承载力和基础设施容量带来巨大的挑战,许多大型城市为了保障城市常住人口的利益,通过出台相关政策来限制外来人口的流入,极大程度地阻碍了城市和乡镇的经济发展。

(3) 社会保障制度体系的不健全

首先,农村社会保障水平普遍较低。20世纪90年代中后期以来,我国大部分以农业作为基本收入来源的农户人均纯收入开始呈现负增长的趋势。由于我国大部分农村还是以家庭自我保障为主,持续下滑的收入不但降低了农民自保的水平,而且也影响了农民收益水平。第二,农村社会保障日益暴露出层次低,范围小,覆盖面窄。广大农村的养老、医疗等社会保障工作并没有向全国大范围推广,同时,社会保障基金的调剂范围在社区化而不是社会化。第三,缺乏法律保障为农村社会保障基金的管理提供支撑,基金的保值、增值无法保证。农村社会保障体制及法律体系的不完善,导致农村社会保障基金的管理缺乏监督和约束机制,极易造成政府和受保人无法保证自己的资金投入实现保值、增值的目标。第四,农村社会保障的管理机构比较混乱。当前,我国广大农村尚未建立有效的社会保障体系,城乡分割、多头管理的格局必然会产生矛盾和冲突,引发管理上的混乱。

10.3.2 扶持政策欠缺

(1) 公共设施功能相对滞后

扶贫移民是一项大规模的复杂系统工程,随着扶贫移民工作的推进,配套设施建设滞后现象越来越明显,业主对移民集中安置点的水、电、路等配套基础设施建设的补偿不足,各级各部门的资金难落实到位,直接影响了移民的定居和生活生产的顺利运行,这些都是各相关部门需要通力协商解决的问题。

(2) 相关部门综合管理能力不强

我国的扶贫移民政策是在长期的探索中进行实践的,扶贫机构和扶贫干部同时也是在不断摸索中学习易地移民安置的政策与实施管理经验。虽然扶贫机构及扶贫干部长期以来从事扶贫工作,但缺少应对扶贫开发过程中所涉及的安置点规划设计、土地分配、基础设施建设、社会资源重组等社区重建问题的人才与经验,对于异地扶贫搬迁问题的复杂性认识不足,影响了移民的社会融合程度。

(3) 补助标准过低

扶贫移民搬迁的补助性标准偏低,因而移民靠自身难以解决在重建家园和生产生活中遇到的各种困难,进而拉开了与迁入地群众生活水平的距离。

第一,对宅地基补偿不足。大部分扶贫搬迁工程推行适当性补助原则,按规定标准分配建房宅基地补助:扶贫移民工程通过集中安置,根据建房面积,按照搬迁户的贫困类型分别承担相应的建房资金，建房所需其余资金由各级财政补助、项目资金统筹解决。然而根据大量走访调研分析可知，政府提供的宅基地补偿并不能满足移民对资金的真正需求。

第二，建筑材料补助不足。扶贫搬迁对象一般都处于生存生产条件艰苦的山地地区，在移民搬迁工程的扶持下，大量的建筑需求致使相关建筑材料价格也飞速上涨，而分散的搬迁安置补助并不能满足移民新建住房的需求。

第三，扶贫移民机构经费不足。扶贫移民工作在进行时需要进行入户调查、宣传建档、审核审批、监督检查等一系列严密的工作环节，同时，为了搞好扶贫移民工作的开展，相关地区成立了扶贫移民机构并安排了专职人员进行负责。但由于大部分移民搬迁点都是国家扶贫开发的重点县，县级财政极其紧张，只能保证工作人员的基本工资，无力支持机构工作经费，阻碍了移民工作的正常进行。

10.3.3 经济来源受限

(1) 搬迁移民收入来源的有限性

首先，扶贫搬迁移民易地迁移后，由于距离较远被迫放弃土地，以务农作为主要来源的家庭收入减少。其次，更多选择外出务工来增加收入，其他的生产收入来源所占比例较小，分布极其不均匀。最后，居住环境的改变及陌生的关系网使移民在心理认识度上存在差异，较难融入到当地居民的生产生活中去，影响了搬迁移民个体经营活动的开展，进而影响搬迁移民的收入。

(2) 移民增收的诸多制约因素

接受扶贫搬迁的移民中受过高等教育的人数很少，并且扶贫移民工作的人力资本持续投资不足，致使移民的子女无法完成九年义务教育。扶贫移民在搬迁之前，由于居住条件的约束，日常花销极低，居住地的改变，基础设备的购置花销与搬迁居民的低收入矛盾也是在移民增收中出现的较为重要的一种制约因素。

(3) 搬迁前后移民的生产转变

在搬迁前，受典型的中国传统型小农经济，传统的观念和行为模式的影响，生存技能局限于土地耕作，然而新迁入居住地并不能提供土地供他们劳作，从而出现了搬迁移民外出务工的选择。但由于技能单一，就业选择也受到限制，更多的从事职业危险系数较高的苦力劳作，虽然收入比以往大大提高，但严重影响了移民的体力和健康情况。

10.3.4 社会关系排斥

(1) 社会地位落差

长期以来，受城乡分割的户籍制度的影响，我国居民被划分成为了身份、地位差异明显的"农村户口"和"城市户口"两种人。户籍制度和在此基础上形成的就业制度、教育制度、社会保障制度的差异化，无一不体现着对城镇居民的优待和对农村居民的歧视，极大程度限制了人口的迁移流动，人为地构筑起城乡居民的身份鸿沟，造成了社会的极大不公现象。

(2) 移民原有的社会关系网受到影响

社会关系是人与人之间心理距离的具体表现。移民的易地搬迁破坏了扶贫移民在原有的自然生存状态下凝聚成的知识和意识，原有的社会关系网随即遭到破坏，进而引起了移民的原有的社会团体分离、文化内涵贬值、凝聚力削弱等问题。易地搬迁后的移民，受信息流失和社会互动困难的约束，需要很长时间才能恢复新的社会关系网。

(3) 语言交流的障碍

迁移后，各地贫困居民集中安置、共同生活，但是受原有生活环境信息闭塞的影响，语言交流成了各地区移民日常沟通的主要障碍。对新居住地原有的居民来说，听懂移民的方言并不是一件容易的事。正是语言的差异影响了扶贫移民迁后的满意度，不利于移民更好地实现社会融合。

10.3.5 生态资源紧张

(1) 土地供给与需求的矛盾

农村地区移民，土地资源是关键，但是耕地资源有限且开发困难，经过长期

第10章 城镇化过程中扶贫移民社会融合

高强度的土地开发,我国土地后备资源日益紧张,供需矛盾越发突出。造成矛盾的第一个原因是粗放利用现象严重。随着我国城镇化进程不断加快、社会经济的不断发展,城市对土地需求越来越高,不断追求对土地规模的扩大却忽略了综合开发和利用,导致土地在城镇化进程中利用粗放。利用率低下。第二,制度障碍。中国现行的土地公有的产权制度下的土地集体所有权受国家控制,农民只拥有对土地的使用权,不允许进行土地交易和抵押等行为,极大程度上限制了土地市场的良性发育。第三,文化和技能差异。贫困的山区农民受教育水平普遍较低,从事土地开垦生产所需的知识和技能匮乏,而民族文化的差异性也增加了其向新社会环境融入的困难。

(2) 生态文明建设滞后

由于工业化、城镇化进程的快速发展,我国农业环境正面临这大范围生态环境恶化和农业自身污染的双重挑战。农村地区发展水平的不同,所出现的生态环境问题的种类、性质和程度也存在差异性。经济水平较高的地区污染最为严重,经济发展水平较低的地区水土流失及荒漠化等问题较为突出。工业化、城镇化进程快的地区工业生产、交通运输和生活排放的 CO_2、SO_2 及其他氮氧化合物的不断增加,严重影响生态平衡,导致生态危机;而相对落后的贫困地区,频发的自然灾害和生态环境的脆弱严重制约了移民过程中的生态文明建设[40]。

10.4 促进扶贫开发移民社会融合的对策建议

10.4.1 转变扶贫理念,强化服务意识

扶贫性移民是一种公益性活动,也是一种社会管理职能的履行。中国的扶贫移民多是在政府的带领下进行的,要依靠各地各级政府部门的通力合作,扶贫移民的完成情况在很大程度上取决于政府采取的一系列行政措施[90]。

政府在扶贫移民中具有重要的导向与协同作用,其影响渗透在扶贫移民的搬迁、安置乃至后续扶持发展的全过程,并且在扶贫移民决策和资源配置方面都发挥着决定性的作用。这就要求政府部门要减少对扶贫工作的过度干预,以移民的集体利益为主,从扶贫移民的全局出发,增强自身的服务意识,正确行使其在易

地开发扶贫工作中的主导职能，逐步由管理型政府向服务性政府转变，做好扶贫移民的组织管理与开发工作。首先，要求各级政府及其下属职能部门树立"移民本位、权利本位"的基本理念，将扶贫移民视为各种活动的主体，坚持移民利益至上，为移民的搬迁、安置和发展做好物质、信息等全方位的服务工作。其次，重视移民的参与性，让移民当家做主。要求扶贫移民搬迁工作要严格按照"公平、公开、公正"的原则透明化开展，接受移民的监督，充分调动移民的主观能动性及参与积极性。第三，要求政府注重扶贫移民过程中的职能转变，加强扶贫移民过程中的利益协调工作，对于移民可以承担的社会管理与公共服务工作，政府应支持并鼓励移民积极性参加。再者，从运行机制上要求政府改变原来"命令—服从式"的单向关系，实现双方的沟通协商与合作[82]。

10.4.2 规范运行制度，削弱城乡落差

规范、良好的制度是扶贫移民顺利、有序进行的保证，也是破解二元社会结构的现实途径。居于主导者地位的政府有责任健全和完善一系列扶贫移民的工作制度和机制，并对于这些制度和机制在扶贫移民工作中的执行情况与实施效果进行全过程监督和检查。

(1) 循序渐进推进户籍制度的改革

首先，户籍制度中嵌套的各种社会福利制度是制约户籍制度改革的重要原因，在推进户籍制度改革时应优先推动社会保障和社会福利体制的改革，使户籍制度逐步与相关社会福利制度脱钩，使土地制度和户籍身份脱钩，如此才能使户籍制度的改革得到松绑并推进。扶贫移民易地搬迁后，户口应属新地区管理。其次，通过扩大城乡之间的人口流动通道来实现移民的城市融合。在大城市中，滞后的户籍制度改革阻塞了外来人口进入城市的通道，进而压制了我国移民城镇化的进程，因此，户籍制度改革需要建立一个可行的外来人口向本地居民转变的制度通道，引进人才的同时也提高了为不同群体谋福利的手段。

(2) 优化设计并完善移民权益保障机制

一方面，优化对移民权益保障机构的规划设计。这体现在扶贫移民权益维护的过程保障与专项保障，在设计时可重点考虑以下两点：一是优化设计扶贫移民

第10章 城镇化过程中扶贫移民社会融合

搬迁安置的实施组织机构,二是优化设计维护与保障移民权益的专门组织机构。科学的组织结构设计与人员配备是实现扶贫移民和谐安置的体制基础,也是移民权益得以维护的主体保障。另一方面,依法保障移民权益作为扶贫移民工作中应始终坚持的行为准则,要求政府要进一步加快和完善有关扶贫移民管理与救助、扶持等方面的法律体制建设,进而约束扶贫搬迁过程中的政府行为,也为移民权益提供法律保障。

(3) 构建利益协调和参与机制

扶贫移民是一个政府、移民、当地居民等多个利益相关主体参与的活动,在新的利益格局形成和发展过程中,为了减弱多元利益主体之间的利益差距和利益矛盾,需要建立起一套以整合多元利益关系为基本原则的社会机制,来协调与解决扶贫移民工作中的各种利益矛盾,为移民营造一个良好的、社会秩序正常的发展环境。另外,平等参与权是扶贫移民在搬迁、安置、重建工作中自己做主的体现。扶贫移民在利益相关群体中由于其掌握的组织、社会经济资源相对较少而处于弱势地位,应完善扶贫移民人口的参与机制,更好地汲取、接受扶贫移民对移民政策的意见和建议,从而增加移民的融入感和对政府的信任感,同时也在一定程度上实现了对政府政策落实情况的监督。

(4) 健全信息公开机制与行政执行机制

移民在扶贫搬迁工作享有知悉、了解和掌握与扶贫移民活动相关的政策规定、补偿政策、安置标准、模式选择、扶持方式等信息,政府有义务将不涉及保密情况的政策相关信息多渠道、全方位地向移民公开,保证移民把握扶贫移民工作的全过程,从而保证在法规框架内维护自己应享有的权益。建立监督机制,对扶贫移民补助、建设等资金严格把关,避免出现截留和挪用建设资金现象。建立督查机制,定期和不定期对迁出区和迁入区的自然环境、社会经济恢复和发展情况进行督促检查,并向全社会公开督查结果。

10.4.3 加强改善民生,完善后续扶持

(1) 健全社会保障体系

长期以来,我国的社会保障制度一直受计划经济时代所形成的城乡二元结构

格局的影响而使农村社会保障始终处于整个社会保障体系的边缘,严重影响了我国社会经济体制的转型和国民经济的健康发展。社会保障制度的完善是消除城乡差距,实现社会公平的必然要求,也是实现全面小康社会奋斗目标的战略需要。

第一,确立社会保障制度的法律地位。缺少法律的支撑,不利于农村社会保障工作的进行,只有制定一系列符合我国农村实际的关于社会保障的法律法规才能真正意义上推进农村社会保障工作的顺利进行。第二,完善社会保障的管理体制和监管体系。首先通过分离社会保障制度的资金管理与行政管理来改善社会保障体制的管理体制,同时要加强对社保部门管理过程和管理结果的监督从而确保各有关方的合法权益,进而提高社会保障管理的整体效益。

(2) 完善搬迁后期扶持工作

1) 加强产业扶持。《中国农村扶贫开发纲要(2011—2020年)》提出进行产业扶持就是"落实国家西部大开发各项产业政策。国家大型项目、重点工程和新兴产业要优先向符合条件的贫困地区安排。引导劳动密集型产业向贫困地区转移。加强贫困地区市场建设。支持贫困地区资源合理开发利用,完善特色优势产业支持政策"。

2) 加强文化教育扶持。《中国农村扶贫开发纲要(2011—2020年)》建议加强教育文化扶持就是"推进边远贫困地区适当集中办学,加快寄宿制学校建设,加大对边远贫困地区学前教育的扶持力度,逐步提高农村义务教育家庭经济困难寄宿生生活补助标准。免除中等职业教育学校家庭经济困难学生和涉农专业学生学费,继续落实国家助学金政策。在民族地区全面推广国家通用语言文字。推动农村中小学生营养改善工作。关心特殊教育,加大对各级各类残疾学生扶助力度。继续实施东部地区对口支援中西部地区高等学校计划和招生协作计划。贫困地区劳动力进城务工,输出地和输入地要积极开展就业培训。继续推进广播电视村村通、农村电影放映、文化信息资源共享和农家书屋等重大文化惠民工程建设。加强基层文化队伍建设。"

3) 加强扶贫移民资金的提供与管理。相关部门要根据目前贫困地区的实际财政困难的情况进一步增加财政扶贫资金并加大财政转移支付的力度,开展科技扶贫。同时要对财政扶贫资金加强管理,通过科学、统筹的手段管理、使用资金,进而提高扶贫资金利用的整体效益。在保障资金安全的前提下,继续增加扶贫贷款,根据产业特点和项目具体情况,对贫困地区扶贫贷款项目的条件适当放宽等。

10.4.4 重视资源整合，推进生态建设

面对城镇化进程中日趋脆弱的资源环境系统，必须牢固树立绿色、低碳的发展理念，加快构建资源节约、环境友好的生产方式和消费模式，全面提升迁入地与迁出地的生态文明建设水平，促进城镇资源和环境的可持续发展。

(1) 充分发挥政府主导作用

作为扶贫移民工作的主导者，政府要在扶贫移民过程中充分利用其行政、经济、法律等手段，保证移民在安置期间基本生活需要得到满足、安置后收入水平高于原有水平，保证安置点经济与环境的正常可持续发展。在维持安置点正常发展与社会稳定的同时，政府应着力为移民提供公共基础设施、后期扶持资金、就业技能培训、就业机会等生存与发展必需资源。

(2) 优化、健全城乡环保规划和政策

在扶贫移民工作推进的过程中，加强帮扶地区的环保基础设施、公共设施的建设的延伸建设，通过集中治理的方式，减少农业面源污染和分散的工业源污染。统筹各地产业结构链，减少环境治理成本。根据各扶贫移民区的特点，建立适合该地的生态补偿机制，通过规划、立法、市场等手段引导受益地补偿受损地的利益损失。并建立引导性环境政策体系，鼓励政府改变传统管制性环境政策并向引导性环境政策转变，通过市场经济引导移民采取利于环境发展的行为。

(3) 加大环保资金投入，提高环境监管能力

扶贫移民地区的各级财政部门应将移民地的环境保护工作的花销纳入部门预算，加大投入力度，拓宽融资渠道，提前做好资金筹集工作。进一步加强环保监管体制的建设工作，提高扶贫移民地环保运行机制的管理效率及反应速度，增强基层环保工作的活力。

(4) 完善环保法律体系，促进公众参与

建设并进一步完善扶贫移民地环境保护的政策、法规及体系，加大环境保护

法的执行力度,通过法律的强制性约束各级政府及相关部门的有关行为。建立健全公众参与的监督机制,加强移民环境保护的意识和法律意识,共同努力建设资源节约型、环境友好型社会。

(5) 建立信息共享机制,实现良好环保氛围

建立健全扶贫移民地区的环境信息共享机制,及时发布环境信息、环境质量报告、污染排放和污染事故通等与环境保护相关的信息。强化环保监督员制度的建设,保障移民对涉及环境权益的规划和项目的知情权、参与权、监督权,鼓励移民积极投身于生态环境保护和建设的良好社会氛围中去。

10.5 城镇化进程中扶贫开发移民社会融合实证研究

汝阳县,作为我国扶贫开发的重点县,同样采取移民搬迁的脱贫手段。汝阳县扶贫开发办公室成立于1986年8月,是担负着全县整村推进、扶贫搬迁、互助资金、"雨露计划"培训、扶贫到户贷款贴息、产业扶贫、科技扶贫、世行扶贫等扶贫开发工作的政府工作部门。汝阳县扶贫搬迁工程实施的目标在于,能够使贫困人口在地区间实现转移,可优化配置生产要素,收缩农牧业生产战线,转变经营方式,发展高产、优质、高效农牧业,促进农牧业产业化进程;通过把农民转移搬迁到城镇周边和具备"五通"条件的地区,加快小城镇建设步伐,推动"进退还"战略进程,大批剩余劳动力转化为生产企业的生产主力军,既要解决农村剩余劳动力就业、增加农民收入,也能促进地区安定团结和可持续发展。汝阳县扶贫搬迁是一项综合性工程,在做好搬迁安置工作的同时,通过财政扶贫资金和其他资金的支持,与产业扶贫相结合,培育发展特色优势产业,从而解决搬迁人口的生产和生活问题。

在汝阳县政府的扶持下,居民是否自愿搬迁,移民搬迁后的生活是否能达到政府预期的目标,居民的生活质量是否得到保证,移民后的社会融合状况如何,移民能否尽快、尽好地融入到新的生产生活体系中去,能否安定团结可持续发展,能否发家致富?这些都将关系到我国社会的稳定情况,更关系到中国社会主义和谐社会及社会主义新农村的构建。通过对汝阳县扶贫移民社会融合问题的调研及研究,分析其中出现的问题,并探究解决办法,希望给当地扶贫工作提出建

第 10 章 城镇化过程中扶贫移民社会融合

设性意见,并为其他贫困地区移民的社会融合所借鉴,加快社会主义和谐社会和社会主义新农村的建设。

10.5.1 调研的实施

根据系统性、相对独立性、可行性原则移民生活满意度综合评价指标体系如图 10-1 所示。

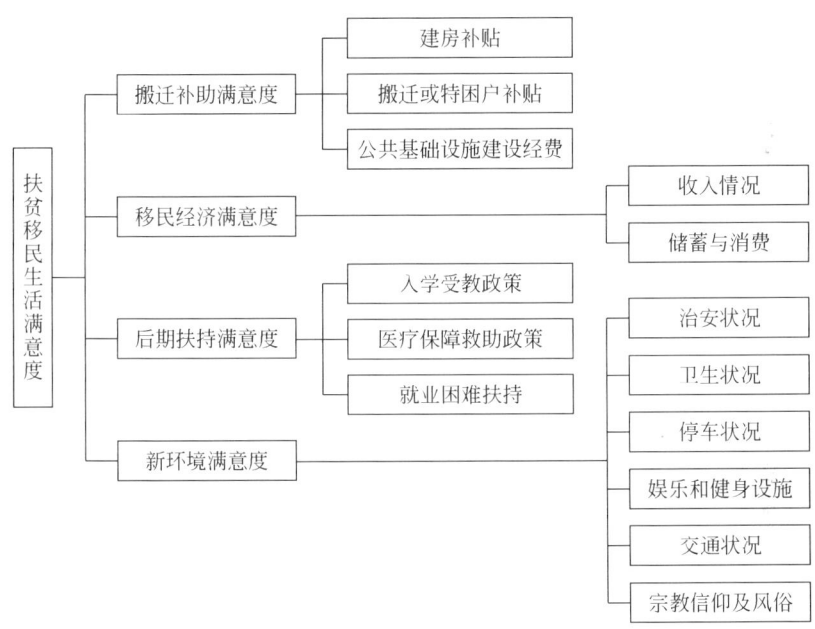

图 10-1 扶贫移民生活满意度评价指标体系

本次实地调研对象分为两个层面:首先是地方政府管理人员,汝阳县扶贫开发办公室,其次是移民,包括移民村周边村庄及其他村庄,受访人员为家庭中主要务农人员,具有普遍代表性。

专家小组通过走访、现场考察、专家打分及问卷抽样调查等多种方法对所选调研对象进行调研。为确保调查结果具有普遍代表性,将对汝阳县付店镇西泰山社区、刘店镇沙坪社区和社康社区等七个扶贫搬迁点进行走访、实地考察及问卷调查。问卷将涉及搬迁补助满意度、移民经济满意度、后期扶持政策满意度及新环境适应程度等四方面。调查问卷按每个搬迁点 50 份的标准共发放问卷 353 份,收回问卷 337 份，其中移民问卷 334 份，政府问卷 3 份。

10.5.2 调研数据的统计与分析

对部分问题进行统计分析，结果如下：

在具体回答是否愿意搬迁的问题时，肯定的答案是 100%。

在回答"扶贫搬迁标准高低（每户平均补助标准 1.5 万元）"时，97.14% 的人认为补助有些低（图 10-2），大约 1/3 的人期望标准在 3～5 万元/户。出现异议的关键因素在于扶贫补助过低与建房成本过高的矛盾。

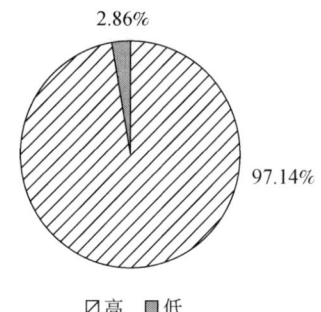

图 10-2 扶贫搬迁标准高低的调查结果

在回答"您认为扶贫搬迁工程任务安排是否公平"时，绝大多数人认为是"公平"或者是"基本公平"（图 10-3）。

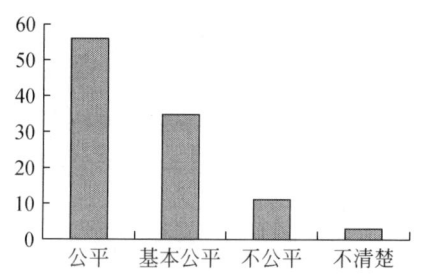

图 10-3 扶贫搬迁工程任务安排公平性评价

在回答"扶贫搬迁后是否影响到您的宗教信仰"时，得到的否定回答为 100%。

关于"扶贫搬迁后是否影响到您的风俗（生活）习惯"这一问题（图 10-

4），有 76.2% 的移民认为没有影响，也有 10.6% 的移民认为有影响，13.2% 的人表示无所谓态度。风俗习惯指人们在群体生活中逐渐形成并且共同遵守的习惯和风俗，是人类在日常活动中世代沿袭与传承的和会行为模式。也就是说，随着居住地的迁移，由单一的分散式居住模式转变为多村混合居住模式时，待人接物、衣食住行、宗教信仰都会有所影响。

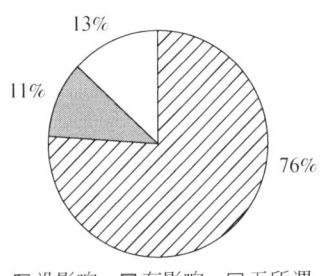

图 10-4　扶贫搬迁对风俗（生活）习惯的影响

在对"现居住地生活环境的质量进行评分"时，统计数据结果（如表 10-1 和图 10-5）所示。

表 10-1　搬迁移民对现居住地生活环境的质量评价

评分	5 分	4 分	3 分	2 分	1 分
现居住地总体情况	207	111	10	3	3
住房条件	309	16	9	0	0
供电条件	312	19	0	0	3
供水条件	334	0	0	0	0
治安条件	317	20	7	0	0
交通条件	334	0	0	0	0
医疗卫生条件	325	9	0	0	0
外出务工条件	194	134	6	0	0
广播电视及通讯条件	274	22	16	3	19
日常用品购买便利程度	334	0	0	0	0
子女入学受教条件	312	10	3	6	3

搬迁户对扶贫搬迁的资金帮扶进行了 100% 的确认，访谈中也肯定了扶贫资金的帮扶效果。在对搬迁户新的居住点的卫生状况、道路状况、治安状况、娱乐

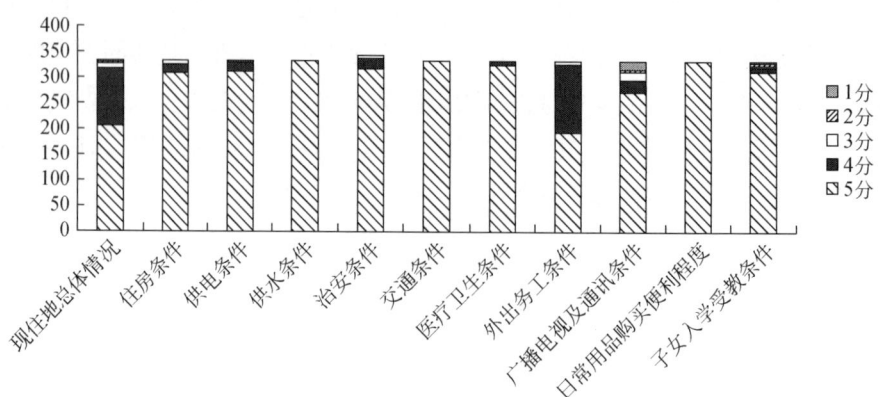

图 10-5　搬迁移民对现居住地生活环境的质量评价

和健身设施、停车状况等问题进行了评价。

10.5.3　调研数据分析

(1) 基于移民视角

移民搬迁满意的方面包括：第一，地势平坦，交通便利。迁移前，村落分散在深山沟壑中，交通闭塞，农民起居生活艰苦，如今一条条道路穿村而过，道路两旁都装上了节能路灯。第二，生活条件明显提高。扶贫社区坐落有序，家家都住进了自己的小洋楼。一改以往吃水难的困扰，挨家挨户都接上了自来水，解决了吃水难、吃干净水难的问题。扶贫社区统一通电，也安装了广播、有线电视和通讯塔，大伙都拥有了自家的彩电和电话、手机。小区内也多了些日常用品零售部，为社区居民的生活也大大地提供了便利。第三，教育条件明显提高。新社区的使用，使山区儿童彻底告别夜行山路数小时的艰难求学路。扶贫小学的建设，教学设备的投用及专业的教师资源都给孩子们带去了抑制不住的喜悦，且学费减免等政策也减轻了移民的经济负担。

移民搬迁不满意的方面包括：一是搬迁补助未达移民期望值。虽然在问及是否愿意搬迁的问题时，得到的肯定回答都是100%，但移民对搬迁的补助并不是很满意。97.14%的移民都认为每户平均补助1.5万元有些低，大约有三分之一的人的期望标准都在每户3-5万元左右。且建房成本过高，给予的贫困补助难以

第 10 章　城镇化过程中扶贫移民社会融合

从根本上解决问题。

二是迁移后，收入来源受到一定限制。当采访到一位老大爷时，他这样说道："感谢政府、感谢党，让我们过上好日子。可是住惯了大山，虽然路破，但是离自家的土地近，现在再回去可没那么容易了！"也有一些年轻劳动力反映，交通方便了，相处打工，但是又没有技术傍身，虽然家搬了，但还是得靠家里一亩三分地勉强糊口。

三是教育条件跟上了，但是资源紧张了。随着移民工作的继续进行，移民数量不断增加，现有的教育资源难以满足移民的需求，仍有部分学生面临上学难的问题。

（2）基于政府视角

通过与政府相关工作人员的面谈交流和对问卷进行的数据整理和分析，并结合对当地居民和移民的访谈和问卷调查。我们总结出以下九点汝阳县政府在工程项目中表现较为突出的方面。

第一，全组织、加强领导。县委、县政府成立了以县长任组长，扶贫、财政、交通、发改委等相关单位负责人为成员的扶贫搬迁工作领导小组。乡（镇）也成立了相应的工作机构，明确了各级领导小组及相关成员单位的责任。

第二，整合资金、优化服务。扶贫搬迁是一项系统工程，需要整合各部门的资金完善搬迁点的配套设施。汝阳县所有涉及搬迁项目的乡（镇）和职能部门，按照"用途不变、渠道不乱、各尽其力、各计其功"的原则，在保持原有管理渠道不乱、资金使用性质不变的前提下，住建局、电业局等相关部门都按照各自实施项目的性质和特点，各有侧重、相互支撑，将项目建设资金向搬迁安置点倾斜。

第三，细化规范、明确政策。汝阳县制定了《汝阳县搬迁扶贫工作实施细则》和《关于明确"十二五"期间搬迁扶贫目标责任的通知》，对搬迁工程的一系列问题进行了规范。同时还在政策措施上做了明确规定，在扶贫到户贴息贷款方面优先安排搬迁户；对所有搬迁农户实行"四保留"，即保留原有宅基地、原有耕地、原有林坡使用权和退耕还林地经营权。这些规范和政策提供了一系列优惠，充分调动了扶贫搬迁户的积极性，为扶贫搬迁的顺利实施提供了政策保障。

第四，坚持原则、规范程序。汝阳县在扶贫搬迁工作中坚持五大原则：政府引导，群众自愿原则；集中安置为主，分散安置为辅原则；实事求是，因地制宜；结合户情，差别化补贴原则；公开透明，群众监督原则。

第五，危房改造、搬迁互补。根据洛阳市扶贫开发领导小组洛扶贫〔2011〕5号文件精神，汝阳县出台了《关于将农村危房改造纳入扶贫搬迁规划的通知》（汝扶贫组〔2011〕6号）文件，将扶贫搬迁与农村危房改造两项工作有机结合，将两项资金捆绑使用，优势互补，从根本上改善了居住环境和居住条件，既可以提高搬迁户的建房补助标准，缓解资金压力，又可以帮助符合搬迁条件的危房户，最大限度地发挥两项资金的综合效益。

第六，结合户情、分类补贴。汝阳县依据建档立卡工作中所确定的绝对贫困户，相对贫困户和不稳定贫困户三种情况进行分类，确定建房补助标准。

第七，用"一折通"、直补到户。汝阳县近年来在扶贫搬迁工作中，经市、县、乡（镇）统一验收合格后，采取"一折通"的方式，把扶贫搬迁补助资金全部兑付到搬迁户手中，"一折通"发放过程中，实行全程照相、录像。在补助资金兑付上，严格按照扶贫搬迁政策规定要求，组建联合验收组，按照扶贫搬迁验收标准，对各个搬迁点的搬迁户档案和新建房屋以及基础设施的竣工、入住等项目逐一逐户进行验收，对达到验收标准的搬迁点都及时将补助资金快速安全地兑付到搬迁户手中，受到了广大搬迁户认可。

第八，质量承诺、群众放心。为了解决搬迁户的后顾之忧，汝阳县在群众自主建房的基础上，实行工程质量承诺。房屋建设施工中，由村委会和搬迁户代表联合对工程质量进行监督；房屋交付使用后，建筑队在村委会和搬迁户代表的监督下，做出质量承诺，对房屋质量问题负全责。

第九，摸底调查、提前谋划。为了做好扶贫搬迁工作，汝阳县投入大量人力、物力、财力对全县贫困村做了调查、摸底工作。

扶贫移民工作中也存在一些不足之处：

第一，搬迁补助无法满足建房成本。目前，搬迁补助标准虽然提高到了平均每户1.5万元，但是近年来，建筑材料及用工价格持续上涨，建房成本明显提高，1.5万元的标准一定程度上影响了扶贫搬迁工作的整体进度。

第二，后续产业扶持体系不健全。移民迁移后，仍通过务农维持生活所需，收入来源单一且条件困难。外出务工条件有限，移民常年居住于深山沟壑中，生活条件艰苦，难以与外界取得联系，从未接受专业技能培训，择业时也将面临一些限制。

第三，搬迁任务重与搬迁计划指标有限的矛盾。由于受政策所限，对贫困村

第 10 章 城镇化过程中扶贫移民社会融合

实施搬迁的贫困户不能实现全覆盖，同时，扶贫搬迁还要围绕全县新农村试点村建设，对一部分贫困户进行扶持，政策资金严重缺口，需要加大对上争取，多渠道整合资金，确保搬迁户的扶持投入。

第四，搬富不搬穷的矛盾。要充分发挥搬迁资金"四两拨千斤"的作用。扶贫搬迁要转变扶持方式。要解决搬迁对象的瞄准性，即必须是贫困户；要解决搬迁补助过低的问题，实行差别扶持。对特困户扶持要有所区别；要解决搬富不搬穷的问题。要为贫困户提供建房贷款，帮助贫困户发展产业，提供产业扶持资金，确保贫困户真正建得起房。

10.5.4 建议及展望

移民的社会融合是一个漫长的过程，社会融合有利益取向，这就要求尽可能设计公平合理的利益分配方案，同时还要考虑不同群体在社会融合过程中存在的心理和行为的差异，否则将会增加社会融合的经济成本和社会成本，影响民生的改善。

针对南水北调中线移民社会融合问题的调研，我们发现社会融合问题关乎经济建设、文化建设等，移民问题的有效解决有利于全面建设小康社会，成为社会改革的助推器，同时移民问题从小的方面反映了我们的政府是否有作为，推动相关法律、政策的完善。通过对汝阳县扶贫移民的社会融合度的调查，针对调查中出现的不足以及对今后的展望，我们总结了以下建议与期望：

1）解决搬迁补助低与建房成本高投入大的矛盾。在财政资金有限的情况下，给贫困户补助有限的资金难以解决根本问题。所以需要逐步加大扶贫搬迁财政投入、充分发挥信贷和社会资金的作用来整合更多其他社会资金，使得投入的资金得以放大。同时，也要设计不同搬迁成本的搬迁方案，使得部分更为贫困的人口也能够搬迁。还要在舆论与政策上引导搬迁户，使大家认识到搬迁中的新房建设是以使用为目的，千万不能进行相互攀比而增加了建房成本。

2）强化健全后续产业扶持体系。鼓励实施多业并举促进增收。对具有一定能力的移民引导其自主创业并提供相应扶持。鼓励有土地资源条件的地区加强土地整治和规模化经营，发展高效特色农业种养殖和设施农业。对企业提供优惠政策，鼓励企业优先聘用扶贫搬迁移民人口。免费为扶贫搬迁移民提供职业技术培训，增强其就业能力，为后续产业的发展提供科技支撑。

3）解决搬迁任务重与搬迁计划指标有限的矛盾。在经济社会发展的过程中，随着生活水平的不断提高，人们的幸福指数也在不断提高，需要移民搬迁的人数也在增加，使得搬迁任务显得沉重。但现有的财政资金绝对不能撒胡椒面，否则是杯水车薪，起不到应有的作用，这就使得搬迁计划显得有限。为解决这一问题，必须做出长远的搬迁计划，分出轻重缓急，分批次来实施。

4）解决搬富不搬穷的矛盾。现有做法是对于有意愿搬迁并且有能力搬迁的贫困户进行补贴，对于有意愿搬迁但没有能力搬迁的贫困户难以扶持。这就需要研究搬迁的方式方法以及搬迁的地点和后期的生活成本，还可以探索一下政策的整合问题，比如可以探索如何与廉租房政策相结合，能否让一部分贫困搬迁人口在廉租房的政策下过渡几年。

5）加强移民"扶智"，培养迈向可持续发展的人力资源。移民区"扶智"不仅关系着移民及其子孙后代的就业生存能力，而且关系到移民区的可持续经济发展。只有具备数量较多、素质较高的人力资源，才能从整体上提高移民承担风险和自力地发展经济的能力，并从根本上消除补偿式移民安置模式留下来的各种不稳定隐患和发展后遗症。所以建议进一步加大教育基础设施建设力度，后期扶持向教育倾斜，在移民区建立高水平的基础教育体系及中等职业教育体系，对移民区高水平教师实施专项津贴，资助贫困移民子女上学等。此外，政府需要通过政策对接，使移民孩子可以在当地平等地接受教育，同时应适当加大对教育投入，包括硬件设施（如教学楼建设）和软件设施（如老师数量）。

参 考 文 献

[1] 方喜．2014．人的城镇化——基于经济学"人的发展"视角的城镇化理论与实践．成都：西南财经大学硕士学位论文．

[2] 王格芳．2013．科学发展观视域下的中国城镇化战略研究．济南：山东师范大学博士学位论文．

[3] 刘雨龙．2012．生命历程视角下的农民工社会融入研究．北京：中国社会科学院研究生院硕士学位论文．

[4] Ray M. 1975. Northam. Urban Geography．New York：John Wiley & Sons.

[5] 刘易斯·芒福德．2009．城市文化．宋俊岭等译．北京：中国建筑工业出版社．

[6] Mabogunje A K. 1970. A system approach to a theory of rural-urban migration. Geographic analysis，(1)：1-18.

[7] Harvey D. 1985. The urbanization of capital：Studies in the history and theory of capitalist urbanization. US：The Johns Hopkins University Press.

[8] 简新华．2011．中国工业化和城镇化的特殊性分析．经济纵横，(7)：56-59，30.

[9] 刘家强．1997．中国人口城市化——道路、模式与战略选择．成都：西南财经大学出版社．

[10] 顾朝林等．1999．经济全球化与中国城市发展．北京：商务印书馆．

[11] 蔡孝箴．1998．城市经济学．天津：南开大学出版社．

[12] 黄锟．2011．论国内外特殊约束条件下中国城镇化过程与道路的特殊性．现代财经（天津财经大学学报），(9)：58-64.

[13] 何干强．2011．中国特色社会主义的城镇化道路的探索——江苏部分地区城镇化的调查与思考．马克思主义研究，(3)：40-49.

[14] 仇保兴．2009．中国特色的城镇化模式之辩——"C模式"：超越"A模式"的诱惑和"B模式"的泥淖．城市发展研究，(1)：1-7.

[15] 向春玲．2010．中国特色城镇化道路的几个特点．学习时报，11 (1)：4.

[16] 潘允康．2005．以人为本的城市化理念．天津大学学报（社会科学版），(1)：54-58.

[17] 郭先登．2005．关于城市化"以人为本"主题的研究．东岳论丛，(2)：183-186.

[18] 钱振明．2007．走向空间正义：让城市化的增益惠及所有人．江海学刊，(2)：40-43.

[19] 姜建成．2004．价值诉求、目标与善治：当代中国城市化发展中人文关怀问题探析．哲学研究，(11)：79-83.

[20] Ma L J C. 1976. Anti-urbanism in China. Proceedings of the Association of American Geographers. (8)，114-117.

[21] Kirkby R J R. 1985. Urbanization in China: Town and country in a developing economy, 1949-2000 AD. New York: Columbia University Press.

[22] Cannon T. 1990. Regions: Spatial inequality and regional policy. In: Cannon T. and Jenkins A. (eds), The Geography of Contemporary China, 28-60. Routledge, New York.

[23] 欧阳彪.2005.城镇化的要义是转变生产方式.中国经济导报,5(21):B02.

[24] 顾定国,李长虹.1988.乡村都市化:香港、广州和珠江三角洲.广州研究,(12):22-25.

[25] 胡必亮.2000.关于城市化与小城镇的几个问题.唯实,(1):10-14.

[26] 贾高建.2007.社会整体视野中的城乡关系问题.中共中央党校学报,(2):23-27.

[27] 黄学贤,吴志红.2010.建国以来我国农村的城镇化进程——兼论行政规划的发展.东方法学,(4):76-85.

[28] 盛广耀.2012.关于城市化模式的理论分析.江淮论坛,(1):24-30.

[29] 王晓丽.2013.中国人口城镇化质量研究——基于市民化角度.天津:南开大学博士学位论文.

[30] 费孝通.1992.行行重行行——乡镇发展论述.银川:宁夏人民出版社,8-9.

[31] 程红.2013.上海城中村外来人口生存状态与社会融合研究.上海:华东师范大学硕士学位论文.

[32] 任远.2014.人的城镇化:新型城镇化的本质研究.复旦学报(社会科学版),(4):134-139.

[33] 杨菊华.2010.流动人口在流入地社会融入的指标体系—基于社会融入理论的进一步研究.人口与经济,(2):64-70.

[34] 王志敏.2014.流动人口社会融合的现状研究.北京:中国社会科学院研究生院硕士学位论文.

[35] 金花.2011.我国城镇化发展的阶段性特征与主要矛盾.经济纵横,(11):16-19.

[36] 殷江滨,李郇.2012.中国人口流动与城镇化进程的回顾与展望.城市问题,(12):23-29.

[37] 张国清.2014.新型城镇化存在的问题及内涵.市场研究,(10):57-59.

[38] 白田田.2013.中国城镇化进程的三个阶段.经济参考报,第8版[2013-09-25].

[39] 何贤举.2005.三峡移民可持续发展研究.重庆:西南大学硕士学位论文.

[40] 蔡秀玲.2011.中国城镇化历程、成就与发展趋势.经济研究参考,(63):28-37.

[41] 项继权.2011.城镇化的"中国问题"及其解决之道.华中师范大学学报(人文社会科学版),50(1):1-8.

[42] 沈和.2011.当前我国城镇化的主要问题与破解之策.世界经济与政治论坛,(3):162-172.

[43] 李娜. 2014. 生态公民的意蕴及其养成路径探析. 理论导刊,（10）: 89-91+112.
[44] 悦中山, 李树茁, 费尔德曼. 2012. 农民工社会融合的概念建构与实证分析. 当代经济科学, 34（1）: 1-11.
[45] 徐绍史. 2014-03-17. 坚定不移走中国特色新型城镇化道路. 人民日报, 第12版.
[46] 马凯. 2012. 转变城镇化发展方式 提高城镇化发展质量 走出一条中国特色城镇化道路. 国家行政学院学报,（5）: 4-12.
[47]《国家新型城镇化规划（2014—2020年）》.
[48] 周宇. 2014. 城镇化规划解读：公共服务投入至少增10万亿. 四川水泥,（4）: 60+62.
[49] 王学川. 2011. 社会包容：构建和谐社会的价值取向. 长白学刊,（2）: 127-131.
[50] 熊英. 2014. 农民工社会融合问题研究. 上海：华东政法大学硕士学位论文.
[51] 王婷. 2011. 农民工权益保障问题与对策研究. 西安：西北大学硕士学位论文.
[52] 王志敏. 2014. 流动人口社会融合的现状研究. 北京：中国社会科学院研究生院硕士学位论文.
[53] 陆淑珍. 2012. 城市外来人口社会融合研究. 广州：中山大学博士学位论文.
[54] 陈思霖. 2013. 城镇化进程中农民工的城市融入与社会融合. 武汉：华中师范大学硕士学位论文.
[55] 王德强, 唐菓, 肖思. 2015. 影响农民工进城定居的因素分析. 中央民族大学学报（哲学社会科学版）, 42（1）: 35-43.
[56] 王瑞妮. 2010. 社会排斥视角下的失地农民与城市融合问题研究. 西安：西北大学硕士学位论文.
[57] 刘晓霞. 2009. 我国城镇化进程中的失地农民问题研究. 长春：东北师范大学博士学位论文.
[58] 赵东霞. 2010. 城市社区居民满意度模型与评价指标体系研究. 大连：大连理工大学博士学位论文.
[59] 陈柳钦. 2010. 我国城市化进程中的"城中村"现象及其改造. 管理学刊, 23（6）: 48-53.
[60] 黄治. 2013. 城中村改造模式与策略研究. 武汉：武汉大学博士学位论文.
[61] 申俊鹏. 2009. 基于土地制度视角的城中村改造研究. 开封：河南大学硕士学位论文.
[62] 许海珍. 2012. 城中村改造的困境与出路. 兰州：西北师范大学硕士学位论文.
[63] 刘姝婧. 2010. 珠三角地区"发展型城中村"规划研究. 广州：华南理工大学硕士学位论文.
[64] 仝德, 冯长春. 2009. 国内外城中村研究进展及展望. 人文地理,（6）: 29-35.
[65] 黄建清. 2010. 欠发达地区"城中村"改造适应模式和对策研究. 杭州：浙江工业大学硕士学位论文.

[66] 王海龙. 2014. 建构新型城市化时期包容性城中村改造模式. 北京社会科学，(3)：75-85.

[67] 许英凤. 2012. "城中村"社区治理：问题、成因、对策. 重庆理工大学学报（社会科学），(9)：61-65.

[68] 汪明峰，程红，宁越敏. 2015. 上海城中村外来人口的社会融合及其影响因素. 地理学报，70（8）：1243-1255.

[69] 刘玲. 2011. 西安城中村改造中的农民悖论心理分析. 城市发展研究，(6)：55-58.

[70] 杨艳斌. 2011. 城中村失地农民的城市融合. 河南工程学院学报（社会科学版），26（4）：15-17.

[71] 李梦洁. 2012. 长沙市农民安置小区户外环境设计研究. 长沙：湖南农业大学硕士学位论文.

[72] 沈洁，罗翔. 2015. 郊区新城的社会空间融合：进展综述与研究框架. 城市发展研究，(10)：102-107.

[73] 孙昌盛，张春英. 2008. 城中村"文化融合"改造模式探讨. 华中建筑，(6)：88-90.

[74] 李涛. 2011. 城中村形成及改造规划的初步研究. 太原：太原理工大学硕士学位论文.

[75] 祁云平. 2014. 城中村农民市民化问题研究. 保定：河北大学硕士学位论文.

[76] 刘望保，谢丽娟，张争胜. 2013. 城中村休闲空间建设与本、外地人口之间的社区融合. 世界地理研究，22（3）：83-91.

[77] 伍黎芝. 2000. 三峡工程开发性移民与可持续发展研究. 武汉：华中农业大学博士学位论文.

[78] 金斌. 2009. 水库工程移民安置研究——以李家河水库工程移民为例. 西安：西安理工大学硕士学位论文.

[79] 何燕生. 2002. 三峡工程与可持续发展. 北京：中国社会科学院研究生院博士学位论文.

[80] 王新祝. 2001. 世界水库移民历史及三峡百万移民特点考察. 三峡大学学报（人文社会科学版），(3)：61-65.

[81] 王应政. 2012. 基于复杂系统科学的水工程移民生存与发展关键问题研究. 武汉：武汉理工大学博士学位论文.

[82] 张祝平. 2013. 社会支持与社会融合：水库工程和谐移民实证研究. 南京人口管理干部学院学报，29（3）：14-20.

[83] 宋子然. 2008. 三峡外迁移民在安置地社会融合与稳定研究. 四川师范大学学报（社会科学版），35（5）：34-38.

[84] 《2003—2010年全国农民工培训规划》.

[85] 刘荣霞. 2010. 河南淅川县库区移民问题调查与成因分析. 中国人口·资源与环境，20（5）：51-56.

[86] 聂军. 2013. 根落襄阳——基于调水工程襄阳移民点的调查. 湖北文理学院学报, 34 (7):46-54.

[87] 路洪卫. 2007. 市场经济体制下南水北调中线水源区移民可持续发展研究. 南水北调与水利科技, (1): 30-32.

[88] 陆汉文, 覃志敏. 2015. 我国扶贫移民政策的演变与发展趋势. 贵州社会科学, (5): 164-168.

[89] 《中国农村扶贫开发纲要 (2011—2020 年)》.

[90] 郑瑞强, 施国庆. 2011. 扶贫移民权益保障与政府责任. 重庆大学学报 (社会科学版), 17 (5): 42-47.

附件1　汝阳县扶贫搬迁移民社会融合问题调查问卷——移民视角

亲爱的朋友，您好！

为了客观、准确、真实地了解群众对扶贫移民项目的支持程度以及迁移后生活质量的满意度，我们专门组织了这项调查研究工作。问卷调查以不记名的方式进行，调查资料只用于统计研究。请按照您在平时生活中的真实想法和实际情况回答。非常感谢您对我们工作的大力支持！

1. 调查对象：
2. 调查地点：
3. 调查时间：　　年　　月　　日

调查员：（签字）

以下调查对象填写：

问卷题目：共14题

1. 您是否愿意搬迁？（　　）
   A. 愿意　　　　　　B. 不愿意　　　　　C. 无所谓
2. 您对扶贫项目的支持程度：（　　）
   A. 赞同　　　　　　B. 不赞同　　　　　C. 无所谓
3. 您对扶贫搬迁每户平均补助标准1.5万元，如何看？（　　）您是否享受特困户补贴？（　　）对特困补贴如何看？（　　）
   A. 高了　　　　　　B. 低了　　　　　　C. 合适
4. 您对房屋建设材料上给予的补助是否满意？（　　）
   A. 满意　　　　　　B. 基本满意　　　　C. 不满意

| 附件1 | 汝阳县扶贫搬迁移民社会融合问题调查问卷——移民视角

5. 您对新社区的公共基础设施的建设是否满意？（　）

　　A. 满意　　　　　　　B. 基本满意　　　　　C. 不满意

6. 您对搬迁后的收入如何看？（　）

　　A. 比搬迁前高　　　　B. 与搬迁前无较大差异　C. 比搬迁前低

7. 您是否有自己的存款？如果有，您的存款是否能满足自己的预期消费？（　）

　　A. 不能　　　　　　　B. 勉强可以　　　　　C. 完全可以

8. 扶贫搬迁后是否影响到您的宗教信仰？（　）

　　A. 影响，哪些方面　　B. 没影响　　　　　　C. 无所谓

9. 扶贫搬迁后是否影响到您的风俗（生活）习惯？（　）

　　A. 影响，哪些方面　　B. 没影响　　　　　　C. 无所谓

10. 参加搬迁，您最关心哪些方面？_____。

11. 您认为扶贫搬迁工程任务安排是否公平？（　）

　　A. 公平　　B. 基本公平　　C. 不公平　　D. 不清楚

12. 请您对政府后期扶持政策及现居住地生活环境的质量进行评分：

评分标准：

非常好——A　　较好——B　　一般——C　　较差——D　　非常差——E

项目	分数	项目	分数	项目	分数
现居住地总体情况		治安条件		子女入学受教条件	
住房条件		交通条件		广播电视及通讯条件	
供电条件		外出务工条件		日常用品购买便利程度	
供水条件		医疗卫生条件			

13. 安置点对您自身利益影响的重要程度：

评分标准：

非常重要——5　　比较重要——4

一般重要——3　　不怎么重要——2　　与我无关——1

项目	分数	项目	分数	项目	分数
现居住地总体情况		治安条件		子女入学受教条件	
住房条件		交通条件		广播电视及通讯条件	
供电条件		外出务工条件		日常用品购买便利程度	
供水条件		医疗卫生条件			

14. 您愿意选择以下哪种发展模式？（　　　　　　　　）（可多选）

A. 口粮田—养殖业—沼气模式

B. 依托小城镇—口粮田—养殖—季节性劳务输出模式

C. 口粮田—中药材—季节性劳务输出模式

D. 林果业—林下经济——季节性劳务输出模式

E. 林果业—养殖业——沼气模式

F. 公司—大户（合作社）+农户规模养殖业—沼气模式

G. 公司—大户（合作社）+农户规模种植业模式

H. 养殖业—沼气—日光温室（塑料大棚）模式

I. 种植业—季节性劳务输出模式

J. 劳务输出模式

附件2　汝阳县扶贫搬迁移民社会融合问题调查问卷——政府视角

亲爱的朋友，您好！

为了客观、准确、真实地了解群众对扶贫移民项目的支持程度以及迁移后生活质量的满意度，我们专门组织了这项调查研究工作，希望通过政府了解移民适应和融入当地的状况。问卷调查以不记名的方式进行，调查资料只用于统计研究。请按照您在平时生活中的真实想法和实际情况回答。非常感谢您对我们工作的大力支持！

本次问卷共15题请您根据实际情况选择一个或多个答案填写在（　　）内，谢谢您的支持与配合。

1. 调查对象：新郑政府
2. 调查地点：
3. 调查时间：　　　年　　　月　　　日

调查员：（签字）

以下调查对象填写：

问卷题目：共13题

1. 您所属的部门是_____
2. 您的职位是_____
3. 您所在的政府管辖范围内的移民人数大概是_____人，占该镇总人口数的百分比约为_____
4. 移民子女的教育解决办法是（　　）

A. 加入当地原有学校　B. 新建移民子女学校　C. 上述两者结合

5. 各个社区移民的邻里关系是（　）

　　A. 和睦相处　B. 不好不坏　C. 抵制　D. 矛盾突出

6. 移民区目前还有待改进的问题有（　）

　　A. 道路　B. 饮水　C. 卫生设施　D. 文化设施

7. 您认为目前移民区建设工作中进展较好的扶持项目有（　）（多选）

　　A. 进行水、道路等基础设施建设　　B. 进行农村生态环境整治

　　C. 发展移民子女教育方面　　　　　D. 移民的就业培训项目

　　E. 居民生活卫生医疗保障项目　　　F. 精神文明和社区文化建设

8. 是否组织定期移民后期技术培训（　）

　　A. 是　　　B. 否

9. 后期移民培训的类型有（　）（可多选）

　　A. 职业技能培训　B. 农业实用技术培训　C. 移民心理安抚　D. 其他

10. 移民安置后当地资源现阶段最紧张的是（　）

　　A. 水资源　　B. 土地资源　　C. 公共设施　　D. 粮食

11. 移民对你所在的部门的工作的评价是（　）

　　A. 十分满意　B. 还可以　　C. 还有很多需要改进的地方

12. 移民的收入与移民前相比，是（　）

　　A. 提高了　B. 持平　C. 降低了

13. 您认为在移民工作中，移民与当地居民融合的问题上，还有什么需要加大力度着手改善的？

　　_____

　　_____

后　　记

城镇化问题是当代中国社会经济发展重大的综合性课题，涉及国民经济和社会发展如何协调，是达到一个新的现代化与和谐社会发展的根本问题。当前我国城镇化的高速发展，全面推动了我国经济和社会的巨大发展，并在很大程度上改善了城乡人民的生活。但也正是因为城镇化速度过快，很多问题还未得到及时的解决，尤其是城镇化进程中的社会融合问题，涉及政治、历史、文化、教育、经济等多个方面的原因，严重阻碍了农村转移人口市民化的进程。

有感于此，笔者在对城镇化研究和社会融合问题理论研究的基础上，与合作者进行了多次实证研究，以洛阳市诸葛镇福民一号安置小区居民为对象，对洛阳市伊滨区拆迁居民的社会融合问题开展实证调研；以新郑市梨河镇新蛮子营村南水北调移民为例开展了社会融合实证调研；针对汝阳县扶贫搬迁移民的社会融合问题开展实证调研。基础理论的深入研究加之农村转移人口的实证调研，终于捧出这本《城镇化过程中社会融合问题研究》。在调研过程中，先后有多个调研小组对不同地区进行问卷调查、个例访谈等，由于篇幅有限，在此不一一列出，感谢各位研究生朋友的辛勤劳动！

中国城镇化的进程仍在快速推进，而且会在未来较长时期内仍处于高速发展阶段，城镇化进程中出现的诸如农民工、失地农民、水利工程移民、扶贫搬迁移民等特殊群体的社会融合问题不容忽视，在此也呼吁社会各界加强对该群体的关注，扭转他们在城市中的尴尬生存状况。著作已成，但由于城镇化过程中社会融合问题涉及因素较多，加之作者的学识和水平有限，本书难免存在一些不足之处。在此，真诚地希望使用本书的师生和读者多提出宝贵意见和建议，以使本书日臻完善，从而推动我国城镇化过程中社会融合问题的研究再前进一步。

王凤科
2015 年 12 月 15 日